20,80

Sammlung Metzler
Band 224

Sonja Hilzinger

Christa Wolf

J. B. Metzlersche Verlagsbuchhandlung
Stuttgart

CIP-Kurztitelaufnahme der Deutschen Bibliothek

Hilzinger, Sonja:
Christa Wolf / Sonja Hilzinger.
– Stuttgart: Metzler, 1986.
(Sammlung Metzler; M 224)

NE: GT

ISSN 0558-3667
ISBN 3 476 10224 6

M 224

 Satz und Druck: Gulde-Druck GmbH, Tübingen
Printed in Germany

Inhalt

VORBEMERKUNG

Nicht erst seit dem Erscheinen ihrer jüngsten Erzählung »Kassandra« ist die DDR-Autorin Christa Wolf in den Blickpunkt affirmativer, vereinnahmender oder kritischer Rezeption durch eine interessierte bundesrepublikanische Öffentlichkeit, durch Friedens- und Frauenbewegung gerückt.

Die westliche Rezeption ihrer Prosa und Essayistik seit nahezu zwanzig Jahren ist jedoch dort von mangelnder Differenziertheit und der Gefahr einseitiger oder mißverständlicher Interpretation bedroht, wo Christa Wolfs kritisch-loyale Haltung zur DDR, dem Land, in dem sie lebt und arbeitet, zu sehr aus dem Blickfeld gerät.

Christa Wolfs Prosa und Essayistik ist kaum angemessen zu verstehen und einzuordnen, löst man sie aus ihrem Produktionszusammenhang. Die fortwährende, engagierte Auseinandersetzung mit Fortschritt und Rückschlägen sozialistischer Entwicklung in der DDR hat die schriftstellerische Arbeit Christa Wolfs bis heute nachhaltig geprägt. Diese Grundlage ihrer Prosa und Essayistik versucht der vorliegende Band zu erfassen und darzustellen. Im Unterschied zu anderen Gesamtinterpretationen des Werks Christa Wolfs finden daher zwei Phasen besondere Beachtung. Dies ist zum einen die komplizierte Entwicklung Christa Wolfs von der Literaturkritikerin zu einer Prosaautorin mit einem eigenständigen prosatheoretischen Entwurf in den sechziger Jahren; zum anderen die konsequente Bearbeitung ihres Verhältnisses zur DDR nach der Ausweisung Wolf Biermanns in ihren literarischen Arbeiten Ende der siebziger Jahre.

Die biographische Zurückhaltung Christa Wolfs – darin ähnelt sie der anderen großen Autorin der DDR, Anna Seghers – verweist nachdrücklich auf ihr Werk, das in bemerkenswerter Offenheit die Spuren, welche die Auseinandersetzung mit der Realität in die Psyche eingräbt, hervortreten läßt. Diesem Befund trägt der vorliegende Band Rechnung in einer Darstellungsweise, die stärker einfühlend und nachvollziehend als wertend vorgeht und psychologische, gesellschaftliche und ästhetische Dimensionen gleichermaßen zu erfassen sucht.

Die Kapitaleinteilung folgt den Entstehungszeiten der Arbeiten Christa Wolfs und rekonstruiert sowohl deren subjektive Produktionsbedingungen als auch kulturpolitischen Voraussetzungen. Die Bibliographie ist den einzelnen Kapiteln zugeordnet und gibt fundierteren Arbeiten der Sekundärliteratur den Vorzug gegenüber Rezensionen. Eine Übersicht über die Daten von Leben und Werk Christa Wolfs schließt den Band ab.

Günter de Bruyn über Christa Wolf
Fragment eines Frauenporträts

Maler möchte ich sein!

Das denkt einer, dem Schreiben schwerfällt in diesem Fall. Weil seine Mittel dem Gegenstand nicht angemessen sind. Malen, denkt er, wäre leichter. Man hielte sich an das, was man sieht, und vertraute darauf, daß man damit auch träfe, was man weiß und fühlt, wenn man vor dieses Gesicht gestellt ist. Das Haar ist dunkel. Die Brauen, weil auch dunkel, sind deutlich herausgehoben; tief angesetzt, beschatten sie Augen schwer erkennbarer Färbung. Grau, grün, blau, graugrün, graublau? Bezeichnend die Nase: schon vom Ansatz her Tendenzen zur Breite. Wenn der Pinsel ihre Linien trifft, ist äußere Ähnlichkeit schon garantiert. Passend dazu dann die Flächen, groß, ausgedehnt, die Stirn, die Wangen. Diesem Gesicht kann man, denkt er, wenn man Bescheid weiß, ansehen, wo es herkommt. Nicht gerade Landsberg an der Warthe, aber doch die Richtung. So, wie man sich einbilden konnte, Bobrowski Ostpreußen anzusehen. Da es so selten ist, lohnt es sich, darauf hinzuweisen, wenn Schablonen mal passen.

Lachen darf dieses Gesicht nicht, denkt er, obwohl er es auch so schon gesehen hat, gar nicht selten. Lächeln ginge, aber gut wäre es nicht. Ganz und gar nicht vorstellbar ist Zynismus. Eher könnte es da böse aussehen. Es gibt Leute, die kennen es so, vergessen es nicht und würden es so malen. Möglich wäre auch das, aber vom Wesentlichen böte es nichts, gar nichts.

Wärme? Melancholie? Güte?

Er macht den Versuch, das Gesicht in Ruhestellung zu bringen, es sich entspannen zu lassen, von Gemütsbewegungen frei zu halten, um nur das herauslösen zu können, was drin ist, von Natur aus, im Gesicht an sich. Und sofort hat er es: Nachdenklichkeit. Selbstverständlich, was hätte näher glegen! Schließlich hat die Frau ihren Stil. Doch welche Nachdenklichkeit ist ohne Melancholie? Und ohne Unruhe?

Aber das ist schon mehr, als sich aus diesem Gesicht herauslesen läßt. Er ist schon bei dem, was er weiß. Sehen und Wissen gehen ineinander über, aber überdecken sich nicht. Wie jeder, der ihre Bücher kennt, weiß er vieles von dem, was das in sich ruhende Gesicht verbirgt.

Ein Maler möchte er sein, der das könnte: hinter nachdenklicher Ruhe Qual sichtbar machen, hinter Weichheit Standhaftigkeit, hinter Schwere Sensibilität. Doch wie stellt man ein Gesicht dar, das

Verwundbarkeit eher verdeckt als spiegelt? Mit welcher Farbe malt man Aufrichtigkeit?

Zum Glück ist er kein Maler. Nicht Farben braucht er, sondern Worte. In Worten muß er darstellen, wie das vorgestellte Bild aussieht. Um Vorstellung aufzufrischen, fährt er zu ihr. Er will sie ansehen, anders als sonst, als Beobachter, mit dem Bewußtsein, das, was er sieht, darstellen zu müssen. Während er sie ansieht, muß er gedanklich schon Skizzen entwerfen zum geplanten Porträt. Er muß so fragen, daß ihre Antworten enthüllen, was er noch nicht weiß. In sie hineinzusehen muß er versuchen – aber nicht wie in einen Spiegel. Er weiß, daß man nur schwer der Gefahr entgeht, Porträts zu Selbstporträts zu machen. Schon mit der Auswahl seines Objekts legt der Porträtist sich fest – auf sich selbst. Als wesentlich sieht er an, was ihm selbst wichtig ist. Nicht was ist, stellt er dar, sondern was er kann. Um dieser Gefahr zu entgehen, muß er versuchen, sich neben sich zu stellen, mehr und anderes zu sehen, als er gewöhnlich sieht, von anderer Richtung, von anderem Standort aus zu sehen. Das alles nimmt er sich vor.

Die Lage ihres Wohnorts läßt vermuten, daß sie auf Besucher wenig Wert legt. Oder nur auf solche, die keine Mühe scheuen. Er muß vier Verkehrsmittel benutzen, Straßenbahn, S-Bahn, Dampfbahn, ansehen, anders als sonst, als Beobachter, mit dem Bewußtsein, das, Bus. Auf der Fahrt hätte er Zeit, sich die Fragen, die er ihr stellen welche stellt und nicht beantworten kann. Wie hätte er sich nach der Lektüre ihrer Bücher, kennte er die Autorin nicht, ihr Gesicht vorgestellt? Wie das der Seghers, der Huch, der George Sand, der Bettina oder der Ebner-Eschenbach? Oder anders gefragt: Las er aus ihrem Gesicht wirklich etwas heraus oder nicht vielmehr hinein? Welchen Eindruck hatte er denn, als er es vor fünfzehn, sechzehn Jahren zum erstenmal sah, höhnt er. Damals war sie Angestellte des Schriftstellerverbandes, er Angestellter eines Bibliotheksinstituts. Einem Kongreß hatte bibliographisches Material vorgelegt werden sollen. Er war zu ihr geschickt worden, um Rat und Hilfe anzubieten. Damals hatte er mit dem Hochmut des Spezialisten Widersprüche zwischen Schein und Sein entdeckt: die redet von Wissenschaftlichkeit und weiß nicht, wie man Register der Nationalbibliographie benutzt, gibt sich arrogant, um Unsicherheit zu verdecken. Heute gibt er, aus der Erinnerung rekonstruiert, seinen Eindruck so wieder: ein Gesicht, das sich noch nicht wahrhaben wollte. Auch an einen ihrer Artikel aus dieser Zeit erinnert er sich. In welcher Welt lebt dieses Mädchen, dachte er, daß es eines Krankenhausaufenthalts bedarf, um in ihr Entsetzen über die verbreitete Sucht nach Trivialliteratur zu erregen.

Vielleicht kam damals die Nachdenklichkeit in dieses Gesicht, begann die Entdeckung dessen, was sie war, begann, mit dem Abbau von Illusionen, mit Erfahrungen und Enttäuschungen, die Entdekkung der Wirklichkeit, die sie zum Schriftsteller machte. Die Moskauer Novelle zeigt noch wenig davon, doch ist ein Stil schon da, ein Anspruch wird angemeldet, ein Bild vom Menschen formuliert, das auf das hindeutet, was danach kommt: der geteilte Himmel, die Christa T.

Obwohl Winter ist, denkt er an ihre kleine, großartige Geschichte vom Juninachmittag, als er ihre Wohnung betritt. Das Kind, heute schon so groß wie damals die Tochter, empfängt ihn. Bis die Eltern ohne Hast von ihren Arbeitsplätzen kommen, kann er mühelos mit ihm plaudern. Nicht weil es wie ein Erwachsener wirkt, sondern weil es mit Selbstverständlichkeit Kind ist. Jeder ist hier mit Selbstverständlichkeit er selbst.

Es gibt Familien, die durch Überzahl und Geschlossenheit Besucher einschüchtern, andere, die durch den Aufwand, den sie ihretwegen treiben, schlechtes Gewissen bei ihnen erzeugen. Hier, wo man Formationsbildung nicht nötig hat, weil jede Individualität die andere gelten läßt, braucht man die eigene nicht zu unterdrücken. Da nicht viel Wesens von einem gemacht wird, empfindet man sich nicht als störend. So märchenhaft intakte Familien gibt es also, kann er gerade noch denken, da gehört er schon fast dazu. Da noch Essensvorbereitung erforderlich ist, geht er mit in die Küche, versucht zu helfen, da doch alle helfen, darf aber auch in der Ecke sitzen und reden. Denn er wird gefragt. Nach Arbeiten, über die er vor Jahren einmal gesprochen hat, nach Freunden, Reisen, Krankheiten, nach Meinungen über dies und das, auch über Kunst.

Erst antwortet er kurz, wie er es gewohnt ist durch Umgang mit eiligen, ungeduldigen Leuten, die nur aus Höflichkeit fragen und das Ende der Antwort kaum abwarten können, weil sie von sich reden wollen. Dann aber, wie immer aufs neue überrascht von dem wirklichen Interesse, aus dem hier gefragt wird, beginnt er zu erzählen, genauer, ausführlicher, auch intimer, als er das sonst kann.

Sich verstehen, sich lieben, zusammengehören heißt hier nicht unbedingt: einer Meinung sein. So steht er nie allein gegen zwei, drei, vier. So ist es nicht schwer, zu sagen, was er denkt, Kritik, auch scharfe, zu ertragen. Auf Unverständnis stoßen würde hier nur Besserwisserei und Schauspielerei. Es ist angenehm, nie der Versuchung ausgesetzt zu sein, eine falsche Rolle zu spielen.

Auch vom Essen versteht man viel in dieser Familie. Er lobt, weiß aber, daß er es auch bleibenlassen könnte. Er raucht, ohne sich in diesem Kreis von Nichtrauchern verbrecherisch vorzukommen.

Wenn er Mohammedaner wäre und in der Zeit seines Besuches Gebete verrichten müßte, würden vielleicht die Töchter mit ihm diskutieren wollen, auf Ablehnung oder Hohn stoßen würde er nicht. Ursprung von Intoleranz ist Angst. Man mißachtet, unterdrückt andere Meinungen, weil man eigene für gefährdet hält. Unsicher der eigenen Wahrheit, riegelt man sich gegen fremde ab. Abgeschlossene Wahrheit aber stockt, verfault, verkommt.

Wer sich, wie diese Frau, einiger Dinge sicher ist, bleibt offen für Neues, ist nicht am Ende, sondern auf der Suche. Das verleiht ihr Autorität, die aber für andere nichts Bedrückendes hat. Sie gibt mit der Geste des Nehmens. Sie fordert auf, ihr beim Suchen behilflich zu sein, hilft dabei aber dem anderen, da sie weit vorn sucht.

Der Besucher, anstatt, sie beobachtend, seiner Arbeit nachzugehen, fragt sich, ständig dazu aufgefordert, über sich selbst nachzudenken, warum er sich hier jünger vorkommt, als er ist. Alle drei gehören sie einer Generation an. Er ist sogar ein paar Jahre älter als sie. Früher, in dem für beide wichtigen Jahr 1945, hätte das eventuell eine Rolle gespielt. Der Unterschied zwischen 17 und 20 ist größer als der zwischen 42 und 45. Wäre er ihr in dem mecklenburgischen Dorf etwa, in das sie der Krieg verschlagen hatte, begegnet, hätte er vielleicht annehmen können, mehr erfahren, mehr erlebt, mehr gewußt zu haben. Inzwischen aber ist das anders geworden. Sie hat mehr geglaubt, tiefer gedacht. Was bei ihm Zuneigung war, war bei ihr Begeisterung. Wo er zweifelte, verzweifelte sie. »Die verpaßten Erschütterungen sind nicht nachholbar«, kann man bei ihr lesen. »Eine Welt, die nicht zur rechten Zeit verzaubert und dunkel war, wird, wenn das Wissen wächst, nicht klar, sondern dürr. Fad und unfruchtbar sind die Wunder, die man seziert, ehe man sie glauben durfte.«

Das zielt, von Literaturerfahrung ausgehend, auf Lebenserfahrung, auf Fülle des Lebens, auf Reichtum menschlicher Existenz. Aber verglichen mit diesem Ziel, ist ihr Werk noch klein. Sie ist sich dessen bewußt. Ihre Unzufriedenheit mit sich läßt noch Großes erwarten.

Vielleicht haben Natur und Geschichte, denkt der Besucher, die Frauen dazu prädestiniert, Humanität zu bewahren. Durch Unterdrückung der Erziehung zum Unterdrücken, zur Brutalität, zum Töten entgangen, kann ihre Befreiung zur Befreiung der Menschlichkeit werden. Aristophanes, Goethe, Hölderlin haben davon gewußt, und geahnt haben es alle Schlagetots, die das Wort Humanität nie ohne den Zusatz Duselei verwendeten und Güte als weibisch beschimpften. Die Empfehlung des vom Willen zur

Macht Besessenen, zum Weibe die Peitsche mitzunehmen, weist auf die Gefahr, die ihm von dorther droht.

Mancher Mann begegnet ihr, indem er an Frauen anerkennt – was Nutzen für Männer hat. Ihre Schönheit zum Beispiel. Da wird eine Frau ihrer Arbeiten wegen in einen erlauchten Kreis aufgenommen, und der Redner läßt sein Lob dahin gipfeln, daß sie Männeraugen einen erfreulichen Anblick bietet. Der Besucher erinnert sich, wie das Gesicht, das er porträtieren soll, dabei aussah. Verwundet. Man mußte Angst um sie haben. Schimpfworte, die sie in solchen Fällen parat hat, verdecken nur, schützen aber nicht. Wenn sie sie benutzt, zuckt er zusammen, hört weg, weil sie das Bild beschädigen könnten, das er von ihr hat.

Vielleicht ist es ein ungenaues, vielleicht ein falsches Bild. Verehrung neigt zu Vereinfachung. Deshalb eignet er sich wohl nicht zu ihrem Porträtisten. Er fährt zu ihr, um sie zu beobachten, fühlt sich wohl, statt zu arbeiten, und als er sich verabschiedet, merkt er, daß sie ihn dazu gebracht hat, mehr über sich selbst nachzudenken als über sie. Zu dem fremden Standort, den er hatte einnehmen wollen, hat er nicht kommen können. Vor dem Gesicht, das er erforschen wollte, stand er wie vor dem eignen Gewissen. Er kann verstehen, daß mancher das nicht mag. Der wehrt sich dann mit Anschuldigungen – und charakterisiert sich selbst.

Nicht einmal über ihre Augenfarbe weiß er mehr als vorher. Das Porträt wird unvollständig bleiben. Aber welches ist das nicht. Und schließlich gibt es ihre Bücher.

(Aus: Liebes- und andere Erklärungen. Schriftsteller über Schriftsteller, hrsg. von Annie Voigtländer, Berlin/Weimar: Aufbau Verlag 1972, S. 410–416)

1 Christa Wolfs Weg von der Literaturkritikerin zur Prosaautorin

Die Kritikerin

Christa Wolf, 1929 in Landsberg/Warthe geboren, das heute Gorzów Wielkopolski heißt, trat zwanzigjährig der SED bei. Von 1949 bis 1953 studierte sie Germanistik in Jena und Leipzig. Bis 1959 arbeitete sie als Literaturkritikerin, hauptsächlich für »Neue deutsche Literatur«, die Zeitschrift des Deutschen Schriftstellerverbands. Wolf ist durchaus als Repräsentantin der herrschenden Literaturdoktrin dieser Jahre zu sehen; von anderen Kritikern unterschied sie sich darin, daß sie weniger dezidiert marxistische Positionen, als vielmehr marxistisch geprägte, antifaschistische Positionen einnahm. Trotz deutlicher Affinitäten zur Literaturtheorie Georg Lukács', läßt Wolf sich nicht eindeutig zuordnen. In ihren Kritiken bis zum Beginn der sechziger Jahre gebraucht sie normative Definitionen des Sozialistischen Realismus, Begriffe wie Widerspiegelung, Totalität, positiver Held, das Typische und formuliert mechanistische Vorstellungen von Entstehung und Wirkung von Literatur. Worte, die sie häufig verwendet, sind Wahrheit, Wirklichkeit und Erinnerung. Wahrheit, schreibt Wolf (NdL 7/1958), gebe es nicht als subjektive Überzeugung; von Wahrheit könne erst gesprochen werden, wenn das Bewußtsein des Einzelnen mit den objektiven Erfordernissen übereinstimme. Der Wunsch nach solcher Übereinstimmung spricht aus Wolfs literaturkritischen Beiträgen. Man mag ihn als »Ausdruck der Sehnsucht einer Intellektuellen nach dem einfachen Weltbild« (Jäger, 1973, 18) interpretieren. Die Reduktion komplizierter Sachverhalte auf einige wenige Grundfragen – sie klingen in Überschriften wie »Popularität oder Volkstümlichkeit?« oder »Eine Lektion über Wahrheit und Objektivität« an – spräche dafür. Die vereinfachende Schematisierung benützt Wolf jedoch nicht dazu, ihre Positionen dogmatisch zu verfestigen. Diese scheinbar einfachen Formeln setzt sie vielmehr dazu ein, ihre Zweifel zu besänftigen und sich selbst von der ›Richtigkeit‹ dessen, was sie schreibt, zu überzeugen.

»Sie macht sich nicht einfach zum Sprachrohr einer kulturpolitischen Zielsetzung, sondern sie will überzeugt sein von dem, was sie vorbringt, sie will selbst einfach nur glauben können, und von dem sie hofft, daß es endlich auf das richtige Weltbild ›hinauslaufen‹ möge. Ihr diskursiver Stil sperrte sich gegen die dogmatische Position, die sie gleichwohl als ihre eigene zu beschreiben trachtete.« (Jäger, 1973, 20)

Das psychische Dilemma, was sich hier abzuzeichnen schien, klärte sich offenbar erst gegen Mitte der sechziger Jahre. Wolfs ausgeprägte Moralität und die Unbestechlichkeit, mit der sie subjektive Wahrheit von der ›objektiven‹ unterschied, lassen sie 1965 (NdL 3/1965) die schärfsten Konflikte für einen Schriftsteller in der DDR im Bereich der Wahrheitsfindung sowie in der literarischen Gestaltung dessen, was Wahrheit sei, lokalisieren.

Über ihren Weg von der Kritikerin zur Prosaautorin hat Christa Wolf sich an verschiedenen Stellen, z.T. aus erheblicher zeitlicher Distanz geäußert. »Ich wußte immer, daß ich ›eigentlich‹ schreiben wollte, und ich schrieb auch«, sagte sie 1965. (Arbeit, 14) Dabei handelte es sich um Geschichten, Tagträume, Gelegenheitsgedichte, Briefwechsel mit Freundinnen – »jene lebenswichtigen Vorformen naiver Kunstausübung, deren Entzug für das Kind verheerende Folgen hätte und aus denen das Bedürfnis wachsen kann, sich schreibend auszudrücken« (LS 2, 57). Diesen frühen Schreibversuchen war, so sieht Wolf es später, die »Sehnsucht« eigen, »sich verwandeln, vervielfältigen zu können« (Arbeit, 16) sowie eine »gewisse Unbekümmertheit im Umgang mit der Realität« (LS 2, 71), eine Unbekümmertheit im Sinn von Naivität. ›Naiv‹ und auf gefährliche Weise verräterisch muß der jungen Christa Ihlenfeld auch ihr Tagebuch erschienen sein, das sie nach dem Krieg verbrannte. Dieser möglicherweise von Scham und Furcht begleitete Akt symbolischer Reinigung kann als ein früher Bewältigungsversuch faschistischer Verführung und Gläubigkeit gelten. Aufrichtigkeit im Umgang mit sich selbst, jene Unmittelbarkeit und Naivität in dem, was sie aufschreibt, können sich hier verbunden haben zu der gleichzeitigen Forderung nach unbedingter Offenheit im Denken und Fühlen und der Furcht vor ›verräterischen‹, weil abweichenden Äußerungen.

Das Motiv des Verbrennens des Tagebuches findet sich als offenbar wesentliche biographische Erfahrung auch in Prosatexten Wolfs. Vera Brauer (»Moskauer Novelle«), Rita Seidel (»Der geteilte Himmel«), Christa T. und Nelly Jordan (»Kindheitsmuster«) erwähnen die Tatsache, daß sie nach dem Krieg ihr Tagebuch verbrannten, als symbolischen Bruch mit der eigenen, vom Faschismus geprägten Kindheit und Jugend.

Dem Wunsch, das Schreiben zu einer öffentlichen Angelegenheit zu machen, mögen aus solchen Gründen Hemmnisse entgegengestanden haben. Bis zum Beginn ihres Studiums zumindest hatte Wolf den Berufswunsch: Lehrerin (LS 2, 57). Über ihre eigene und die innere Verfassung ihrer Generation äußerte sich Wolf 1965: »[...] wieviel leichter ein ›Nein‹ sich ausspricht als ein neues ›Ja‹, das sich auf Wissen gründet und nicht auf neue Fehlschlüsse und Illusionen; wieviel leichter, sich seines Volkes zu schämen, nachdem man die ganze Wahrheit wußte, als es wieder neu lieben zu lernen« (Arbeit, 13). Das ist die Situation, in der Wolf ihre Beschäftigung mit dem Marxismus und das Studium der Germanistik beginnt. Hoffnung auf eine kollektive Bewältigung der faschistischen Vergangenheit, die gerade ihre Generation besonders geprägt hat, mag sie dabei mit geleitet haben. Das intellektuelle und politische Bekenntnis zum Sozialismus in der DDR sollten den inneren Neubeginn leiten und fundieren. Dem Grunderlebnis der Jugend einer ganzen Generation sollte ein vergleichbar intensives Erlebnis, die Chance zu einem besseren Anfang entgegengestellt werden. Diese Möglichkeit schien für die gerade Zwanzigjährigen in der im Aufbau begriffenen DDR gegeben: »Unser Weg ins Leben fiel [...] mit dem Aufstieg der neuen Gesellschaft zusammen, mit ihrer Suche nach Existenzformen, mit ihrem Wachstum, ihren Irrtümern, ihrer Konsolidierung.« (Arbeit, 13)

Es ist gerade diese aktive Teilnahme an dem Prozeß innerer und äußerer Neugestaltung, die den ganzen Menschen fordert, welche Christa Wolf 1967 in einem kleinen Aufsatz über die Erzählung »Platz an der Sonne« (1928) der russischen Autorin Vera Inber als die ideale Voraussetzung zum Schreiben benennt: »Es gibt kein Außen und kein Innen mehr, die Revolution ist überall. Bessere Bedingungen zum Schreiben kann es nicht geben.« (LS 2, 166)

In Aufsätzen und Gesprächen spricht Wolf verschiedentlich von einer Schreibhemmung, auch von Selbstzensur, die ihr lange Zeit das Veröffentlichen von Prosa verboten. Die Sicherheit, ›das Richtige‹ zu sagen, findet sie noch in der Tätigkeit als Kritikerin. Auch in ihrer Ausbildung und Arbeit als Germanistin und Kritikerin sieht Wolf mit zunehmendem zeitlichem Abstand Hemmnisse, die sie vom Veröffentlichen von Prosa abhielten.

Ihre Artikel und Rezensionen wertet Wolf als Produkte einer »unschöpferischen, rein ideologisierenden Germanistik« – eines gleichwohl zeit- und ausbildungstypischen Umgangs mit Literatur. (Walther/Gespräch, 1973)

Die Schreibhemmung, von der Wolf spricht, war nur durch eine gründliche Erschütterung zu überwinden. Diese Erschütterung gab es; sie manifestierte sich in der Herausforderung, »in einem Leben vom Faschismus in den Sozialismus hinüberzuwechseln« (MN 54). Dieses Thema wendet Wolf von Anfang an ins Subjektive, auf die eigene Erfahrung zielend. Aus ihrem wachsenden Bedürfnis, »sich früherer Erfahrungen zu versichern« und dem »Wunsch, Vergangenes möge nicht vergangen, nicht tot sein, es möge sich nicht ein für allemal verfestigen« (LS 2, 164), führt ihr Weg konsequent zu einer

Erinnerungs-Prosa, die sie beschreibt als eine »Neuerschaffung der Vergangenheit, die allerdings auch nicht zu jedem beliebigen Zeitpunkt möglich ist, sondern nur genau in jenem vergänglichen Moment, da die undurchsichtige Gegenwart so weit zurückgetreten ist, um durchsichtig, dem Erzähler verfügbar zu sein; aber nah genug, daß man nicht damit fertig ist« (s. o.).

Nach fast anderthalb Jahrzehnten berufsmäßigen Schreibens bemerkt Wolf kritisch, wie die Absicht des Veröffentlichens ihre Haltung zum Schreiben verändert hat: »Beim Übergang vom laienhaften zum berufsmäßigen Schreiben gehen in dem schreibenden Subjekt, während es zum Autor wird, Veränderungen vor (nennen wir es nur den Verlust von Naivität im Sinn von Unschuld), die um so gefährlicher werden, je später man sie bemerkt, und denen nur durch energische und schonungslose Gegensteuerung einigermaßen zu begegnen ist.« (LS 2, 58) ›Verlust von Naivität‹ bedeutet, den Erwartungen der Kulturpolitiker, der Literaturkritiker, der Leser Rechnung zu tragen; kann Taktik, ständige Überprüfung des eigenen Standpunktes, Wachsamkeit bedeuten. Wolfs Äußerung, sie habe »seit vierzehn Jahren zunehmende Erfahrung in Sachen Sebstzensur« (LS 2, 63), läßt sich unschwer auf die Veröffentlichung ihrer ersten Prosaarbeit, der »Moskauer Novelle« (1961) datieren. Die Situation, in der sich Wolf für das Veröffentlichen von Prosa entschied, war möglicherweise die einer schon länger bestehenden Dissoziation des Bewußtseins in ein zweifelndes und ein mutiges Ich.

»Je apodiktischer, einfacher, klarer, auch aggressiver sie ihr Weltbild als das aller fortschrittlichen Menschen festzulegen suchte, desto mehr zeigte sich, daß die Einwände, die sie zurückweisen und widerlegen wollte, ihre eigenen Vorbehalte waren. Aus dieser schwierigen Lage boten erzählerische Formen einen Ausweg. Christa Wolf konnte zu ihren widersprüchlichen literaturpolitischen Monologen, hinter deren ›allgemeinen Einschätzungen der Lage‹ sich die permanente Auseinandersetzung mit dem Zustand des eigenen Bewußtseins kaum verbergen ließ, endlich Distanz gewinnen. Sie hatte nunmehr Figuren, denen sie im Dialog zuweisen konnte, was die Autorin bedrängte.« (Jäger, 1973, 21)

»Moskauer Novelle«

Der erste Prosatext, den Christa Wolf veröffentlicht, ist die 1959 geschriebene »Moskauer Novelle«. Sie wurde 1961 in einer ersten, 1966 in einer zweiten, sprachlich leicht veränderten Form veröffentlicht. Die »Moskauer Novelle« fand in der DDR wenig Beachtung, und es scheint so, als mußten erst weitere Prosatexte der Autorin vorliegen, die eine angemessene Beurteilung ihres erzählerischen Debüts erlaubten.

Die »Moskauer Novelle« fügt sich organisch in die Literatur ihrer Entstehungszeit ein. Während die Prosa bis gegen Ende der fünfziger Jahre sich als eine »große Reportage vom Aufbau einer neuen Gesellschaftsordnung« (Gugisch, 1972, 399) darstellte, veränderten sich in den sechziger Jahren die gesellschaftlichen Bedingungen und damit die Funktion der Literatur. Diese stand nun, wie Peter Gugisch schreibt, vor der Aufgabe, »über eine weitgehend ›sensualistische‹ Beschreibung des Neuen hinauszugelangen und es tiefer als historischen Prozeß zu erfassen. Es galt, nicht nur die unmittelbare Vorgeschichte der Gegenwart [...] tiefer zu durchdenken, sondern auch die Gegenwart selbst, jene anderthalb Jahrzehnte seit der Zerschlagung des deutschen Faschismus im Mai 1945 in ihrer Geschichtlichkeit darzustellen! Die jüngere Generation begann, ihre *eigene* Geschichte, das heißt die Entwicklung ihrer Mitbürger und Zeitgenossen zu gestalten.« (Gugisch, 1972, 399f.) Dieser literaturhistorischen Situation ist die »Moskauer Novelle« als erster literarischer Versuch einer Autorin zuzuordnen, die sich bisher als Kritikerin und Herausgeberin einen Namen gemacht hatte. Die Thematik der Bewältigung der jüngsten Vergangenheit in der Gegenwart wird in vergleichbarer Weise auch etwa in den gleichzeitig entstandenen Prosatexten »Renata« von Günter de Bruyn und »Böhmen am Meer« von Franz Fühmann aufgegriffen und gestaltet.

Die »Moskauer Novelle« versucht die spezifische Problematik der Bewältigung der faschistischen Vergangenheit für diejenige Generation herauszuarbeiten, die als Kinder und Jugendliche in die nationalsozialistische Ideologie und Gesellschaft hineinwuchsen. Stellvertretend für diese Generation steht die Protagonistin, die dreißigjährige Kinderärztin Vera Brauer. Sie grenzt sich ab zur älteren Generation, die aus dem antifaschistischen Widerstand und als überzeugte Kommunisten in die DDR kam – »Ihr habt alles hinter euch und kennt keine Zweifel und wißt jede Antwort und macht uns ganz mutlos mit eurer Vollkommenheit« (MN 76) –, und zur jüngeren Generation, die voller Sicherheit in ihrem Bekenntnis zur neuen Gesellschaft ist und keine Zweifel kennt. Veras Versuch, die faschistische Vergangenheit, die sich in ihrer Schuld gegenüber dem sowjetischen Leutnant Koschkin konkretisiert, lebensgeschichtlich zu bewältigen, mißlingt. Dieser Versuch mobilisiert vielmehr erneut Verdrängungs- und Rationalisierungsmechanismen, die Veras Integration in die neue Gesellschaft als Anpassungsleistung zu erzwingen vermögen.

Die deutsche Kinderärztin Vera Brauer fährt 1959 als Angehörige einer Delegation nach Moskau, wo sie den Dolmetscher Pawel Koschkin wiedertrifft. Diese Begegnung weckt in beiden Erinnerungen an den Sommer 1945. Vera, damals sechzehnjährig und Schreibhilfe des Bürgermeisters in einem mecklenburgischen Dorf, war blind vor Haß gegen die neuen Machthaber. Sie trägt Mitverantwortung für einen Unfall, bei dem der Leutnant Koschkin eine irreparable Augenverletzung davontrug. Die Begegnung mit dem sowjetischen Leutnant hat Veras Leben grundlegend verändert. Daß sie sich zu einer überzeugten, der Gesellschaft gegenüber verantwortungsvollen Sozialistin entwickelt hat, verdankt sie dem Bemühen Pawels. Die durch die zufällige Begegnung wiedererwachende Liebe zwischen Vera und Pawel scheint sich verwirklichen zu können. Als Vera jedoch erfährt, daß Pawel aufgrund der Augenverletzung seinen Wunsch, der Gesellschaft als Arzt nützlich zu sein, aufgeben mußte, fühlt sie sich von der Bürde dieser Schuld erdrückt. Sie meint, Pawel helfen zu können, indem sie ihn zu neuen Aufgaben in seinem Beruf als Dolmetscher ermutigt. Mit erneutem Verzicht auf die Verwirklichung ihrer Liebe und erneuter Trennung endet die Geschichte.

Der Text besteht aus zwei Zeitebenen, die durch Vorausdeutungen und Rückwendungen verknüpft werden. Die Zeitebene des Jahres 1959 dominiert umfangmäßig gegenüber der Erinnerung an den Sommer 1945. Erzählt wird beinahe durchgängig aus der Perspektive der Protagonistin Vera. Biographische Bezüge zur Lebensgeschichte der Autorin werden deutlich, zieht man aus späteren Veröffentlichungen Rückschlüsse. So berichtet das 17. Kapitel von »Kindheitsmuster« (1976) von eben jener Begegnung zwischen Nelly Jordan, Schreibkraft des Bürgermeisters in einem mecklenburgischen Dorf, und dem sowjetischen Leutnant Pjotr, die als Erinnerung der »Moskauer Novelle« zugrunde liegt. Zu anderen Prosatexten lassen sich Bezüge herstellen, die stärker auf die innere Entwicklung der Autorin verweisen: so die Motive der Wahrheitssuche, der Sehnsucht, des Erkennens, des entfremdenden Rollenspiels, der Reduktion von Leidenschaft auf Leiden. Neben der Haupthandlung, die tragisch mit Verzicht endet, entwickelt sich eine Liebesgeschichte zwischen zwei Mitgliedern der Delegation, die gewissermaßen als Versöhnung zweier Generationen angelegt ist. Diese Versöhnung gelingt in der ganz ähnlich konzipierten Liebesgeschichte zwischen Rita Seidel und Manfred Herrfurth im »Geteilten Himmel« nicht mehr.

Relativ unverbunden stehen daneben Milieustudien aus den Städten Moskau und Kiew, denen es an erzählerischer Dichte mangelt. Nicht nur die Geschlossenheit und Konstruiertheit der Fabel, sondern auch die Häufung aufdringlicher Symbolik und sprachlicher Klischees beeinträchtigen die erzählerische Qualität der »Moskauer Novelle«.

Der Text, eher ein kurzer Roman als eine Novelle, besteht aus zehn Kapiteln. Die Kapitel 1 und 2 gestalten die Wiederbegegnung Veras und Pawels im Jahr 1959 aus der Perspektive Veras sowie

Erinnerungen an die erste Begegnung im Mai 1945. Die Kapitel 3 und 4 zeigen den allmählichen Aufbau einer inneren Abwehr Veras gegen die sie bedrängenden Erinnerungen, insbesondere ihren Haß gegen die Rote Armee und gegen die neue Ordnung, die diese schuf. Die Abwehr der mit Schuld- und Schamgefühlen verbundenen Erinnerung erscheint vordergründig als Abwehr der Liebe zu Pawel. Die Kapitel 5 und 6 enthalten Höhepunkt und Wendung. Vera nimmt das Bewußtsein ihrer Schuld gegenüber Pawel als Vorwand, seinem Werben nachzugeben. Dies ist ihr Versuch, die Vergangenheit zu bewältigen. Die beiden Kapitel entwickeln die These, daß Vergangeheitsbewältigung die Voraussetzung für die Zukunft sei. Wie weit diese entfernt ist, zeigen die Visionen Veras und Pawels vom Menschen des Jahres 2000, dessen Eigenschaften – Wahrheitsliebe, Mut, Sehnsucht, Sensibilität, Offenheit – doch die sozialistische Gegenwart vorgibt, entwickelt zu haben. Diesem Zukunftsentwurf als unentfremdeter privater Existenz kommen Vera und Pawel während eines kurzen Aufenthalts in Kiew nahe. Dieser Entwurf kann jedoch nicht bestehen, weil er zu sehr romantische Idylle und zu wenig gesellschaftliche Bezogenheit enthält. Das 7. und 8. Kapitel entwikkelt aus der Gegenüberstellung der faschistischen Vergangenheit und der sowjetischen Gegenwart eben diese gesellschaftliche Bezogenheit und daraus erwachsende Verantwortlichkeit des Individuums; Vera erkennt die Notwendigkeit, sich ihren Wunsch nach Liebeserfüllung zu versagen, der für den Wunsch nach Bewältigung ihrer Schuld und ihrer Vergangenheit steht. Die Kapitel 9 und 10 führen diese Konsequenz aus, indem sie nachhaltig die Entfremdung im persönlichen und im gesellschaftlichen Bereich zeigen, die zwangsläufig die Folge ist. Insbesondere die Beschreibung eines Marionettentheaters zeigt modellhaft, wie sehr lebendige Menschen zu Akteuren in einem fremdbestimmten Spiel geworden sind. Der erzwungene Verzicht auf Selbsterfahrung und auf Erschütterung durch starke Gefühle führt in Erstarrung und in Leben in einer Rolle, mit einer Maske.

Die »Moskauer Novelle« ist hinsichtlich ihrer erzählerischen Qualität von geringer Bedeutung. Für die Autorin selber hat sich die erneute Lektüre ihrer ersten Prosaveröffentlichung vierzehn Jahre später als genauso peinlich herausgestellt, wie sie befürchtete. Weniger störten sie jedoch formale Mängel wie »ungeschickte Sätze, verunglückte Bilder, hölzerne Dialoge, naturalistische Beschreibungen« (LS 2, 60): »Mehr schon bestürzte mich ein Zug zu Geschlossenheit und Perfektion in der formalen Grundstruktur, in der Verquickung der Charaktere mit einem Handlungsablauf, der an das Abschnurren eines aufgezogenen Uhrwerks erinnert, obwohl doch, wie ich ganz gut weiß, die Vorgänge und Gemütsbewegungen, welche Teilen der Erzählung zugrunde liegen, an Heftigkeit und Unübersichtlichkeit nichts zu wünschen übrigließen« (LS 2, 60)

Wolfs Frage, wie sie »mit fast dreißig Jahren [...] etwas derart Traktathaftes« (LS 2, 60) habe schreiben können, macht ihre Veränderung gegenüber ihren literaturkritischen Arbeiten in den fünfziger Jahren evident. Solche selbstkritischen Aussagen Wolfs werden von einem Teil der westlichen Interpreten der Wolfschen Prosa mit der Intention aufgegriffen, die frühen Arbeiten Wolfs von »Nachdenken über Christa T.« (1968) und den späteren zu trennen. Im Bemühen, Wolfs Literaturkritiken und die »Moskauer Novelle« als Beispiele für die ›Vereinnahmung‹ der Autorin durch doktrinäre kulturpolitische Vorgaben ihrer persönlichen Verantwortung zu entziehen, suchen sie nach vermeintlich dissidenten Akzenten. Solche Interpretationen können der komplizierten Entwicklung der Autorin, in der sich »Elemente von Kontinuität und Diskontinuität eigentümlich durchdringen« (Jäger, 1975, 45), nicht gerecht werden. Ein Beispiel für diese Strategie bietet Manfred Jurgensen. Einerseits liest er die »Moskauer Novelle« als einen in »propagandistische[m] Erzählstil« (Jurgensen, 1984, 22) abgefaßten »ideologischen Schulungstext« (Jurgensen, 1984, 18); andererseits ist er um den Nachweis bemüht, daß die »Darstellung des neuen Lebens in der Form des Marionettentheaters [...] offenkundig bereits inhärent kritische Züge« (Jurgensen, 1984, 21) trägt.

Mit der »Moskauer Novelle« beginnt für Christa Wolf die Beschäftigung mit einem Thema, das ihr zunehmend wichtiger und drängender wird, und das sie in »Kindheitsmuster« als das Thema einer ganzen Generation begreifen wird: »Wie sind wir so geworden, wie wir sind?« In »Kindheitsmuster« wird sie die »verfluchte Verfälschung von Geschichte zum Traktat« (KM 332) beklagen. Ein Beispiel dafür ist ihre »Moskauer Novelle«. 1973 schrieb Wolf in bezug auf ihre erste Prosaveröffentlichung, daß Literatur nicht nur bisher Unbekanntes aussprechen, sondern auch Wissen und Erinnerung verdecken könne: »Und gerade diese Auseinandersetzung des Autors mit sich selbst, die zwischen den Zeilen [...] stattfindet: an die Grenzen des Sagbaren zu kommen und sie womöglich an einer unvorhersehbaren Stelle zu überschreiten, und es doch nicht zu können, nicht zu *dürfen*, weil er ein selbstgesetztes Tabu nicht ungestraft berühren kann, gegen das jedes Verbot eines Zensors belanglos wird: diese Hochspannung macht den Reiz des Schreibens aus [...]«. (LS 2, 63) Für die Situation, in der sie die »Moskauer Novelle« schrieb, stellt sie heraus, daß sie, da das »alte hypertrophe Selbstbewußtsein« zerstört, aber noch kein neues gewachsen war, nach »Ersatzteilen« griff, nach »einem neuen blinden Glaubenseifer [...] und der anmaßenden Behauptung, ein für allemal im Mitbesitz der einzig richtigen, einzig funktionierenden Wahrheit zu sein« (LS 2, 65). Davon lege der Text der »Moskauer Novelle« Zeugnis ab, indem er sich rührend bemühe, »untergründige Bedrohungen durch Leidenschaften oder Trauer mit Hilfe von Rationalität abzuwehren«, und indem er Veränderungen behaupte, »die erst zu beweisen gewesen wären« – was ihm beides nicht gelänge, und das mache »jene Durchlässe und Brüche, die doch zu Hoffnung Anlaß geben« (Ls 2, 65).

Die psychologische Dynamik, welche die Ereignisse in der Protagonistin Vera freisetzen, gibt Aufschluß über die mögliche Veränderung der Persönlichkeit durch die Bearbeitung verdrängter Erfahrung und Erinnerung.

Die Begegnung mit Pawel Koschkin zwingt Vera, sich Rechenschaft über ihr früheres Denken und Verhalten zu geben. Die Erinnerung an ihre frühere Identifikation mit der nationalsozialistischen Ideologie bedroht massiv ihre neue Identität, ihre Sicherheit im neuen ›Glauben‹, ihre Integration in die neue Gesellschaft. Die durch die Konfrontation mit ihrem früheren Ich hervorgerufene Erschütterung könnte den erneuten Zusammenbruch eines Weltbildes bedeuten. Dies um so mehr, als Veras ›Wandlung‹, ihre Entwicklung zur Sozialistin, nicht aus eigener Kraft und Überzeugung, sondern als das Werk eines anderen geschah. Veras Weg ging, zumindest am Anfang, nicht über die intellektuelle Aneignung der marxistischen Theorie, sondern führte über die emotionale Bindung an einzelne Menschen wie den Freund Pawel oder den väterlichen Genossen Walter. Vera muß sich fragen, ob sie diese grundlegende Veränderung ihrer Persönlichkeit aus eigener Kraft und eigenem Wollen hätte schaffen können. Die Fahrt nach Moskau ist angelegt als Ankommen im Sozialismus; statt an den leer und still liegenden Roten Platz gelangt Vera auf ihrem nächtlichen Spaziergang an den Bahnhof, wo das Leben pulsiert, und sie »bedauerte nicht mehr, ihr Ziel verfehlt zu haben« (MN 15). Die vielfältigen Möglichkeiten der Menschen sind es, die sie am Sozialismus interessieren; sie selbst möchte über dem Neuschaffen der Gegenwart und der eigenen Persönlichkeit das Vergangene vergessen können (MN 13). Die Begegnung mit Pawel zeigt ihr eindringlich, »wie vieles man im Leben [...]mit Absicht vergesse«, und wie »anstrengend es sei [...], sich zu erinnern« (MN 31). Das Vergessenkönnen funktioniert jedoch nicht mehr; zum Schutz und zur Abwehr baut Vera eine massive Selbstkontrolle auf. Dies kommt auch sprachlich zum Ausdruck in der Häufung von Worten wie ›zwingen‹, ›mißtrauisch‹, ›bewachen‹ etc. Was Vera vordergründig als Abwehr gegen Pawels Werben um sie deutet, ist eigentlich Abwehr ihrer Erinnerung. Diese Abwehr baut sie mit genau den Mechanismen auf, die sie als Jugendliche zur Zeit des Faschismus am Beispiel der Erwachsenen lernte: »Sie panzerte sich mit Nichtsehen, Nichthören und Nichtdarandenken. Sie bewachte sich scharf, wenn sie mit ihm zusammen war. Abends schrieb sie lange Briefe an ihren Mann.« (MN 33) Der Kontakt zwischen Vera und Pawel spaltet sich in zwei Ebenen: die rituellen morgendlichen Telefonate und das gespielt unbefangene Zusammensein mit der Gruppe. Vera braucht ihre ganze Kraft für dieses entfremdende Rollenspiel. »Was sie auch tat, nebenher arbeitete sie daran, eine Maske über ihr Gesicht zu ziehen. Sie konnte ihrer Gefühle und Gedanken nicht sicher sein, da mußte sie lernen, sie zu verbergen.« (MN 45) Schließlich erfährt Vera, daß Pawel wegen seiner Augenverletzung auf den Arztberuf verzichten mußte. Diese Erkenntnis trifft Vera schmerzlich. Während Pawel ihr den Weg in ein neues Leben gezeigt hatte, hatte sie seinen Lebensplan zerstört. Zum erstenmal läßt Vera Trauer zu und droht in ihrer »stumpfen, unerträglichen Trostlosigkeit« (MN 50) zu versinken. In dieser Krisensituation, wo eine allmähliche Bearbeitung des zum eigenen Schutz Verdrängten einsetzen könnte, wird erneute Verdrängung befestigt. Dem extremen Eintauchen Veras in die bedrohlichen Bereiche der Vergangenheit wird während eines Gespräches zwischen den deutschen und den sowjetischen Genossen eine weitausgreifende Zukunftsvision entgegengesetzt. Dieses Gespräch hat zunächst für Vera die Funktion, sie zu entlasten, indem sie die Schwierigkeiten hervorhebt, die für ihre Generation mit dem Übergang von Faschismus zum Sozialismus verbunden waren. Sie beneidet die Jüngeren um deren Unbelastetsein von einer bedrükkenden Vergangenheit. Deshalb erscheint ihr gerade die Voraussetzungslosigkeit als wichtiges Kriterium des ›neuen Menschen‹, wie sie ihn gemeinsam entwerfen: »Er wird vergessen haben, was uns noch so drückt [...]« (MN 54). Pawel spricht aus, was Vera ebenso wünscht: »Mit offenem Visier leben können. Dem anderen nicht mißtrauen müssen. Ihm den Erfolg nicht neiden, den Mißerfolg tragen helfen. Seine Schwächen nicht verstecken müssen. Die Wahrheit sagen können. Arglosigkeit, Naivität, Weichheit sind keine Schimpfwörter mehr. Lebenstüchtigkeit heißt nicht mehr: heucheln können.« (MN 55) Um die Vergangenheit vergessen zu machen, bedarf es einer Zukunftsvision. Diese wird im folgenden als lebbar, aber als begrenzt ausgeführt in der Liebesbegegnung zwischen Vera und Pawel. Absolute Gegenwartsbezogenheit, vollkommene innere Übereinstimmung und Ausgrenzung aus jeglichen gesellschaftlichen Beziehungen sind die Bedingungen, unter denen dieses schwerelose Glück möglich ist (MN 58). Diese Utopie einer symbiotischen Zweisamkeit und eines naiven Weltverhältnisses kann nicht von Dauer sein, die unbewältigte Vergangenheit und die Ansprüche der Gesellschaft holen vor allem Vera ein. Schritt für Schritt entfremden sich die beiden wieder, fallen zurück in ein Rollenspiel. Theaterstücke und Lieder werden zitiert, in denen sich Liebe und Abschied oder Tod tragisch-romantisch verbinden. Vera hat sich aus Vernunft bereits für den Abschied und Verzicht entschieden, empfindet jedoch einen unklaren, starken Widerstand gegen diese Entscheidung. Anders als Vera kann Pawel seiner Leidenschaft vorbehaltlosen Ausdruck geben; er will seine Frau verlassen, um mit Vera freier sich selbst finden zu können, als ihm dies bisher möglich war. Vera interpretiert diesen Wunsch jedoch als Ausweichen vor der Pflicht, ein nützliches Mitglied der Gesellschaft zu sein. Der Sieg der Vernunft muß weiterhin mit starker Abwehr gegenüber dem Unbewußten erkauft werden. In ihrer »Gefühlstaubheit« (MN 83) handelt Vera »wie unter Zwang« (MN 85). Sie schminkt sich wie eine Puppe, bevor sie zum Marionettentheater geht. Sie selber, Pawel und die anderen sind gemeint, wenn es heißt: »Auf der Bühne begannen die Puppen ihr groteskes Spiel.« (MN 87) Vera kann pflichtgemäß Pawel dazu überreden, sich für neue berufliche Aufgaben zu engagieren. Zum Abschied ordnet sie ihre Gefühle. Entgegen ihrer harmonisierenden Version (MN 107) bleibt bei diesem zweiten wie beim ersten Abschied viel Unaufgelöstes.

»Der geteilte Himmel«

Bereits vor Erscheinen der »Moskauer Novelle« hatte sich Christa Wolf mit den Vorarbeiten zu der Erzählung beschäftigt, die 1963 unter dem Titel »Der geteilte Himmel« erschien. In Wolfs Gespräch mit Anna Seghers (NdL 8/1959) und in ihren Rezensionen zu Seghers' 1959 veröffentlichtem Roman »Die Entscheidung« (NdL 5/1961; ND 77/1961) kann man beispielsweise die Spuren ihrer eigenen Arbeit in Fragen und Gedanken erkennen. Wolf wohnte zu dieser Zeit mit ihrem Mann und ihren beiden Töchtern in Halle; sie arbeitete studienhalber in dem Betrieb Waggonbau Ammendorf. Als typischer Beitrag zur Literatur des ›Bitterfelder Weges‹ steht der »Geteilte Himmel« an der »Wendung der DDR-Literatur von der Auseinandersetzung mit Faschismus und bürgerlicher Gesellschaft zur kritisch-konstruktiven Analyse der DDR-Gesellschaft« (Stephan, 1980, 31).

»Der Bitterfelder Weg, der mit der ersten Bitterfelder Konferenz, einer Autorenkonferenz des Mitteldeutschen Verlages, im April 1959 in Bitterfeld beginnt, will die kulturelle Bewegung der sozialistischen Kulturrevolution wesentlich vertiefen. Werden auf der einen Seite die ›Berufsschriftsteller‹ der DDR aufgefordert, in die Betriebe zu gehen, um ihre schriftstellerische Tätigkeit mit der materiellen Lebenswelt des arbeitenden Menschen unmittelbar zu verbinden, so ergeht an die Arbeiter gleichzeitig und zum erstenmal in dieser Form der Auftrag, selber schriftstellerisch tätig zu werden, um Probleme der Arbeitswelt und Produktion darzustellen, die in ihrem ›unmittelbaren Erfahrungsbereich‹ liegen.« (Scharfschwerdt, 1982, 109) 1963 wurde mit der Einrichtung des Neuen ökonomischen Systems die wissenschaftlich-technische Revolution in der DDR eingeleitet. Die ›Bitterfelder Bewegung‹ wurde 1964 abgebrochen und die Entwicklung einer sozialistischen deutschen Nationalliteratur als vorrangige Aufgabe der Schriftsteller formuliert. Die Romane der ›Bitterfelder Bewegung‹ – etwa »Die Geschwister« von Brigitte Reimann, »Die Aula« von Hermann Kant, »Spur der Steine« von Erik Neutsch, »Ole Bienkopp« von Erwin Strittmatter« – waren größtenteils Werke junger Autoren für jüngere Leser. Nach den Produktionsromanen der Aufbauphase formulierten die Protagonisten dieser Romane ihr Bekenntnis zum Sozialismus in der DDR. Als übereinstimmende Bilanz einer Reihe von Autoren, die Anfang der sechziger Jahre, d.h. unter dem Einfluß der ›Bitterfelder Bewegung‹, ihr erstes Prosawerk veröffentlichten, kann allerdings festgehalten werden, »daß im ungenügenden Bekenntnis zum eigenen Erleben, zur eigenen Erfahrung, zur individuellen Weltsicht die Gründe für das – jetzt gesehene – Mißlingen der frühen literarischen Versuche lagen.« (Hartinger, 1976, 16).

In der 1960 geschriebenen, aber erst 1974 veröffentlichten Tagebuchskizze »Dienstag, der 27. September 1960« schreibt Wolf vom Plan einer Brigadegeschichte. Diese Tagebuchskizze gibt Aufschluß über die damalige Arbeitsweise der Autorin und ihre Schwierigkeit, nach eigenem Verständnis ›realistisch‹ zu erzählen. Der ursprüngliche Plan, eine Brigadegeschichte zu entwerfen, könnte sich aufgrund der politischen Veränderungen geändert haben: am 13. August 1961 wurde die bislang zum Westen hin offene Grenze geschlossen, um der zahlenmäßig beträchtlichen Abwanderung junger, qualifizierter Arbeitskräfte Einhalt zu gebieten und um eine stärkere Konzentrierung auf die inneren Entwicklungen in der DDR zu ermöglichen. Der »Geteilte Himmel« erregte bei seinem Erscheinen 1963 großes Aufsehen; wie kaum ein anderes Prosawerk der frühen sechziger Jahre erzielte er eine »ungewöhnliche Resonanz bei Lesern aller Schichten« (Reso, 1965, 25). Mit der hervorragenden Qualität der Erzählung wurde die Vergabe des bedeutendsten Literaturpreises der DDR, des mit 10000 Mark dotierten Heinrich Mann-Preises an die Autorin begründet. Von 1963 bis 1967 stand Christa Wolfs Name auf der Kandidatenliste für das ZK der SED.

Westdeutsche Rezensenten werteten den »Geteilten Himmel« als programmatischen Beginn ›sowjetzonaler‹ Literatur und als »Zeugnis eines Realismus, mit dem sich junge DDR-Autoren von westlichen wie östlichen Vorbildern emanzipierten« (Wiegenstein, 1969, 779). Heute noch zählt der »Geteilte Himmel« zu den ›Bestsellern‹ der DDR und zum »festen Bestand ihrer ›sozialistischen Nationalliteratur‹« (Hölsken, 1969, 62). Eine angemessene heutige Wertung hätte die Erzählung eher als »historisches Dokument, nicht zuletzt eines bestimmten Entwicklungsabschnittes der DDR-Literatur« (Sauer, 1979, 78) zu betrachten.

1964 wurde der »Geteilte Himmel« unter der Regie von Konrad Wolf und nach dem von Christa und Gerhard Wolf gemeinsam verfaßten Drehbuch verfilmt.

Die junge Pädagogik-Studentin Rita Seidel erwacht nach einem Unfall oder Selbstmordversuch in einem Krankenhaus. Die Zeit ihrer Genesung nutzt sie zu einer rückblickenden Reflexion der vergangenen Ereignisse. Ihr Freund, der Chemiker Manfred Herrfurth, hatte sich nach Westberlin abgesetzt, weil er seine beruflichen Pläne in der DDR nicht umsetzen zu können glaubte. Die Trennung nach zweijähriger wechselvoller Beziehung hatte Rita schwer erschüttert. Sie bleibt in der DDR; ihr Genesungsprozeß ist zugleich das Hineinwachsen in die sozialistische Gesellschaft.

Der formale Aufbau der umfangreichen, zum Roman tendierenden Erzählung ist an den inneren Ablauf, an den Genesungsprozeß der Protagonistin Rita Seidel gebunden. Prolog und Epilog bilden einen ersten, der Sanatoriumsaufenthalt nach dem körperlichen und seelischen Zusammenbruch Ritas einen zweiten Rahmen. In die Gegenwartsebene, welche die knapp zwei Monate von Ende August bis Anfang November 1961 umfaßt, ist eingelagert die Erinnerung an die Liebesgeschichte zwischen Rita und Manfred Herrfurth, die im Sommer 1959 begann und mit Manfreds Weggang nach Westberlin für beide schmerzlich endete. Ritas Selbstmordversuch, der auch ein Unfall hätte sein können, markiert einen Wendepunkt in ihrem Leben. Ihre Krise und deren Bewältigung wird vom ›guten Ende‹ her erzählt, von ihrer Rückkehr ins Leben, die mit einem aktiven Bekenntnis zur sozialistischen DDR einhergeht.

Die Anlage dieser Geschichte verweist auf ein kathartisches Prinzip (Krise-Bewältigung-Integration), wie es in modifizierter Form fast alle Prosawerke Wolfs durchzieht, am deutlichsten in der Geschichte »Unter den Linden« (1969). Ebenso wie dort ist Ritas Geschichte als Geschichte der Überwindung einer persönlichen Krise mit dem Ziel der gesellschaftlichen Integration angelegt, und ebenso wie dort vollzieht sich dieser Prozeß im Erzählen selber.

Verglichen mit den sog. Ankunftsromanen weist der »Geteilte Himmel« eine geringere Anzahl von Figuren sowie einen reduzierten Umfang auf; dominiert dort der auktoriale Erzähler, so wechselt hier die Erzählperspektive zwischen auktorialem und personalem Erzähler. Die Darstellung verzichtet auf das zu dieser Zeit in der DDR-Literatur übliche schwarz-weiß-Denken und auf den ›positiven Helden‹. Das Bekenntnis zur DDR, wie es im »Geteilten Himmel« nicht nur von Rita gegeben wird, ist nicht neu; neu und interessant ist jedoch, wie und durch welche Krisen dieses Bekenntnis errungen wird. Liest man den »Geteilten Himmel« heute unter der Fragestellung, wie sich die Erweiterung der erzählerischen Mittel des sozialistischen Realismus, für die diese Erzählung steht, mit der schriftstellerischen Entwicklung der Autorin verbanden, so ergeben sich daraus interessante Perspektiven. Mit Prosawerken wie dem »Geteilten Himmel« habe sich die DDR-Literatur »zu einer reicher entfalteten ästhetischen Struktur, zu realistischerem Gehalt und größerer Wirksamkeit« (Schlenstedt, 1964, 167) entwickelt, schreibt der DDR-Germanist Dieter Schlenstedt:

»Wenn eingangs die Subjektivierung der Probleme als Weg zu einer neues entdeckenden, schärfer differenzierenden, widerspruchserfüllten Gestaltung gewertet wurde; wenn aber hier zum Schluß eben diese Subjektivierung als Methode gekennzeichnet wurde, die einen Mangel an objektiv entfalteter epischer Welt, an Breite in der Gestaltung aufgeworfener Fragen, an Deutlichkeit mit sich brachte – so liegt dieser Widerspruch in der Sache selbst. Das Buch Christa Wolfs ist ein Schritt auf dem Wege unsrer Literatur zu einer reicher entfalteten ästhetischen Struktur, und man sollte solchem Ausprobieren neuer Möglichkeiten mit Aufmerksamkeit begegnen.« (Schlenstedt, 1964, 167)

Die Prosa der ›Bitterfelder Bewegung‹ weist erstmals ein neues Verhältnis zu modernen Gestaltungsmitteln auf, welche zuvor auf strikte Ablehnung wegen ideologischer Bedenken gestoßen waren. Daß sich in der Literaturwissenschaft der DDR die Auffassung durchsetzen konnte, moderne Erzählmittel seien ideologisch indifferent und ihre Aufnahme in die Prosa des sozialistischen Realismus sei allein kein Beweis für eine dekadente Haltung des Autors, ausschlaggebend sei vielmehr der Zweck, dem sie dienten – dies war eine Folge der (ausführlich dokumentierten) Diskussion um den »Geteilten Himmel«. »Demnach gelten moderne Erzählelemente im jüngeren Roman der DDR als legitim, wenn der Schriftsteller die Beziehung von Individuum und Gemeinschaft als Basis seines Schaffens ansieht und in seinem Werk die Perspektive der gesellschaftlichen oder menschlichen Entwicklung zum Sozialismus sichtbar wird. Wo dagegen beispielsweise der innere Monolog die Entfremdung und Isoliertheit des Individuums ausspricht oder die Aufhebung des Zeit- und Raumkontinuums die Unüberschaubarkeit einer nicht greifbaren, komplexen Weltwirklichkeit ahnen läßt, bleiben moderne Erzählelemente unter dem Aspekt ihrer Gestaltungsabsicht als Symptome bürgerlicher Dekadenz weiterhin diffamiert. Es geht mit anderen Worten bei der Beurteilung der Handhabung moderner Ausdrucksmittel um eine ›Umfunktionierung‹ moderner Erzählelemente im Sinne des sozialistischen Realismus.« (Hölsken, 1969, 74)

Die Erzählung arbeitet mit erinnernder Reflexion, teils im inneren Monolog, teils in erlebter Rede, mit zeitlichen Überblendungen, symbolischer Verkürzung, mit Rückwendungen und Vorausdeutungen: Die Subjektivierung des Erzählens, von der Schlenstedt spricht, findet ihren Ausdruck in einer ausgeprägten Psychologisierung des Geschehens, in der Konzentration auf die individuelle Erlebens- und Reflexionssphäre Ritas und in einer sehr stark auf Intuition und Emotionalität der Protagonistin aufbauenden Perspektive. Diese Subjektivierung manifestiert sich darüber hinaus als neuartige Akzentuierung des Verhältnisses zwischen dem Individuum und der Gesellschaft; im übrigen begründet die Subjektivierung des Erzählens den spezifischen Stil der Autorin. Die fast gewaltsam scheinende Anpassung Vera Brauers in der »Moskauer Novelle«, die um den Preis erneuter Verdrängung problematischer Anteile des Ich geschieht, wird im »Geteilten Himmel« variiert. Ritas Genesung kann auch als Anpassungsleistung und als Entwicklung von ›weiblicher‹ Spontaneität und Empfindsamkeit zu sozialistischem Bewußtsein und Integration in die ›männliche‹ Lebens- und Arbeitssphäre gedeutet werden.

Der Prolog datiert die Handlung auf die Zeit um den 13. August 1961, den Tag des Mauerbaus, und legt eine Assoziaton zwischen der bedrohlichen politischen und der krisenhaften Situation Ritas nahe. Der Stimmung des drohenden Verhängnisses wird – dies greift der Epilog dann wieder auf – die Erde als erhaltende Kraft entgegengesetzt, die das Leben hervorbringt und bewahrt – Leben nicht als »abstraktes oder mystisches Prinzip, sondern als der werktätige weltverändernde sozialistische Alltag« (Schlenstedt, 1964, 143). Das zunächst evozierte Bedrohtsein, das im Bild der aufeinanderzurasenden Waggons leitmotivisch aufgegriffen wird, mündet in hoffnungsvolle Tage einer »neuen Freiheit« (H 199), wie es der Epilog verspricht. Dazwischen denkt Rita über ihr Leben nach; sie weiß: »Was noch zu bewältigen wäre, ist dieses aufdringliche Gefühl: Die zielen genau auf mich.« (H 11) Zwischen Prolog und Epilog liegen 30 kurze Kapitel, deren 16. formal die Mitte und thematisch die Peripetie der Handlung ausmacht; hier kreuzen sich zwei gegenläufige Linien: »in der Vergangenheitshandlung wird mit der Vorausdeutung der Trennung ein Umschlag ins Negative gestaltet, während in der Erzählgegenwart der Auftakt zur Rückkehr ins Leben gegeben wird« (Einhorn, 1978, 408). In die Gegenwartsebene, die Ritas Genesung mit ihrer Bewußtseinsentwicklung bis zur Entscheidung für die DDR parallelisiert, sind Motive aus Prolog und Epilog hineingenommen wie Lebensangst und neue Hinwendung zum Leben. Prolog und Epilog haben die Funktion, Ritas Entwicklungsprozeß in den Zusammenhang einer gesellschaftlichen Erfahrung einzuordnen. Der Prolog nimmt Ritas Entwicklung auf einer gesellschaftlich-allgemeinen Ebene vorweg, indem er zunächst eine Bedrohung der Menschen, dann die Überwindung dieser Furcht zugunsten einer hoffnungsvollen Zuwendung zum Leben andeutet. Der Epilog befestigt sowohl Ritas Bewußtseinsentwicklung und innere Zuversicht als eine zuversichtliche gesellschaftliche Haltung. Die rahmende Funktion von Prolog und Epilog ist es, Ritas persönliche Entwicklung als Teil einer gesamtgesellschaftlichen Entwicklung erscheinen zu lassen.

Die subjektive Perspektive und die starke Verinnerlichung des Geschehens bedingen einen über weite Teile der Erzählung durchgehaltenen lyrischen Stil, der gelegentlich durch lehrhafte Passagen abgelöst wird, etwa auch in rhetorischen Fragen. Solche Passagen mögen manche Autoren der Sekundärliteratur zu Bewertungen wie »Parabel sozialistischer Bewußtseinsbildung« (Durzak,

1979, 190) oder »Predigt einer geschickten Erzählerin« (Jurgensen, 1983, 85) bewogen haben.

In nüchtern-sachlicher, dynamischer Sprache wird die Arbeitswelt, der Waggonbaubetrieb, dargestellt. Die Einbeziehung der Sprache der Arbeitswelt ist deutlich als Einfluß der ›Bitterfelder Bewegung‹ sowie als Anpassung an Grundsätze des sozialistischen Realismus wie Verständlichkeit und Volkstümlichkeit zu erkennen. Die einfache, stellenweise sogar triviale Sprache ließ den »Geteilten Himmel« trotz der vergleichsweise komplizierten Erzählstruktur in der DDR zu einer Massenlektüre werden. Elemente von Trivialliteratur, die Verwendung sprachlicher Fertigteile, Klischees und veraltete Bildmomente bedingen gelegentlich ein »sentimentales Abgleiten« (Schlenstedt, 1964, 151) der Erzählung. Ohne diese Passagen nun im einzelnen näher zu betrachten – ganz ähnliche ›Ausrutscher‹ weist übrigens auch die »Moskauer Novelle« auf –, sollen zwei Stilmittel näher betrachtet werden, die im »Geteilten Himmel« für eine spezifische Auffassung des sozialistischen Realismus durch die Autorin stehen: dies ist zum einen ein irrational-mythisches Moment, wie es in der Mythisierung der Natur und dem Gebrauch von Träumen als schicksalsweisenden Vorausdeutungen greifbar wird; dies ist zum anderen eine wahre Apotheose des sozialistischen Fortschritts – der erste Weltraumflug der Sowjets am 12. April 1961 wird als ›die Nachricht‹ in der Erzählung zum Überzeugungsversuch mittels objektiver Tatsachen, den enttäuschten Manfred vom Verlassen der DDR zurückzuhalten.

In ihren früheren Kritiken hatte sich Christa Wolf mit Überzeugung sowohl gegen allzu naturalistische wie auch gegen stilisierende Schreibweisen gewandt. Sie selber arbeitet sowohl in der »Moskauer Novelle« wie auch im »Geteilten Himmel« mit der Technik der Symbolisierung. In stark lyrisierenden Naturbeschreibungen deutet sie die Natur als Trägerin von Emotionen und greift auf Natursymbole und -abläufe zurück, um innere Bewegungen wiederzugeben. Obwohl Wolf dazu neigte, »die Methode zu überfordern, den Symbolen zuviel zuzumuten« (Schlenstedt, 1964, 151), bleibt als positiv festzuhalten, daß es ihr gelang, die Methode der Stilisierung und Symbolisierung überhaupt gegen einen allzu engen Begriff von sozialistischem Realismus zu verteidigen als Befreiung von Naturalismen und als Rehabilitierung von Anspielung und Andeutung. Es soll noch einmal betont werden, daß der »Geteilte Himmel« wesentliche Bedeutung für die Erschließung formaler Möglichkeiten und stofflicher Freiheiten für die DDR-Literatur gehabt hat. »Die Tatsache, daß ein solches Buch in der DDR wegen seiner Tendenz *schon* ausgezeichnet [...] und gleichzeitig *noch* angegriffen wird, ist nicht nur für die Literatur oder für die Kritik bedeutsam: sie markiert vor allem einen politischen Drehpunkt. Unter diesem Gesichtspunkt kann Christa Wolf ein noch so feinsinniges ästhetisches Urteil – daß ihre Erzählung nicht in die große Literatur eingehen wird – gefaßt beiseite legen: das Buch hat eine große politische Bedeutung. Es wird mittelbar vielleicht auch ein besseres Klima für die Literatur in der DDR schaffen.« (Bunge, 1964, 15)

Ebenso wie die Projektion menschlicher Emotionen in die Natur erweist sich der Rückgriff auf den Traum als schicksalshafte Vorausdeutung auf eine Entwicklung, die sich dem menschlichen Wirken entzieht, als Einführung irrationaler oder vorrationaler Momente. Die Funktion des Traumes als stilistisches Mittel wandelt sich im Werk Wolfs; als romantisch geprägtes Stilmittel wird der Traum in »Unter den Linden« (1969) zur tragenden Struktur; in »Kindheitsmuster« kommt dem Traum die klassisch-analytische Funktion zu, Ausdruck unbewußter Erinnerungen, Vorstellungen und Wünsche zu sein. Die ausgeprägte Verwendung irrationaler Momente im »Geteilten Himmel« läßt durchaus die Frage berechtigt erscheinen, »ob die Übernahme einer solchen konventionellen Metaphorik nicht dem aufklärerischen Impuls, der das Schicksal der Rita Seidel zum Muster eines sozialistischen Bewußtwerdungsprozesses erhebt, widerspricht, ob hier nicht in der implizierten Identität von Natur und Mensch mit einem Begriff von Unmittelbarkeit operiert wird, der einer historisch vergangenen Situation angehört und im Kern religiös ist.« (Durzak, 1979, 198) Auch im Zusammenhang mit dem ersten sowjetischen Weltraumflug, der ›Nachricht‹ könnte Wolfs Wortwahl durchaus an eine »Sprache der religiösen Offenbarung« (Jurgensen, 1983, 86) erinnern. Schließlich hat Wolf selber im Rückblick von einem »neuen blinden Glaubenseifer« (LS 2, 65) gesprochen, der sie in den fünfziger Jahren strikte Orientierung an kulturpolitischen Vorgaben dem Vertrauen in die eigene Erfahrung und, was das literarische Schaffen anging, eine realistische Gestaltung vorziehen ließ. Im »Geteilten Himmel« vertritt nicht die junge Rita, sondern der nachdenklich-skeptische Manfred eine von der Autorin möglicherweise geteilte Position. Er unterzieht übereifrige Parteifunktionäre, die über die Parteilinie sprechen »wie Katholiken über die unbefleckte Empfängnis« (H 130), einer herben Kritik. Die Tatsache, daß die parteinahen Figuren des »Geteilten Himmel« zuwenig überzeugend und positiv gestaltet seien, war einer der Hauptkritikpunkte an der Erzählung.

In ihrem Beitrag »Literatur und Zeitgenossenschaft« (NdL 3/1959) hatte Christa Wolf über die Weltraumrakete geschrieben, sie sei der »Aufklang des Kommunismus« und die »Verkörperung der Alternative, die heute vor uns steht, schärfer denn je: Kommunismus oder Barbarei«. In diesem Sinn verwendet Wolf ›die Nachricht‹ im »Geteilten Himmel«. In einem Dialog zwischen Manfred Herrfurth und dem Genossen Wendland versucht dieser, Manfreds Zweifel, ob die neue Gesellschaft gerade für ihn den richtigen Platz habe, durch die Mitteilung von Gagarins Raumflug zu widerlegen (H, Kap. 23). Diese ›Nachricht‹ symbolisiert hier die optimistische Zukunftsentwicklung; daß dieses Symbol ungeeignet ist, den Fortschritt bei der Selbstwerdung des Menschen zu symbolisieren, verdeutlicht erst eine auf den Kosmonautenmythos im »Geteilten Himmel« bezugnehmende Stelle in »Nachdenken über Christa T.« (1968, 16. Kap.).

In der Figur des Manfred Herrfurth, dessentwegen Rita das heimatliche Dorf verläßt und in die Stadt zieht, gestaltet Wolf einen Angehörigen derselben desillusionierten Generation, der sie selber angehört. Er ist wesentlich geprägt durch seine Erziehung im Nationalsozialismus und durch ein problematisches Elternhaus. Aus diesen Einflüssen werden seine Gleichgültigkeit, Kälte, sein Zynismus und sein Mißtrauen im Umgang mit anderen Menschen überzeugend motiviert. Seine Persönlichkeitsgestaltung ermöglicht es, seine Entscheidung zum Verlassen der DDR mehr psychologisch als ideologisch zu motivieren. Durch seinen Beruf – er ist Chemiker* –, seinen Wunsch, als Mensch anerkannt und gebraucht zu werden, und durch seine Liebe zu Rita versucht Manfred, sich in die neue Gesellschaft einzugliedern und seine innere Einsamkeit durch Integration in das Kollektiv zu überwinden. Zwar fehlt es ihm an dem Glauben, durch das Leben in der neuen Gesellschaft ein neuer Mensch zu werden; unmittelbarer Anlaß für seinen überstürzten Weggang aus der DDR ist jedoch eine Mißachtung seiner Arbeit, die ihn enttäuscht und kränkt. Manfreds mangelnde Identifikation mit der DDR wird nicht nur mit seiner persönlichen Geschichte begründet, sondern auch mit kritikwürdigen Zuständen. So kritisiert Manfred beispielsweise Mangold, einen übereifrigen Parteifunktionär, dessen stalinistischer Dogmatismus der sozialistischen Gesellschaft ebenso schadet wie Manfreds Skeptizismus. Dogmatismus und Pessimismus bedingen sich gegenseitig: »wo auf Skepsis dogmatische Intoleranz antwortet, ist resignierender Pessimismus die Folge. Die Erfahrung des Dogmatismus hat Manfreds pessimistische Einstellung zur neuen Gesellschaft wesentlich mitbestimmt« (Hölsken, 1969, 80f.).

Manfred, könnte man zusammenfassen, ist zwar kein ›positiver Held‹, aber auch kein staatsfeindlicher Agent. Ähnlich differenziert und unter Vermeidung von Schwarz-weiß-Zeichnung sind die Nebenfiguren gestaltet wie etwa Wendland, Schwarzenbach und Meternagel.

Die formalen Elemente, mit denen der »Geteilte Himmel« die Grenzen des sozialistischen Realismus erweiterte, wurden bereits umrissen. Bringt man das Motiv der Wahrheitssuche in ein Verhältnis zu der damals geltenden Definition des sozialistischen Realismus, wird deutlich, mit welcher moralischen Rigorosität Christa

---

* Wie Stephan (1979, 47) zurecht vermerkt, ist Manfred eigentlich Chemiker; die Maschine, die er konstruiert und die dann nicht in Bau gehen soll, ist aber eher eine Ingenieursarbeit. Dieser Widerspruch wird in der Erzählung nicht aufgelöst.

Wolf ihren subjektiven Anspruch auf realistische Gestaltung im »Geteilten Himmel« zu verwirklichen versuchte.

Der sozialistische Realismus, auf dessen Genese und Modifikationen hier nicht eingegangen werden kann, arbeitet mit wenigen Schlüsselbegriffen – ideologisch determinierter Ideengehalt, marxistisch-leninistische Parteilichkeit des Helden und des Autors, optimistische Grundhaltung, positiver Held, Totalität der Darstellung, Vereinfachung der Form – und seine hauptsächliche Funktion ist die ideologische Massenerziehung.

In der Erzählung verläuft eine deutliche Grenze zwischen den Aufrichtigen und den Unaufrichtigen, nicht zwischen den überzeugten Genossen und den Indifferenten oder Abtrünnigen. Das 8. Kap. führt eine Interpretation von Wahrheit vor als eine Addition der in verschiedenen subjektiven Bekenntnissen vorgetragenen individuellen Wahrheiten. Dieser Wahrheitsbegriff pluralisiert die mit der Erkenntnis des Marxismus/Leninismus zur Deckung gebrachte ›objektive‹ Weltsicht und stellt die unumschränkte Gültigkeit einer einzigen Wahrheit in Frage. Auf die selbstgestellte Frage, ob es Sinn habe, »die Wahrheit, die man kennt, immer und unter allen Umständen zu sagen«, antwortet der engagierte Lehrer-Werber Schwarzenbach: »Die reine nackte Wahrheit, und nur sie, ist auf die Dauer der Schlüssel zum Menschen. Warum sollen wir unseren entscheidenden Vorteil freiwillig aus der Hand legen?« (H 186) Schwarzenbach ist der Überzeugung, daß die sozialistische Gesellschaft die erste wirklich wahrheitsfreundliche Ordnung in der Welt sei. Nicht durch dogmatische Parteilichkeit, sondern durch aufrichtige Überzeugung werden Menschen zu wahren Sozialisten; diese Haltung vertritt Schwarzenbach.

In der »Moskauer Novelle« zeichnet Veras gleichaltriger Kollege Heinz das Bild von der jüngeren Generation als »Fisch im Wasser«, das richtige Bewußtsein quasi angewachsen wie eine Haut. In der Figur der Rita, die beinahe ohne Voraussetzungen und Vergangenheit ist, versucht Wolf ihre Vorstellung von dieser jüngeren Generation zu gestalten, die ganz selbstverständlich im Sozialismus wurzelt und »auch dann historisch richtig denken und handeln [wird], wenn sie sich scheinbar spontan ihren Regungen überläßt« (Zak, 1963). Allerdings hebt gerade die Entwicklung Ritas ins Bewußtsein, um welchen Preis diese ›Spontaneität‹ erkauft ist. Ritas Entwicklung von den Polen Natur, Gefühl, Geborgenheit zu Arbeit, Rationalität, Anpassung kann auch als Integration der Frau in ein gesellschaftliches System gelesen werden, dessen Menschenbild ausschließlich am männlichen Muster orientiert ist. Rita verzichtet auf ihre Liebe zu Manfred; die Brigade Ermisch, der sie während ihres

Arbeitseinsatzes im Waggonwerk zugeteilt ist, wird zu einer Art Ersatzliebe. Die Erfahrungen in der Produktion und im Kollektiv hinterlassen prägendere Spuren in der jungen Rita, die ihr Dorf verließ, um Lehrerin zu werden, als die Beziehung zu Manfred. Bereits zu Anfang dieser Beziehung finden sich im Text metaphorische Umschreibungen ihrer Bedrohung. Ihre Partnerschaft ist u.a. dadurch charakterisiert, daß beide nicht in der Lage sind, in Konfliktsituationen eine offene Aussprache herbeizuführen und unterschiedliche Haltungen gelten zu lassen. Zu Anfang hat Rita sowohl die Sehnsucht nach privatem Glück als auch den Anspruch nach kollektivem Lernen und Arbeiten als konkurrierende, zunächst gleich intensive Bedürfnisse. Je mehr Rita aus ihrer Privatheit tritt, um so stärker muß sie spontanes Denken, Intuition und Empfindsamkeit und ihren Wunsch nach Geborgenheit in einer Liebesbeziehung zurückstellen. Für ihre Emanzipation als Frau ist lediglich der Weg der Integration in den Produktionsprozeß vorgegeben, und dieser Weg führt über die Überwindung privater Sehnsüchte und traditionell weiblicher Zuschreibungen. Ritas Reifung, ihre Entwicklung zu mehr Selbstbewußtsein, ihre Aktivität im betrieblichen und gesellschaftlichen Bereich und die Ausprägung ihres sozialistischen Bewußtseins, ist mit einer Vereinseitigung ihrer Persönlichkeit erkauft. Als Manfred sich nach Westberlin absetzt, besucht Rita ihn, kehrt jedoch selbstverständlich zurück. Die Datierung ihres Selbstmordversuchs oder Unfalls nach dem 13. August, dem Tag des Mauerbaus, ist kein Zufall: Rita kann nicht mehr wählen, ob sie bleiben oder gehen will, sie muß bleiben. Diese Entscheidung Ritas ist vielseitig interpretierbar. Ihr Verzicht auf ihr persönliches Lebensglück zugunsten der Integration in die neue Gesellschaft führt zu einem körperlichen und seelischen Zusammenbruch. Ihr Selbstmordversuch ist ein Akt der Verzweiflung, ein Fluchtversuch vor diesem »aufdringliche[n] Gefühl: Die zielen genau auf mich« (H 11). In einer echten Bewährungssituation entscheidet sich Rita erwartungsgemäß, scheinbar selbstverständlich. Diese Entscheidung ist nicht möglich ohne großen persönlichen Verlust. Tatsächlich ist ja nicht ihre Liebe zu Manfred zerstört, sondern sie hat auf deren Verwirklichung verzichtet. Diese Liebe bleibt unersetzlich und mit ihrem Verlust müssen beide leben. Ritas Tragik besteht darin, daß ihre Liebe nicht zu einer Motivation für Manfred wurde, mit seinen und den gesellschaftlichen Entwicklungsmöglichkeiten Geduld zu haben und zu bleiben. In Ritas Selbstmordversuch könnte auch ein verzweifeltes Aufbegehren gegen die Erkenntnis liegen, daß die Verantwortung gegenüber der Gesellschaft das größte persönliche Opfer, den Verzicht auf die Liebe, fordert. Rita und Manfred haben

eine gegenläufige Entwicklung eingeschlagen: während Manfreds Skepsis und seine Erfahrungen in der DDR zu seiner endgültigen Lossagung von der neuen Gesellschaft führen, löst Rita den Widerspruch zwischen ihrer Liebe zu Manfred und dem eigenen gesellschaftlichen Engagement, die unvereinbar geworden sind, durch die Trennung von Manfred. Im Unterschied zu Manfred, dessen Trennung von der DDR als aktive Handlung geschieht, wird Rita mehr oder weniger durch die historische Entwicklung, gegen die sie sich zunächst noch auflehnt, zum Bleiben gezwungen. Die Geschichte endet jedoch nicht mit Ritas Selbstmordversuch aus Verzweiflung; danach erst, während ihres zweimonatigen Sanatoriumsaufenthaltes, den Rita zu intensiver Erinnerungsarbeit und zur Bewältigung ihrer Trauer nutzen kann, beginnt in der Logik der Erzählung ihre wirkliche Reifung. Rita soll lernen, ihre noch stark emotional-emphatische Bindung an die sozialistische Gesellschaft und ihre eher unbewußt getroffene Entscheidung für die DDR auf eine höhere Bewußtseinstufe zu heben. In diesem Entwicklungsprozeß sozialistischen Bewußtseins spielt die Literatur eine Rolle, indem sie die Anpassungsleistung des Individuums unterstützt. Die genesende Rita ist empfänglich für die »Versuche der Dichter, Stück für Stück die sehr große Dunkelheit des noch Ungesagten zu erhellen« (H 189), und sie lernt durch die Literatur, die »Dinge beim richtigen Namen zu nennen« (H 190). Dieser Hinweis auf das »magische Märchensymbol vom richtigen Wort« (Schlenstedt, 1964, 174) soll verdeutlichen, daß Rita mit beinahe schlafwandlerischer Sicherheit und ungeheurer Sensibilität die richtige Bezeichnung der Dinge lernt und sich die richtige Weltanschauung aneignet. Ihre einseitig auf Rationalität ausgerichtete Entwicklung bedingt, daß Ritas Zuwendung zum Leben in der neuen Gesellschaft auch von untergründigen Gefühlen der Trauer und des Verlustes begleitet wird und eher eine ungeheure Anpassungsleistung unter Verdrängung mancher problematisch erscheinender Persönlichkeitsanteile als eine bewußte Entscheidung darstellt.
Wie Vera in der »Moskauer Novelle« verweist auch Rita auf eine Problematik ihrer Autorin, auf deren Sehnsucht, ebenso selbstverständlich und ohne die begreifliche Last der Vergangenheit in die neue sozialistische Gesellschaft hineinzuwachsen und die Sicherheit eines festen Weltbildes zu haben.

So könnte man den »Geteilten Himmel« als Geschichte der Spaltung einer Persönlichkeit in ihr tatsächliches und ihr Wunsch-Ich lesen. Das wirkliche Ich *mit der es prägenden* Entwicklung und Erfahrung kann verdrängt werden (in der Gestalt des republikflüchtigen Manfred), das Wunsch-Ich findet zu einer traumhaft-sicheren Identifikation mit der neuen Gesellschaft. Rita als

Verkörperung von Wolfs Wunsch-Biographie, wie von selbst zur Sozialistin zu werden? Ein anderer Gedanke dürfte eher zutreffen. Vermutlich wurde für Christa Wolf immer deutlicher, daß für sie wie für andere ihrer Generation dieser schnurgerade Weg zu einer unerschütterbaren sozialistischen Identität nicht begehbar war. Ihre Erfahrung war die einer schwierigen und widersprüchlichen Neuorientierung in der neuen Gesellschaft. Diese Erfahrung wurde zu einem grundlegenden Bestandteil auch ihres literarischen Selbstverständnisses.

2 ». . . zu erzählen, das heisst: wahrheitsgetreu zu erfinden auf Grund eigener Erfahrung« Christa Wolfs neues erzählerisches Selbstverständnis

»Juninachmittag«

Die 1965 geschriebene und 1967 zum erstenmal veröffentlichte Geschichte »Juninachmittag« bezeichnet nicht nur einen Wendepunkt in der schriftstellerischen Entwicklung Christa Wolfs, sondern auch innerhalb der Entwicklung der DDR-Literatur einen Bruch mit dem bis dahin vorherrschenden Tatsachenrealismus. Die Geschichte »Juninachmittag« zählt mit zu den Prosatexten, die für die Literatur der DDR den Beginn modernen Erzählens markieren.

Die Prosa der DDR kann bis Anfang der sechziger Jahre mit den Attributen ›antimodernistisch‹ und ›orthodox realistisch‹ belegt werden. In den Jahren von 1965 bis 1980 etwa vollzog sich der Anschluß der DDR-Literatur an die westliche Literatur in zu ihrer Zeit offiziell akzeptierten Prosawerken jüngerer Autoren wie Erwin Strittmatter, Erik Neutsch, Hermann Kant, Johannes Bobrowski und Christa Wolf. Das Abrücken dieser Autoren von der Widerspiegelungstheorie brachte gravierende Veränderungen in Fabelkonstruktion und Heldenwahl mit sich. Stilistische Innovationen (Rückblenden, Zeitenschichtung, innerer Monolog, Wechsel der Erzählperspektive) führten zu einer Verschiebung des Erzählens von der Ebene der Handlung in den Bereich der Reflexion. Dies wiederum brachte eine verstärkte Subjektivierung des Erzählens und die Wiederentdeckung der Erzählerfigur mit sich. »Nachdenken über Christa T.« (1968) zeigt diese neue Art des Erzählens in ausgereifter Form. Die in engem Zusammenhang mit dem etwas späteren Prosatext entstandene Geschichte »Juninachmittag« enthält jedoch »explizit und geradezu programmatisch alle jene Momente modernen Erzählens [...], die [...] ›Nachdenken über Christa T.‹ konstituieren« (Emmerich, 1983, 163).

Mit dieser 1965 entstandenen Geschichte, die – neben »Selbstversuch« (1972) – zu der am häufigsten nachgedruckten Kurzprosa Wolfs gehört, beginnt eine neue Phase ihres erzählerischen Selbstverständnisses, das sie im Anschluß an »Nachdenken über Christa T.« in dem Essay »Lesen und Schreiben« (1968) ausführlich und differenziert begründet. Charakteristisch für die neue Form der Wolfschen Prosa ist ein essayistisches Erzählen, in dessen Mittelpunkt das nachdenkende und sich erinnernde Individuum steht.

Die Geschichte »Juninachmittag« weist strukturell zwei Ebenen auf: unter der Oberfläche eines idyllischen Familiennachmittags im sommerlichen Garten enthüllt sich ein vielschichtiges Gewebe von Bedrohungen, Spannungen und Beunruhigungen.

Die Ich-Erzählerin berichtet einem unbekannten Zuhörer von einem vordergründig harmonisch verlaufenden Nachmittag mit ihrer Familie – ihrem Mann und ihren beiden Töchtern – im Garten, von Besuchen der Nachbarn und von den Flugzeugen, die den Garten der im Grenzbereich zwischen den beiden deutschen Staaten liegt, überfliegen. Die latente Gefährdung dieser Idylle registriert die Ich-Erzählerin mit Sensibilität und Sachlichkeit.

Die offene, unstrukturierte Bauform der Geschichte entspricht vollkommen dem Bewußtseinsstrom, an dem die Ich-Erzählerin den imaginierten Zuhörer (und den Leser) teilhaben läßt. Der Erzählvorgang ist identisch mit seinem Inhalt, d.h. dieser *ist* innerer Monolog, aus dem sich Impressionen, Reflexionen, Erinnerungen und die Wiedergabe kurzer Gespräche mit Familienmitgliedern und Nachbarn herausheben, wobei die Übergänge fließend sind. Die Thematik der Geschichte wird nicht mittels einer Fabel entwickelt, sondern in einer Vision. In der von der Ich-Erzählerin vorgetragenen Beschreibung des wild wuchernden Gartens steckt ein Sinnbild für uneingeschränktes kreatürliches Wachstum, die Assoziation an Harmonie und Möglichkeit der Selbstverwirklichung. Diesem nahezu idyllischen Bild wird die Beunruhigung der Ich-Erzählerin entgegengesetzt, die diese mit unbestechlicher Aufmerksamkeit registriert. Nicht nur empfindet sie die familiäre Harmonie bedroht durch das generationsbedingte Auseinanderleben von Eltern und Kindern oder durch zeitweise Entfremdung zwischen sich und ihrem Mann; auch die Abgeschiedenheit des Gartens ist bedroht durch die verschiedenen Besucher, die Nachrichten, die sie mitteilen oder ihre Lebenshaltung, die befremdlich wirkt; schließlich ist die Stille des Raums bedroht durch den Luftverkehr, der auch militärischen Zwecken dient.

Was in der Beschreibung des Gartens als »Sinnbild für den Anspruch des Lebenden auf Entfaltung und Schöpfertum« (Giesecke, 1977, 128) metaphorisch angelegt ist, wird in der Gestaltung der Ich-Erzählerin entwickelt, deren individuelle Entfaltung im Reflektieren über sich und ihre Umwelt die Autorin gestaltet. Somit vollzieht Wolf schreibend nach, was der Figur der Ich-Erzählerin reflektierend gelingt. So wird für sie das Schreiben zu einem »Vorgang, der das Leben unaufhörlich begleitet, es mitbestimmt, zu deuten sucht«, zu einer »Möglichkeit, intensiver in der Welt zu sein«, zu einer »Steigerung und Konzentration von Denken, Sprechen, Handeln« (LS 2, 74). Die Ich-Erzählerin entfaltet sich im Verlauf der Geschichte zu einer reifen Persönlichkeit mit der ausgeprägten Fähigkeit, Erfahrungen und Beobachtungen einzuordnen und zu bearbeiten, und mit einer Empfindungsfähigkeit, die zahlreiche Nuancierungen bietet, von Angst und Unruhe über Betroffenheit zu Erschütterung. Was wie ein anspruchsloses Protokoll unwichtiger Vorgänge an einem Juninachmittag beginnt, erweist sich als ein »Stück hochartifizieller Prosa«, ein »Geflecht beziehungsreicher Verweise, Chiffren und Metaphern« (Emmerich, 1983, 163). Das vordergründige Familienidyll dient als eine Art Gerüst für die kritische Erörterung gesellschaftlicher Fragen.

Vom Anfang zum Ende der Geschichte führt ein deutlicher Spannungsbogen, der die stilistische Einheit der zahlreichen Partikel in diesem Bewußtseinsstrom betont.

»Eine Geschichte? Etwas Festes, Greifbares, wie ein Topf mit zwei Henkeln, zum Anfassen und zum Daraus-Trinken?

Eine Vision vielleicht, falls Sie verstehen, was ich damit meine. Obwohl der Garten nie wirklicher war als dieses Jahr. Seit wir ihn kennen, das sind allerdings erst drei Jahre, hat er nie zeigen dürfen, was in ihm steckt. Nun stellt sich heraus, daß es nicht mehr und nicht weniger war als der Traum, ein grüner, wuchernder, wilder, üppiger Garten zu sein. Das Urbild eines Gartens. Der Garten überhaupt. Ich muß sagen, das rührt uns. Wir tauschen beifällige Bemerkungen über sein Wachstum und verstehen im stillen, daß er seine Üppigkeit übertreibt; daß er jetzt nicht anders kann, als zu übertreiben, denn wie sollte er die seltene Gelegenheit nicht gierig ausnützen, aus den Abfällen, aus den immer noch reichlichen Regenabfällen der fern und nah niedergehenden Unwetter Gewinn zu ziehen?« (GE 41)

Die rhetorische Frage der Ich-Erzählerin zu Beginn des ersten Abschnitts, der hier seiner Bedeutung wegen vollständig zitiert wird, weist die mögliche Erwartung des Zuhörers/Lesers auf eine den Normen und Vorschriften entsprechende Geschichte zurück und setzt dagegen eine Vision, einen Freiraum für die Phantasie. Bereits dieser erste Abschnitt macht den »programmatischen (und, genauso wahr: antidoktrinären) Charakter« (Emmerich, 1983, 163) dieses Prosatextes deutlich. In dieser Vision des Gartens werden mit Himmel und Erde zwei Bereiche eingeführt, die sich im Verlauf der Geschichte als Metaphern für Politik und Macht einerseits und für Privatheit und Autonomie des Individuums andererseits enthüllen.

Ein Schlüsselbegriff ist sicherlich die ›Vision‹, mit der hier ein Gegenentwurf zur ›Geschichte‹, die auf der Fabel aufbaut, gemeint ist; dieser Begriff verweist zugleich auf andere Texte Wolfs. So verteidigt Christa Wolf in ihrem Essay über Ingeborg Bachmann (1966) deren ›Vision‹ als sensibelste und aufrichtigste Art von Wahrnehmung.

»Da sieht man auch, der Vision hat man sich nicht zu schämen, sie ist nichts Leichtfertiges oder Ausgeklügeltes [...] Vision! hört man leichtfertig sagen, was ist das: Vision? – Man sieht plötzlich, was nicht zu sehen ist, was aber da sein muß, weil es Wirkungen zeitigt. Die Vergangenheit in der Gegenwart zum Beispiel. Oder die immer unterdrückten maßlosen Wünsche, die jeden Augenblick, keiner weiß, woher, in jedermann aufschießen können.« (LS 2, 177)

In »Juninachmittag« liest die Ich-Erzählerin ein Buch, das sie mit folgenden Worten charakterisiert: »Ein ganz genaues Wort neben dem anderen. Das ist es.« Fehervary nahm ursprünglich an, es handle sich um den Erzählungsband »Das dreißigste Jahr« von Ingeborg Bachmann; diese Vermutung hat sie inzwischen korrigiert. Es handelt sich um den Erzählungsband »Lange Schatten« (1960) von Marie Luise Kaschnitz. (Fehervary, 1982)

In »Nachdenken über Christa T.« bemüht sich die Erzählerin, »das Wichtigste über sie zu sagen: Sie, Christa T., hat eine Vision von sich selbst gehabt« (N 114). Der Tod der Christa T., welcher der äußere Anlaß für das Nachdenken der Erzählerin wurde, findet eine Entsprechung in der Schlußsequenz des »Juninachmittag«, in der die noch immer anhaltende Gefährdung der friedlichen menschlichen Existenz beschworen wird.

»Ich schloß die Augen. Ich wollte nichts sehen und nichts hören. Jene Frau, von der man nur noch die Handtasche gefunden hatte, sah und hörte auch nichts mehr. In welchem Spiel sie ihre Hände auch gehabt haben mochte, man hatte sie ihr weggeschlagen, und das Spiel ging ohne sie weiter.

Der ganze federleichte Nachmittag hing an dem Gewicht dieser Minute. Hundert Jahre sind wie ein Tag. Ein Tag ist wie hundert Jahre. Der sinkende Tag, sagt man ja. Warum sollte man nicht spüren können, wie er sinkt: vorbei an der Sonne, die schon in die Fliederbüsche eintaucht, vorbei an dem kleinen Aprikosenbaum, an den heftigen Schreien der Kinder, auch an der Rose vorbei, die nur heute und morgen noch außen gelb und innen rosa ist. Aber man kriegt Angst, wenn immer noch kein Boden kommt, man wirft Ballast ab, dieses und jenes, um nur wieder aufzusteigen. Wer sagt denn, daß der Arm schon unaufhaltsam ausgeholt hat zu dem Schlag, der einem die Hände aus allem herausreißt? Wer sagt denn, daß diesmal wir gemeint sind? Daß das Spiel ohne uns weiterginge? [...] Als wir gingen, war die Luft voller Junikäfer. An der Gartentür drehten wir uns um und sahen zurück. Wann war das eigentlich mit diesem Mittelmeer, fragte das Kind. Heute?« (GE 64)

Der Ich-Erzählerin wird im Nachdenken über den Unfalltod einer fremden Frau die beständige Gefährdung des eigenen Lebens und der eigenen Integrität schmerzhaft bewußt; das Resignative dieses Gedankens wendet sie in eine produktive Art, Unabänderliches zu akzeptieren. Nicht das Bild des sinkenden Tages, sondern die vorbehaltlose Zuwendung zum Augenblick beschließt die Geschichte.

»Nachdenken über Christa T.«

Entstehungs- und Rezeptionszusammenhang

»Nachdenken über Christa T.« ist ein Buch mit einer besonderen Geschichte. Eine erste Fassung, die vermutlich auch kurz danach erscheinen sollte, gab es bereits 1965 (vgl. Mohr, 1971, 217); im Oktober 1966 hatte Wolf im ostberliner Rundfunk daraus gelesen (vgl. Thomassen, 1977, 29). Wolfs Auskünfte über dieses neue Buch in einem Interview 1966 sind weitgehend identisch bis in die wörtliche Formulierung mit Passagen aus »Selbstinterview«. Für »Selbstinterview«, worin Wolf Entstehung und Intention von »Nachdenken über Christa T.« erläutert, ist in der Essaysammlung »Fortgesetzter Versuch« (Leipzig 1979) als Entstehungsdatum 1966 angegeben, während in »Lesen und Schreiben« (Darmstadt 1980), der westdeutschen Ausgabe von Wolfs essayistischen Arbeiten, das angegebene Entstehungsdatum mit der Erstveröffentlichung von »Selbstversuch« in der Zeitschrift ›Kürbiskern‹ (4/1968) zusammenfällt. Eine zweite, möglicherweise gegenüber der ersten veränderte Fassung von »Nachdenken über Christa T.« war 1967 abgeschlossen (vgl. LS 2, 69).

1967 fand das 11. Plenum des ZK der SED statt; dieses Plenum steht für die heftige Abkehr von liberalen und progressiven Tendenzen auch im kulturpolitischen Bereich. Christa Wolfs Rede, in der sie mit mutigen Worten den Kollegen Werner Bräunig gegen verleumderische Angriffe verteidigte, hatte die Streichung ihres Namens von der Kandidatenliste des ZK der SED zur Folge. 1968 erschienen Vorabdrucke aus »Nachdenken über Christa T.« in der DDR (SuF 3/1968; Sonntag, Juli 1968) und der BRD (Kürbiskern 4/1968), und schließlich die Buchfassung in einer relativ geringen Auflage (etwa 15000 Ex.) (vgl. Behn, 1978, 6; Schmitt, 1983, 30ff.). Auf eine zunächst ambivalente Wertung des Buches, welche dessen literarische Qualität trotz ideologischer Bedenklichkeit hervorhob, folgte eine dezidierte kulturpolitische Verurteilung, die von Literaturwissenschaftlern und Kritikern bis in die siebziger Jahre als Abgrenzung gegenüber Christa Wolfs ästhetischer Position fortgeführt wurde. Entscheidende Veränderungen erbrachte erst der 7. Schriftstellerkongreß 1973; die danach erfolgte Nachauflage von »Nachdenken über Christa T.« – im Jahr des 25jährigen Bestehens der DDR – umfaßte etwa 80000 Ex. und machte dieses Buch erstmals einem größeren Leserkreis zugänglich.

»Was ist das, dieses Zu-sich-selber-Kommen des Menschen?« Dieser Satz, den Johannes R. Becher, späterer Kulturminister der DDR, 1947 in sein Tagebuch schrieb, ist Motto und Ausgangspunkt in »Nachdenken über Christa T.« »Die große Hoffnung oder die Schwierigkeit, ›ich‹ zu sagen« (N 164), antwortet die Protagonistin Christa T.

Das Becher-Zitat lautet vollständig: »Was ist das, dieses Zu-sich-selber-Kommen des Menschen? Es ist die Erfüllung aller der Möglichkeiten, wie sie dem Menschen gegeben sind. Unlust und Unbehagen schafft Traurigkeit, und die Traurigkeit steigert sich zur Angst, zur Schwermut und Verzweiflung, da wir das Leben nicht leben, das uns zu leben gegeben wäre.« (Becher, 1969, 224)

Orientiert man sich an äußeren Daten und Ereignissen, erscheint das Leben der Christa T. typisch für ihre Generation.

Christa T., 1927 in einem Ort im heutigen Polen geboren, schließt während der gemeinsamen Schulzeit Freundschaft mit der etwas jüngeren Erzählerin. Nach Krieg und Flucht arbeitet Christa T. als Neulehrerin auf dem Land. Als sie 1951 in Leipzig Germanistik zu studieren beginnt, trifft sie die Erzählerin wieder. 1954 schließt Christa T. ihr Studium mit einer Arbeit über den Nachmärz-Erzähler Storm ab und arbeitet als Lehrerin. Nach ihrer Heirat mit dem Tierarzt Justus gibt sie ihren Beruf auf, zieht mit ihm aufs Land und bekommt im Lauf einer siebenjährigen Ehe drei Töchter. Eine kurze Liebschaft, der Bau ihres Hauses am See und Schreibversuche sind Variationen ihrer Suche nach sich selbst. Im Frühjahr 1963 stirbt Christa T. an Leukämie. Vom Tod der Freundin mit Trauer und Betroffenheit erfüllt, beginnt die Erzählerin wenig später, das Leben der Christa T. nachzuzeichnen.

Das Leben der Christa T., so wie es Inhalt des Nachdenkens der Erzählerin ist, hat die Tendenz, sich der offiziellen Version von Lebensläufen in dieser Zeit, dem Ankommen im Sozialismus, zu widersetzen. Von Christa T.s Unangepaßtheit und ihrer offensichtlichen Teilhabe an der Freiheit eines anderen Lebens (N 15) geht eine lebenslang bestehende Faszination auf die Erzählerin aus. Beide realisieren den Neubeginn nach 1945 als einen persönlichen Neuanfang; diesem Anfang bleibt Christa T. treu. Als sich die beiden jungen Frauen in den Aufbaujahren der DDR an der Leipziger Universität treffen, teilen sie die Begeisterung für den ›neuen Menschen‹, den dieser Aufbau fordert. Gemeinsam erleben sie auch die Enttäuschung, daß sich nun eine vorbehaltlose Anpassung fordernde Welt aus eilig hergestellten Versatzstücken breit macht. »Christa T., sehr früh, wenn man es heute bedenkt, fing an, sich zu fragen, was denn das heißt: Veränderung. Die neuen Worte? Das neue Haus? Maschinen, größere Felder? Der neue Mensch, hörte sie sagen und begann, in sich hineinzublicken.« (N 56f.) Als das Wesentliche an Christa T.s Persönlichkeit teilt die Erzählerin mit, sie habe eine »Vision von sich selbst« (N 114) gehabt; das war ihr Traum vom neuen Menschen, den sie auf die sie umgebende Realität bezogen hat. Aber der neue Mensch läßt auf sich warten. Um so mehr erhofft Christa T. von der Zukunft das »gründlich andere« (N 98), die Erfüllung ihrer Sehnsucht, »ganz stark man selbst werden« (N 144). Ihre Vorstellung vom neuen Menschen paßt in keine der Schablonen, welche die meisten der Kommilitonen annehmen. Gegen die Forderung nach Anpassung setzt Christa T. Unruhe, Zweifel, Phantasie und Gewissen und vor allem ihre Sehnsucht nach Selbstverwirklichung. Das widersprüchliche Moment ihres Charakters ist zurückführbar auf das Auseinanderfallen von denken und fühlen. Deren wiederhergestellter Zusammenhang – »denkend fühlen und fühlend denken« (LS 2, 55) – ist die Voraussetzung für die Selbstverwirklichung im aktiven Handeln, worauf Christa T.s Sehnsucht gerichtet ist und die auch den neuen Menschen auszeichnet. Offenheit und Widersprüchlichkeit als Merkmale der Persönlichkeit Christa T.s spiegelt die Werkstruktur wider. Christa T.s Wunsch, sie selbst zu werden, motiviert ihre Angst vor Festlegungen und die Aneignung einer Haltung, mit der sie Verfestigungen in ihrem Leben zu vermeiden hofft: das Weg- und Weitergehen, »hinter sich lassen, was man zu gut kennt, was keine Herausforderung mehr darstellt« (N 43). Ihre Arbeit als Lehrerin konfrontiert sie mit der ersten Generation der in der DDR Aufgewachsenen; deren Verhalten – unkritische Anpassung, menschliche Unsensibilität, Rücksichtslosigkeit, unausgebildete Moral und Gewissen – wecken Zweifel in ihr, daß faschistische Strukturen im Denken und Handeln bewältigt seien. An die unbewältigt gebliebene Vergangenheit wird sie immer wieder erinnert.

In diesem Zusammenhang werden eine Reihe von Erlebnissen aus Christa T.s Kindheit und (während) der Flucht berichtet, die in »Kindheitsmuster« (1976) als Erlebnisse der biographisch angelegten Figur der Nelly ausgegeben werden. Der Pächter, der den Kater an die Stallwand schleudert (N 24), das Kind, das während der Flucht erfriert und liegengelassen wird (N 26), der Hitlerjunge, der seinen Vater wegen Abhörens feindlicher Sender anzeigt (N 31) – diese Episoden, die beiden Prosatexten gemeinsam sind, stehen für menschliche Gleichgültigkeit und Grausamkeit, die sich für Nelly wie für Christa T. mit dem Leben im nationalsozialistischen Deutschland verbinden.

Die Ereignisse um den 17. Juni 1953 fallen mit einer persönlichen Krise Christa T.s zusammen, mit der Trennung von einem Mann, den sie liebt. »Mir steht alles fremd wie eine Mauer entgegen« (N 71), schreibt sie in einem Brief. Ihre Furcht wächst, »das könnte ihre Welt ein für allemal nicht sein« (N 72); sie flüchtet sich in Krankheit, und der behandelnde Arzt deutet ihre Depression als »mangelnde Anpassungsfähigkeit an gegebene Umstände« (N 72). Die schmerzhaft empfundene Distanz zu der Gesellschaft, deren nützliches Mitglied sie doch sein will, verringert sich auch nicht, als nach Stalins Tod, 1953, die »eisern Gläubigen« (N 168) abgelöst werden. Für ihr eigenes Leben empfindet Christa T., noch nicht dreißigjährig, Ausweglosigkeit: als habe das »Spiel mit Varianten« (N 173) aufgehört. Während ihres Studiums, als andere Kommilitonen den bequemen Weg der Anpassung gingen, hat Christa T. bereits ein ausgeprägtes Gefühl für das entwickelt, was in ihr selbst und in der Gesellschaft noch nicht geworden und noch zu schaffen war. Von der »neue[n] Welt der Phantasielosen« und der »Hopp-Hopp-Menschen« (N 52) entmutigt, gibt sie ihren Beruf auf und privatisiert ihre Ansprüche. Sie wird Ehefrau, Hausfrau und Mutter, zieht sich in ein traditionell weibliches Lebensmuster zurück, das ihr zunächst Glück zu garantieren scheint. In ihrer Ehe mit dem Tierarzt Justus sucht sie Schutz, will »Dämme bauen gegen unmäßige Ansprüche, phantastische Wünsche, ausschweifende Träume« (N 119) – ein Versuch, sich selbst zu disziplinieren. In ihrer Hinwendung zu ihrem Mann und zu den Töchtern sucht Christa T. einen überschaubaren Raum und zuverlässige Pflichten, »die man nicht nach Belieben ausführen oder unterlassen kann, weil sie das Leben selbst in Gang halten« (N 119). In einem verhältnismäßig unentfremdeten Lebenszusammenhang arbeitend erprobt Christa T. den »Vorteil [...], eine Frau zu sein« (N 119). Zuerst glücklich, erschöpft sie sich, wird nüchterner, illusionsloser, kompromißbereiter und verlernt, »große Rücksichten auf sich selbst zu nehmen« (N 125). In der alltäglichen, nicht enden wollenden Arbeit für Mann und Töchter verausgabt sie sich. Abgeschnitten von ihr selbst als produktiv erscheinenden Handlungsmöglichkeiten sieht sich Christa T. verwiesen auf innere Abenteuer; sie beginnt eine Liebesgeschichte, die ihre Ehe gefährdet. »Die unverbrauchten Gefühle fingen an, sie zu vergiften« (N 152), kommentiert die Erzählerin. Das Bewußtsein ihrer selbst geht Christa T. unaufhörlich verloren; im Widerstand gegen die fortschreitende Selbstentfremdung will sie »erleben, daß noch Sinn in ihren Sinnen war« (N 153). Christa T.s Erfahrungen im traditionellen weiblichen Lebenszusammenhang erweisen sich als problematisch für ihre Sehnsucht nach Selbstverwirklichung. Diese geschlechtsspezifische

Art der Selbstentfremdung schlägt sich im Verlauf ihrer beginnenden Krankheit als Depression und Müdigkeit nieder. Im Widerstand gegen diese Krankheit und schließlich gegen den Tod entwickelt Christa T. ein Potential, das sie jedoch nicht mehr völlig entfalten kann. Es gelingt ihr zunächst, aktives Handeln gegen ihre Depression zu setzen; ihr spontaner Wunsch, »mit meinen Händen arbeiten, daß ich es sehen kann« (N 147), erweist sich als sinnvolle Therapie. Erst angesichts des Todes versteht Christa T., daß dies die endgültige Nichterfüllung ihrer Vision des zu-sich-selber-Kommens bedeutet: »Ich will leben und muß sterben. Ich. Das kann nicht nur, es wird verlorengehn.« (N 173). Angesichts des Todes wird es ihr möglich, ›ich‹ zu sagen und ihre Selbstzweifel von sich abzuschütteln. Ihre Selbstverwirklichungsversuche im Schreiben und im Hausbau, d.h. im Schaffen innerer und sichtbarer Wirklichkeit, bleiben unvollendet. Die Erschütterung bewirkt den Durchbruch im Schreiben, »endlich« (N 177) glückt ihr ein Gedicht. Im Haubau kann Christa T., ohne ihr Ideal aus den Augen zu verlieren, den vorübergehenden Zustand akzeptieren; ihre Freunde sehen, »daß sie längst nicht mehr auf ihren Skizzen bestand, sondern auf diesen rohen Steinen« (N 155). So schmerzlich der Tod Christa T.s auch ist – sie selbst fühlte, »wie die Zeit für uns arbeitet, und muß sich doch sagen: Ich bin zu früh geboren. Denn sie weiß: Nicht mehr lange wird an dieser Krankheit gestorben werden.« (N 177)

Lesen und Schreiben

Die Schreibversuche der Christa T. dokumentieren ihren »Konflikt zwischen Wollen und Nicht-Können« (N 94), zwischen ihrem Drang, aufzuschreiben was sie sieht und was sie bewegt, und den Zweifeln, den an sich selbst gestellten Ansprüchen, ›gut‹ zu schreiben, gerecht werden zu können. In ihrem Nachlaß findet die Erzählerin Skizzen, Gedichte, Erzählungen, Briefe, Überschriftensammlungen und anderes mehr. Schon als Zehnjährige schreibt Christa T. Gedichte. ›Dichten‹ bedeutet für sie zunächst ›sich abdichten‹ vor der Außenwelt, Schutz und Trost (N 23). Ihr Bemühen um Formgebung, das sich früh entwickelt, gründet sich auf ihre »äußerste Abneigung gegen das Ungeformte« (N 19). Zur Zeit ihrer Arbeit als Neulehrerin auf dem Land erfährt sie aus der Lektüre von Werken von Gorki und Makarenko, welch große soziale und menschenbildende Kraft Literatur haben kann. Diese Erfahrung ermutigt sie in ihrem Wunsch, zu schreiben, und sie fühlt: »Dies ist der Weg zu uns selber. So wäre diese Sehnsucht nicht lächerlich und abwegig.« (N 33) Das anschließende Germanistik-Studium macht es ihr jedoch nicht leichter, sondern schwerer, mit dem Schreiben ernsthaft zu beginnen. »Sie muß frühzeitig Kenntnis bekommen haben von unserer Unfähigkeit, die Dinge so zu sagen, wie sie sind. Ich frage mich sogar, ob man zu früh davon erfahren und für immer entmutigt werden, ob man zu früh klarsichtig, zu früh der Selbsttäuschung beraubt sein kann. So daß man verzichtet. . .« (N 35), kommentiert die Erzählerin. Aber Christa T. kann nicht mehr verzichten. Sie schreibt weiter Tagebücher und Geschichten und empfindet es als Schwäche, daß sie »nur schreibend über die Dinge« (N 36) kommen kann. Ihrem »unheilbaren Drang zum Aufschreiben« hofft sie zu entkommen, indem sie ihm »einfach nachgibt, ohne ihn ernst zu nehmen« (N 84). Ihre Schreibversuche als Suche nach einem inneren Ort, an dem Ich und Welt zur Deckung gebracht werden können, als Annäherung an die Realität und als deren Aneignung bleiben jedoch in vieler Hinsicht fragmentarisch. In ihrem leidenschaftlichen Bemühen, mit ›dem Leben‹ in Berührung zu kommen und es besser zu begreifen, folgt Christa T. der Neigung, sich auf die Bedeutung der Worte wörtlich einzulassen; Sehnsucht versteht sie beispielsweise als die Sucht, genau und gründlich zu sehen. Obwohl sie sich auf die Erfahrung der eigenen Sinne verläßt, kann dies sie nicht davor bewahren, sich mit literarisierten und so handhabbar gemachten fremden Erfahrungen zu identifizieren. Auch kann sie nicht auseinanderhalten die »nächtlichen unbegrenzten Träume und die begrenzten Taten im Tageslicht, Gedanken und Gefühle« (N 65). Der Kommilitone Kostja, in den sie sich als Studentin verliebt, bezog seine Erfahrungen hauptsächlich aus Büchern und wußte zu jeder Gelegenheit das passende Zitat. Die Flucht in eine Phantasie-Welt, wofür die Liebe zu Kostja steht, überwindet Christa T., indem sie realistische Literatur des 19. Jh.s (Keller, Raabe, Storm) liest und indem sie schreibt. Dabei kommt sie ihrer Problematik näher. »Ich erkenne alles, was falsch an mir ist, aber es bleibt doch mein Ich, ich reiß es doch nicht aus mir heraus« (N 71), schreibt sie in einem Brief. Sie sucht nach den Spuren der Wirklichkeit in der Literatur, sucht nach Nüchternem, Überschaubarem, sucht »feste, klare Umrisse, nichts in Gefühl aufgelöst, nichts in Gedankenspiel gebrochen« (N 92). In ihrer Examensarbeit über Theodor Storm versucht sie erfolgreich, ihr wissenschaftliches Erkenntnisinteresse mit ihrer subjektiven Motivation zu verbinden und forscht nach Möglichkeiten, »wie man denn – und ob überhaupt und unter welchen Umständen – in der Kunst sich selbst verwirklichen könne« (N 94).

Es ist auffällig, daß Christa T. den Nachmärz-Dichter Storm positiver einschätzt als ihre Zeitgenossen um 1954. Während Georg Lukács Storm als einen »Dichter des Verzichts« (vgl. Seiler, 1978) aus der sozialistischen Literaturtradition ausgrenzte, setzt Christa T. ihre Bewertung dagegen, die miteinschließt, was sie sich für ihr eigenes Werk erhofft: »Manche der Gedichte und Novellen dieses Dichters werden nicht vergehen. Nur werden sie von den späteren glücklicheren Menschen anders verstanden werden [...] Storms schönste Dichtungen werden als Sehnsuchtsbild menschlicher Schönheit noch länger gelesen und geliebt werden.« (N 97).

Auch Hans Mayer (1970) widerspricht der Lukács'schen Deutung, mit dem Namen Storm sei lediglich literarische Idylle verbunden. Er sieht vielmehr in der Rehabilitierung idyllischer Wirklichkeitsdarstellung in »Nachdenken über Christa T.« das Bemühen, den Zusammenhang von Erinnerung und Sehnsucht wieder herzustellen. In der Rekonstruktion dieses Bezugs sieht Mayer eine den Leser anregende, seine Perspektivenbildung aktivierende Funktion.

Helmut Richter (1976), der die Rezeption deutschsprachiger Erzähler der zweiten Hälfte des 19. Jh.s in der Prosa der DDR untersucht, wählt »Nachdenken über Christa T.« als hervorragendstes Beispiel einer Erberezeption entgegen traditioneller Erbepflege. Als wichtige Aspekte, auf die sich rezipierende DDR-Erzähler in den sechziger und siebziger Jahren stützten, führt Richter folgende Charakteristika der (von ihm so genannten) Nachmärz-Erzähler an: das Profil ihrer Figuren ist weitgehend autobiographisch; sie beleben den Begriff Heimat neu; sie gestalten die Entwicklung eines Einzelnen psychologisch-emotional; sie nutzen intensiv und bewußt Erzähltechniken wie Einführung des medialen Erzählers, die Methode der wiederholten Spiegelung der Vorgänge, die Funktion des Erzählers als Instrument zur Kaschierung des Verlusts echter Wirklichkeitsbeziehungen. In »Nachdenken über Christa T.«, einer »Erzählung mit der inneren Dimension eines Entwicklungsromans« (Richter, 1976, 258), spiele nicht nur die Beschäftigung mit Storm und anderen Nachmärz-Erzählern eine wichtige Rolle in der Entwicklung Christa T.s, sondern in ihrem Streben nach Selbstverwirklichung werde, so Richter, ein literarischer Typus weitergeführt, der (allerdings männlichen Geschlechts) in der Literatur des 19. Jh.s (Immermann, Stifter, Keller, Raabe) eine zentrale Rolle spiele. Im Gegensatz zu den typologisch verwandten Entwicklungsromanen des 19. Jh.s, worin die menschliche Reifung der (männlichen) Protagonisten – man denke etwa an den Grünen Heinrich – durch das Reisen, das eine symbolische Aneignung von Welt darstellt, befördert wird, läßt Christa Wolf ihre Protagonistin die Selbstverwirklichung im Schreiben, d. h. im inneren Abenteuer suchen.

Richter führt diesen Unterschied auf Wolfs ausgeprägtes Bewußtsein von der Bedeutung der Literatur für eine Literaturgesellschaft wie die DDR zurück. Dazu kommt jedoch m. E. noch eine geschlechtsspezifische Komponente. Die männliche Variante – Selbstverwirklichung und -erweiterung im Reisen, in der Entdeckung von ›Welt‹ – wird bereits im 19. Jh. durch ein weibliches Muster ergänzt: die Liebe, an deren Unvereinbarkeit mit gesellschaftlichen Konventionen und Normen Emma Bovary, Anna Karenina und

Effi Briest letztlich zugrunde gehen (vgl. Gerhardt, 1982, 40ff.). Auch dieses Muster hat Christa T. für ihr Leben erprobt, ohne daß es ihren Ansprüchen genügen konnte. »Nachdenken über Christa T.« nimmt jedoch nicht nur auf die Prosa der Nachmärz-Erzähler Bezug, sondern enthält auch zahlreiche, meist kryptische Zitate anderer Autoren (Brecht, Seghers, Dostojewski, La Roche u. a.).

So erscheint Christa T. auf einem Maskenball als Sophie von La Roche, sie »hatte sich aber überhaupt nicht kostümiert« (N 114); während des Balls verändert sie ihre ›Maske‹ dahingehend, daß sie nicht die Schriftstellerin La Roche darstellen wollte, jene »überspannte und etwas sentimentale Schwärmerin« (N 115) aus dem 18. Jh., deren Enkelin Bettine Brentano war, sondern die »künstliche Figur« des 1771 erschienenen Romans »Geschichte des Fräuleins von Sternheim« der La Roche, dessen Untertitel lautete: »Von einer Freundin derselben aus Original-Papieren und anderen zuverlässigen Quellen gezogen«. Darüberhinaus hat Sophie von La Roche ihrer Protagonistin den eigenen Vornamen, Sophie, gegeben. Hier ergeben sich beinahe überdeutlich strukturelle Bezüge zwischen dem Roman der La Roche und der Wolf.

In der Zeit ihrer Ehe, als Christa T.s Konflikt zwischen dem weiterhin bestehenden, »gefährlichen Wunsch nach reiner, schrecklicher Vollkommenheit« (N 142) und ihrer wachsenden Selbstentfremdung sich zur existentiellen Krise verschärft, sucht sie wiederholt im Schreiben ein Medium zur Selbstverständigung und ein Mittel zur Selbstbehauptung. Das »Mißverhältnis zwischen den Anforderungen, denen man sich stellt, und den eigenen Kräften« (N 92) führt zu Enttäuschungen. In den seltenen Aufzeichnungen aus der Zeit ihrer Ehe finden sich Sätze wie dieser: »Viel mehr Gefühle morgens beim Aufwachen, als der Tag je verbrauchen kann« (N 152). Sie entwickelt den Plan, eine Reihe ›wahrer Begebenheiten‹ rund um den See in Mecklenburg, an dem sie ihr Haus gebaut hat, aufzuzeichnen. Im Überlieferten sucht sie »sichere, abgegrenzte Vorgänge, überschaubar bis in die Verästelungen der Gefühle« (N 92) – »als mißtraue sie tief der Phantasie« (N 92). Sie schreibt Geschichten in der dritten Person, »die dabei ist, ohne greifbar zu sein« (N 165). Aus Angst vor »ungenauen, unzutreffenden Wörtern« (N 166) zögert sie, sich auf das Schreiben einzulassen. In Christa T.s Entwürfen entstehen Gegenbilder zur Wirklichkeit und Vorwegnahmen besserer Verhältnisse. So schreibt sie eine Art ‹Wunschfassung‹ der Krötengeschichte, in der sie den Schüler Hamurabi bereuen läßt, der Kröte um einer Wette willen den Kopf abgebissen zu haben – woran er in Wirklichkeit jedoch nicht denkt. Die Erzählerin kommentiert: »Diesen Schluß – wie mag sie ihn sich gewünscht haben. Wie stimmen wir im Innersten überein mit allen, die solche Schlüsse, je weniger sie stattfinden, um so heftiger begehren.« (N 139) Zu den Versuchen, die Christa T.s schriftstellerisches Vermögen am eindringlichsten zeigen, gehört die Geschichte »Malina die Himbeere« (N 88), deren Fragment die Erzählerin in die Mitte des Buches placiert. Dieses kurze, fragmentarische Prosastück gibt Aufschluß darüber, daß eines von Christa T.s wichtigsten Schreibmotiven war, sich früherer Erfahrungen – hier: der Kindheit – zu versichern. Sie gestaltet hier die Erinnerung an eine Reise im Jahr 1940. Das ›Problematische‹ dieser Geschichte liegt jedoch weder an der Form noch an der Sprache, sondern am Inhalt; für eine solche unpolitische, auf der Genauigkeit wahrheitsgemäßer Verarbeitung der jüngsten Vergangenheit beruhenden Erinnerung ist noch nicht die rechte Zeit.

Die Suche nach Heimat

Christa T.s Sehnsucht nach Selbstverwirklichung enthält neben ihrem individualistischen Impetus auch die Hoffnung auf eine Heimat im Sinn von verwirklichten sozialistischen Verhältnissen. Diese ihre Heimatsuche enthält Momente der Philosophie Blochs, mit dessen Namen utopisches Denken im Bereich marxistischer Philosophie untrennbar verbunden ist. Bloch, der von 1949 bis 1957 Ordinarius an der Universität Leipzig war, interpretiert den Sozialismus als *die* Philosophie der Hoffnung, oder, wie er es in seinem Hauptwerk »Das Prinzip Hoffnung« umschreibt: »Er ist die Praxis der konkreten Utopie.« (Bloch, 1980, 15)

Christa T. ist ausdrücklich als ein Mensch gestaltet, der eine Vision von sich selbst hat, der also die Phantasie besitzt, in dem, was er ist, bereits Momente dessen zu erblicken, was er werden kann: »[...] weil nicht Wirklichkeit wird, was man nicht vorher gedacht hat« (N 221). Diese Vorstellung vom Noch-Nicht-Gewordenen hat Christa T. nicht nur für ihre eigene Persönlichkeit, sondern auch für den Sozialismus in der Gesellschaft, in der sie lebt. Ihre Sehnsucht ist es ja gerade, *innerhalb* der »ersten von humanistischen Prinzipien regierten Gesellschaftsordnung auf deutschem Boden« (Haase, 1969) zu sich selber zu kommen. Diese ihre Vision ist es auch, die Christa T.s Kämpfe mit sich selbst notwendig macht. Da sie nicht an der Gesellschaft zweifeln kann, (ver)zweifelt sie an sich selbst. Die historische Entwicklung zu diesen utopisch-sozialistischen Verhältnissen, die – im Sinn des Becher-Zitates – individuelle Selbstverwirklichung zum Nutzen der Gesellschaft ermöglichen, ist jedoch nicht erreichbar ohne die langwierige und komplizierte Verarbeitung der jüngsten Vergangenheit, von der gerade die Generation der Christa T. in nachhaltiger Weise geprägt ist. Christa Wolf hat die

Bedeutung der Vergangenheitsbewältigung für die Gegenwart mehrfach nachdrücklich hervorgehoben:

»Nicht, um unnötigerweise gesellschaftliche Kräfte an die Vergangenheit zu binden, sondern um sie produktiv zu machen für die Gegenwart, hat eine andauernde Arbeit gerade an jenen Vergangenheitskomplexen stattzufinden, deren Berührung schmerzt. Ein Vorgang, der, mit Konsequenz betrieben, zu literarischen Entdeckungen führen könnte, auf die wir nicht gefaßt sind.« (LS 2, 66)

Geradezu erschreckende Parallelen im Verhalten der Menschen zur Zeit des Nationalsozialismus und in der Aufbauphase der DDR sind es, die Christa T. entmutigen und die Verwirklichung ihrer Vision in ihr unerträglich erscheinender Weise verzögern. Aus ihrer Ungeduld und dem Wunsch, sich handelnd an der Verwirklichung ihrer Vision, d.h. denjenigen Anteilen, die für ihre Person und im Hier und Jetzt realisierbar sind, zu betätigen, resultiert Christa T.s Plan, ein Haus zu bauen. Dieses Haus ist als Ort ihrer individuell realisierten Heimat aufzufassen. An dieses Haus am See, das »nichts weiter war als eine Art Instrument, das sie benutzen wollte, um sich inniger mit dem Leben zu verbinden, ein Ort, der ihr von Grund auf vertraut war, weil sie ihn selbst hervorgebracht hatte, und von dessen Boden sie sich allem Fremden stellen konnte« (N 148f.), knüpft Christa T. die Hoffnung und die Überzeugung, sich ›auszugraben‹ (N 146).

Der Begriff des Ausgrabens spielt auch bei Bloch eine Rolle: »Das sogenannte Wesen des Universums also ist noch an und für sich verschlossen im Sinne von Noch-Nicht-Erscheinen seiner selbst; diese seine eigene Aufgabe-Natur macht es schwierig. Das Schwierige aufzuheben, dazu ist nicht nur eine Erkenntnis nötig im Sinne einer Ausgrabung dessen, was war, sondern Erkenntnis im Sinne einer Planbestimmung dessen, was wird.« (Bloch, 1980, 149)

Im Sinne Blochs interpretiert Andreas Huyssen das Hausbau-Projekt der Christa T. als »Ausgraben dessen, was war, und Erkenntnis dessen, was wird« und als »individuell verwirklichte Hoffnung, subjektive Antizipation dessen, was Bloch Heimat nennt, Ziel der Menschheit« (Huyssen, 1979, 87). Da das Haus zwar Heimat wird für Christa T., aber eben nur für sie, da bei Bloch aber Heimat in Gemeinschaft gesucht und gefunden werden soll, liegt hier ein unlösbarer Widerspruch in Christa T.s Leben und in ihrem Verhältnis zu ihrer Gesellschaft.

Auf Christa T.s Entwicklung bezogen, stellt der Hausbau entgegen ihrer bisherigen Furcht vor Festlegungen die Entscheidung für einen bestimmten Ort dar. Der Hausbau als »Symbol für dieses Nach-Hause-Finden« (Haase, 1969) ist auch Zeichen einer mit

Christa T. vorgegangenen Veränderung. Es ist das Akzeptieren des unvollendeten Zustands sowohl der Realisierung ihrer Vision für ihre Persönlichkeitsentwicklung als auch der Verwirklichung ihrer gesellschaftlichen Erwartungen. So ist das Haus im Rohbau, dessen Unfertigkeit seine herausragende Eigenschaft ist, sowohl Metapher für Christa T.s Persönlichkeit als auch für die – gemessen an dem, was sie werden kann – ›unfertige‹ sozialistische Gesellschaft.

Erzählerisches Verfahren

»Nachdenken über Christa T.« ist gewissermaßen der Roman eines Romans, d.h. er reflektiert seine Voraussetzungen und seine Entstehung mit. Der Text hat drei zeitliche Dimensionen; die erste ist das Leben der Christa T., das die Jahre 1929 bis 1963 umfaßt und aus dem die Jahre vom Beginn ihres Studiums bis zu ihrem Tod durch umfänglichere Berichte hervorgehoben werden; die zweite ist die Erzählgegenwart, das heißt die Jahre zwischen dem Tod der Christa T. und dem Abschluß des Manuskripts durch die Erzählerin, also 1963 bis 1965/1967; die dritte ist die jeweilige Gegenwart des Lesers, die mit der Veröffentlichung des Buches beginnt und theoretisch unendlich ist. Diese komplizierte Struktur erschien der Autorin offensichtlich notwendig; sie spiegelt sich in der Verschachtelung der Identitäten der Christa T., der Erzählerin und der Auorin.

»Nachdenken über Christa T.« gestaltet anhand nachgelassener Aufzeichnungen, der Erinnerung und der Erfindung der Erzählerin eine Beziehung zwischen Christa T. und der namenlos bleibenden Erzählerin. Strukturierend ist dabei nicht die zeitliche Chronologie, sondern das erinnernde und Variationen erfindende Bewußtsein der Erzählerin.

Durch zeitliche Raffung und Dehnung, durch Vor- und Rückgriffe gibt die Erzählerin bestimmten Lebensabschnitten der Christa T. ein besonderes Gewicht. Von den 20 Kapiteln, denen eine kurze Vorbemerkung der Autorin sowie ein Prolog der Erzählerin vorangestellt sind, beziehen sich 8 Kapitel (4–11) auf die vier Jahre Studium, die in die Aufbauphase der DDR fallen; diese Zeit wird damit deutlicher akzentuiert als Kindheit und Jugend (1–3) und Ehe (15–17). Die drei letzten Kapitel umfassen die Monate vor dem Tod Christa T.s; in diese Zeit fallen die Zeichen eines beginnenden Aufbruchs, der jedoch unausgeführt bleibt.

Der Text schließt mit der Aufforderung, daß man Christa T. noch einmal »hervorzubringen« habe, um zu erfahren, »wer sie war, wen man da vergißt« (N 180). Dabei geht es der Erzählerin um die

»Bloßlegung eines überliefernswerten Menschen« – überliefernswert deshalb, »weil bereit und fähig, die Konflikte der Zeit in sich auszutragen« (LS 2, 178).

Das Nachdenken der Erzählerin setzt drei verschiedene Bewegungen frei: an sie denken; über sie nachdenken; ihr nachfolgen im Denken – eine Synthese von Gefühl, Gedanke und Tun. Der im Prozeß des Erzählens enthaltene Vorgang des Nach-Denkens beschreibt nicht nur den Weg der Christa T., den »lange[n], nicht enden wollende[n] Weg zu sich selbst« (N 170) mit all seinen Verunsicherungen, Zweifeln und Rückschlägen, sondern geht ihn mit, vollzieht ihn nach, stellt ihn zur Diskussion. Die Erzählerin läßt keinen Zweifel daran, daß es Christa T. gelungen sei, sie selber zu werden: »Sie hat ja gelebt. Sie war ganz da.« (N 169)

In »Selbstinterview« verwahrt sich die Autorin Christa Wolf gegen eine Interpretation des Todes der Christa T. als Scheiternde ihrer Selbstfindung. »Weil die Ergebnisse ihres Lebens nicht leicht aufzählbar und vorweisbar sind? Nein. Ich habe gefunden, daß sie in der Zeit, die ihr gegeben war, voll gelebt hat.« (LS 2, 53)

Mitleid und Bedauern über den frühen Tod will die Erzählerin nicht aufkommen lassen. Statt dessen erprobt sie in einer besonderen, produktiven Art von Trauerarbeit eine Alternative zu Verdrängen und Vergessen. Ihr Nachdenken in all seinen Bewegungen zielt letztlich darauf, Christa T. zu »erkennen«: »daß sie sich zu erkennen gibt«, »daß man sie sehen kann«, »daß die Zweifel verstummen und man sie sieht«.

Christa T. wollte sich »ausgraben«. Dieses Motiv nimmt nun die Erzählerin in ihrem Nachdenken auf: was sie ›ausgräbt‹, ist jedoch nicht nur das, was war »in Form des Erinnerungsromans«, sondern »Erkenntnis im Sinn einer Planbestimmung dessen, was wird, oder doch werden soll« (Huyssen, 1979, 88). Es handelt sich also um eine auf Zukunft ausgerichtete Erinnerung. In diesem »sozialistischen Erinnerungsroman« (Huyssen, 1979, 88) stellt sich Erinnerung nicht als eine Form, in der sich Vergessenes präsentiert, dar, sondern als eine »Neuschaffung der Vergangenheit« (LS 2, 164), wobei das Vergangene unmittelbar in die Gegenwart eingreift.

In ihrem Aufsatz über die sowjetische Schriftstellerin Vera Inber benennt Christa Wolf den Moment, in dem die Neuschaffung der Vergangenheit für die Gegenwart produktiv werden kann, als den Augenblick, »da die undurchsichtige Gegenwart so weit zurückgetreten ist, um durchsichtig, dem Erzähler verfügbar zu sein; aber noch nah genug, daß man nicht damit ›fertig‹ ist«.

Dem Wunsch der Christa T., im Schreiben sich selbst und der Realität näher zu kommen, trägt die Erzählerin Rechnung, indem sie die Grenzen zwischen authentischem Material, dessen Formulierung durch Christa T. und die Erzählerin und den Erfindungen der Erzählerin sich verwischen läßt. »Wie man es erzählen kann, so ist es nicht gewesen. [...] Allein, daß man trennen muß und hintereinanderreihen, um es erzählbar zu machen, was in Wirklichkeit miteinander vermischt ist bis zur Unlösbarkeit« (N 65), schreibt die Erzählerin. Jegliches Geschehen und Erleben wird gleichzeitig als ein Lebens- und als ein Literaturvorgang gestaltet. Dabei nähern sich nicht nur Erlebtes und Erzähltes, Vision und Realität, Vergangenes und Zukünftiges, sondern auch die Identitäten von Erzählerin und erzählter Figur einander an.

Diese Verwischung von Identitätsgrenzen bestätigt die Autorin als Schreiberfahrung: »Später merkte ich, daß das Objekt meiner Erzählung gar nicht so eindeutig sie, Christa T., war oder blieb. Ich stand auf einmal mir selbst gegenüber, das hatte ich nicht vorgesehen.« (LS 2, 51 f.)

Das, was Christa T. nicht mehr entwickeln konnte, spürt die Erzählerin auf als das Noch-Nicht-Gewordene der sozialistischen Gesellschaft. Deshalb wird, indem Christa T. noch einmal hervorgebracht wird, auch ihre Hoffnung erneuert, daß die – noch ausstehende – Verwirklichung sozialistischer Verhältnisse den Weg bereite für die Verwirklichung des Menschen. Mit dem Schlußsatz »Wann, wenn nicht jetzt?« (N 70, N 180) projiziert die Erzählerin das wenig konkrete Ende des »Prinzips Hoffnung« auf einen konkreten Moment in der Entwicklung der DDR.

Die »Herstellung der Wahrheit mit den Mitteln der Phantasie« (Mohr, 1971, 103), wie sie »Nachdenken über Christa T.« unternimmt, ist in »Selbstinterview« (1966/1968) mit solcher Deutlichkeit vorgegeben, daß man »Selbstinterview« als eine Art Strukturmodell des eigentlichen poetischen Textes ansehen kann. Die Übereinstimmung ist nicht nur durch die Hervorhebung wichtiger inhaltlicher Momente, sondern vor allem durch das Spiel mit verschiedenen Identitäten gegeben. In »Selbstversuch« erläutert die Autorin Christa Wolf ihr Vorgehen beim Schreiben und deutet an, woraus für sie die Notwendigkeit der komplizierten Textstruktur von »Nachdenken über Christa T.« erwuchs.

Alexander Stephan deutet die Identitätenvermischung zwischen erzählter Figur, Erzählerin und Autorin als Ausdruck der Unsicherheit, mit der die Autorin sich ihrer Vergangenheit zuwende. Diese Unsicherheit wertet er als symptomatisch für eine ganze Generation von DDR-Autoren. Den »konsequenten Gebrauch der ›dritten Person‹ in Christa T.s (und ihren eigenen)

Manuskripten« interpretiert Stephan als »Schlüssel für die Erzählsituation« und setzt Christa T. kurzerhand mit Christa Wolf gleich (Stephan, 1979, 89). – Dem steht entgegen, daß Hans Mayer sich an eine Studentin namens Christa T. erinnert, die eine Examensarbeit über Storm bei ihm geschrieben habe (Mayer, 1970, 180ff.). Mayer nimmt eine Aufspaltung der Autorin in die literarischen Figuren der Erzählerin und der Christa T. als einen Kunstgriff an, der die autobiographische Substanz verdecken solle. – Heinrich Mohr (1971) und Christa Thomassen (1977) nehmen an, daß Autorin und Erzählerin identisch seien, aber nicht Christa Wolf und Christa T.

In ihren außerliterarischen Äußerungen bestätigt Christa Wolf den Inhalt der mit »C. W.« unterzeichneten Vorbemerkung in »Nachdenken über Christa T.«, die dem Prolog der Erzählerin vorangestellt ist. »Christa T. ist eine literarische Figur. Authentisch sind manche Zitate aus Tagebüchern, Skizzen und Briefen. Zu äußerlicher Detailtreue sah ich mich nicht verpflichtet«, heißt es in dieser Vorbemerkung. In dem Interview mit Karl Corino (HR 27. 11. 1974) sagt Wolf: »Es gab sie, diese Christa T., es gab ihr Leben, dessen Fakten und einzelne Stationen ich kannte oder nach ihrem Tod kennenlernte [...] und es gab auch diese Dokumente, aus denen ich zu einem Teil einige von ihnen zitiere. Dann aber [...] war ich natürlich vor die Frage gestellt, daß ich allein damit nicht auskam und daß manches, worauf es mit sehr ankam in der Interpretation dieses Lebens, natürlich erfunden werden mußte.«

Eine unmittelbare Schreibmotivation scheint der frühe Tod einer Freundin gewesen zu sein, wie Wolf im »Selbstinterview« erklärt. Ein anderes Motiv kommt dazu; Christa Wolf erwähnt es in einem Text, den sie 1965 schrieb:

»Die Sehnsucht, sich zu verdoppeln, sich ausgedrückt zu sehen, mehrere Leben in dieses eine schachteln, auf mehreren Plätzen der Welt gleichzeitig sein zu können – das ist, glaube ich, einer der mächtigsten und am wenigsten beachtetsten Antriebe zum Schreiben.« (Arbeit, 12)

1968 hat Wolf in dem Essay »Lesen und Schreiben« am Beispiel Dostojewskis und seines Helden Raskolnikow auf die »tiefe, unheimliche [...] Verquickung von ›Stoff‹ und ›Autor‹« (LS 2, 40) hingewiesen und eine Art ›Stellvertreter-Prinzip‹ ermittelt.

»Seine [Dostojewskis] Veranlagung, seine furchtbare Lebensgeschichte, seine krankhafte Empfindlichkeit für die moralischen Widersprüche seiner Zeit – sie waren es, die ihn zwangen, einen Raskolnikow aus sich herauszustellen, eine Welt um ihn zu errichten, die nur scheinbar aus den Bausteinen der materiellen Welt gemacht ist; in der er, Dostojewski, als ein Besessener mit Schattenfiguren durchspielen und bis zu einem gewissen Grad überwinden kann, was ihn in der ›wirklichen‹ Welt an den Rand der Vernichtung oder Selbstvernichtung gebracht hat.« (LS 2, 40)

Nicht nur die Sehnsucht,sich zu verdoppeln, und das Bedürfnis, am Beispiel des alter ego eigene Konflikte zu bearbeiten, sondern vor allem die »Sehnsucht nach Selbstverwirklichung« (LS 2, 43) ist ein wichtiges Schreibmotiv Christa Wolfs. Ein Motiv mit autobiographischer Dimension ist die Selbstfindung einer Schriftstellerin in den fünfziger und frühen sechziger Jahren in der DDR, die »Nachdenken über Christa T.« gestaltet. Möglicherweise erlaubt die Autorschaft, eine (partielle) Identifikation zwischen der Autorin und Christa T. anzunehmen. Wolf ging es um das Erfassen der »inneren Dramatik« der Christa T.-Figur, die »dazu bestimmt gewesen war, zu schreiben, und [...], ein langsam reifender Mensch, durch innere und äußere Gründe nicht mehr dazu gekommen ist, diese Bestimmung zu verwirklichen« (Zak/Gespräch, 1968).

Die Reflexionen der Erzählerin über das Schreiben ähneln sehr denen der Autorin, die aus anderen Zusammenhängen bekannt sind, so daß man durchaus von einer Identität Erzählerin/Autorin ausgehen kann. Zunächst bedrücken die Erzählerin Zweifel, ob es ihr gelingt, Christa T. ›hervorzubringen‹; schließlich faßt sie Mut und beginnt. »Hingehen, den ersten Satz schreiben. Nachdenken, ihr nach-denken. Dann Satz für Satz. Monatelang kein Tag ohne sie [...]« (N 97). Während die Erzählerin über die Problematik des Schreibens in ihrer Gesellschaft nachdenkt, ist sie sich auch der Erwartungen der Literaturkritiker bewußt. »Denn wenn man mich danach fragen wird – und man wird danach fragen, wie denn nicht –, ich werde nichts vorzuweisen haben: Warum, wird man fragen, stellst du sie vor uns hin?« (N 85) Diese Frage beantwortet die Erzählerin selber: »Einmal nur, dieses eine Mal, möchte ich erfahren und sagen dürfen, wie es wirklich gewesen ist, unbeispielhaft und ohne Anspruch auf Verwendbarkeit.« (N 46) »Sie ist, für sich selbst, jemand mit Ansichten, mit geheimen Möglichkeiten geblieben. Wer den Kopf jetzt wegwendet [...] und auf größere, nützlichere Lebensläufe zeigt, hat nichts verstanden. Mir liegt daran, gerade auf sie zu zeigen. Auf den Reichtum, den sie erschloß, auf die Größe, die ihr erreichbar, auf die Nützlichkeit, die ihr zugänglich war.« (N 132) Also rehabilitiert die Erzählerin in ihrer nachdenkenden Betrachtung die Eigenschaften Christa T.s – Widersprüchlichkeit, Unruhe, Neigung zum Schauen, Träumen und Zweifeln, Ungeduld, Phantasie, Sehnsucht nach Selbstverwirklichung – als Eigenschaften, die für die Verwirklichung des Menschen nach sozialistischem Entwurf unerläßlich sind.

Der Einsatz der erzähltechnischen Mittel und das Motiv des Nachdenkens zielen auf die Aktivierung des Lesers, der – ebenso wie der Dialogpartner in

»Selbstinterview« – von Anfang an gegenwärtig ist. Die verschiedenen Formen sprachlicher Relativierung, wie sie in semantischen Doppeldeutigkeiten, in der Schwebe gelassenen Aussagen, gleitenden Übergängen zwischen ›authentischem‹ und ›erfundenem‹ Material und unvermitteltem Perspektivenwechsel ihren Ausdruck finden, beziehen den Leser in den Vorgang des Suchens, Nachdenkens und Relativierens ein. Nicht der geschlossene Rückblick auf ein chronologisch geordnetes Leben ist von Interesse, sondern die Archäologie dieses Lebens, an welcher der Leser teilhat. In diesem »Spiel mit offenen Möglichkeiten« (LS 2, 23), einem unaufgelösten Schwebezustand zwischen Wirklichkeit und Fiktion, werden eine Reihe von Bildern und Szenen evoziert, die leitmotivische Funktion bekommen. So gibt es Leitmotive für Glück (der rotweiße Ball), für Geborgenheit (die siebzehn Pappeln), aber auch für Grausamkeit (die Krötengeschichte).

Die Instanz der Erzählerin ist es, welche die Teilhabe des Lesers ermöglicht, indem sie ihm anbietet, ihr zu folgen oder ihr Dialogpartner zu sein. »Mir kommt es so vor, als ob in der modernen Prosa der Autor verpflichtet ist, den Leser teilhaben zu lassen an der Entstehung der Fiktion und ihm nicht die Fiktion als Wirklichkeit vor die Wirklichkeit zu stellen. [...] Diese Haltung zum Stoff und zum Leser prägt weitgehend den Stil.« (Walther/ Gespräch, 1973, 131). Die Lektüre durch den Leser, d.h. die Aktualisierung des Textes in der Leser-Gegenwart, ist Teil der Romanstruktur. Die ›Wahrheit‹ des Textes realisiert sich so erst in der Arbeit des Lesers, Ungesagtes auszuformulieren.

Dieter Sevin verweist zu Recht auf die Verwandtschaft des Konzepts des ›impliziten Lesers‹ mit der vierten Dimension des erzählerischen Raumes, der ›subjektiven Authentizität‹, bei Wolf. (Sevin, 1982, 72ff.)

»Lesen und Schreiben«

Entwurf einer Prosatheorie

Im Frühjahr 1972 erschien im Aufbau-Verlag der Band »Lesen und Schreiben. Aufsätze und Betrachtungen«, dessen erste Auflage (5000 Ex.) bereits am Tag ihres Erscheinens ausverkauft war.

Die gleichzeitig bei Luchterhand (Darmstadt) erschienene Ausgabe »Lesen und Schreiben. Aufsätze und Prosastücke« enthielt nicht das Nachwort des Biologen Hans Stubbe, aber zusätzlich zur Aufbau-Ausgabe die beiden Aufsätze »Die zumutbare Wahrheit – Ingeborg Bachmann« und »Selbstinterview«. Auch die beiden Ausgaben der späteren Fassung des »Lesen und Schreiben«-Bandes sind nicht ganz identisch. »Fortgesetzter Versuch«, Leipzig 1979, enthält »Unruhe und Betroffenheit« (Gespräch mit J. Walther) und Ausschnitte aus einer Diskussion im Anschluß an eine Lesung aus »Kindheitsmuster«. »Lesen und Schreiben. Neue Sammlung«, Darmstadt 1980, enthält »Beispiel ohne Nutzanwendung«, den »Brief über die Bettine« und, in einer erweiterten Fassung, die Büchner-Preisrede.

»Lesen und Schreiben« versammelt vor allem Auftragsarbeiten. Herausragende Bedeutung kommt dem Essay zu, der dem Band den Titel gab, »Lesen und Schreiben«, 1968 im Anschluß an »Nachdenken über Christa T.« entstanden, die Erfahrungen beim Schreiben dieses Prosatextes aufarbeitend.

Hammerschmidt/Oettel (KLG 1984, 7) sind zustimmend zu zitieren mit ihrer Einschätzung dieses Essays: »Die deutliche Markierung einer eigenen Poetologie der Wolf vollzieht sich während der Arbeit an ›Christa T.‹, ihre theoretische Begründung leistet die Schriftstellerin dann in dem großen Essay ›Lesen und Schreiben‹, über dessen poetologische Erkenntnisse und Maßgaben bisher nichts hinausgeht.«

Christa Wolf bemerkt in dem Gespräch mit Hans Kaufmann (LS 2, 69), daß kein grundsätzlicher Unterschied bestehe zwischen ihren »einander ablösenden (oder einander durchdringenden) prosaistischen und essayistischen Äußerungen«; ihre gemeinsame Wurzel sei »Erfahrung, die zu bewältigen ist: Erfahrung mit dem ›Leben‹ – also der unvermittelten Realität einer bestimmten Zeit und einer bestimmten Gesellschaft –, mit mir selbst, mit dem Schreiben – das ein wichtiger Teil meines Lebens ist, mit anderer Literatur und Kunst. Prosa und Essay sind unterschiedliche Instrumente, um unterschiedlichem Material beizukommen, zu verschiedenen, doch nicht einander entgegengesetzten oder einander ausschließenden Zwecken.«

In »Lesen und Schreiben« entwickelt Christa Wolf in deutlicher Abgrenzung von den geltenden Konventionen des sozialistischen Realismus einen Entwurf zeitgenössischen Erzählens, dessen zentrale Kategorie ›Erfahrung‹ ist. Ausgehend von Beobachtungen über den engen Zusammenhang von Lesen und Schreiben betont Wolf die große, spezifische Bedeutung von Prosa für die Herausbildung von Phantasie, Moral und Sensibilität am Beispiel ihrer eigenen Entwicklung: »Denn ich, ohne Bücher, bin nicht ich.« (LS 2, 23) Beobachtungen, die menschliche Psyche betreffend, führen Wolf zu einer näheren Bestimmung von Prosa als Arbeit an der Erinnerung. Notwendige Voraussetzung für die Bewältigung der Zukunft, die das »Spiel mit offenen Möglichkeiten« und die »Unterstützung der Phantasie« (LS 2, 23) brauche, ist es, »sich früherer Erfahrungen zu versichern« (LS 2, 164). Tatsächlich finde jedoch ein Prozeß der »Verhärtung, Versteinerung, Gewöhnung« (LS 2, 24) im Umgang mit der Vergangenheit statt. Die Erinnerung halte ›Medaillons‹ bereit, festgelegte, nur Oberfläche reflektierende Bilder. Der Sprache könnte es gelingen, diese Oberfläche zu durchdringen. Die Möglichkeit, ›objektiv‹ zu erzählen, schließt Wolf aus. Eine Subjektivierung des Erzählens ist bereits für ihre ersten Prosaveröffentlichungen charakteristisch. Nun definiert sie, »zu erzählen, das heißt: wahrheitsgetreu zu erfinden auf Grund eigener Erfahrung« (LS 2, 27). Was bedeutet dies angesichts einer sich beständig wandelnden Welt? Die traditionelle realistische Prosa vergleicht Wolf mit der überlebten Newton'schen Himmelsmechanik. Der realistische Roman mit seiner wichtigsten Konstituente, der Fabel, hat den gesellschaftlichen Verhältnissen, die ihn hervorgebracht haben, zu seiner Zeit entsprochen. Aber »Prosa, die wieder wirken wollte, mußte sich einer neuen Realität auf neue Weise bemächtigen, mußte, unter anderem, beginnen, sich von der zum Klischee erstarrten, aus Versatzstücken gefertigten ›Fabel‹ alter Provenienz zu trennen; mußte und muß ein mechanisches zugunsten eines dialektischen Weltverhältnisses zu überwinden suchen.« (LS 2, 29) Wolfs Abgrenzung gegenüber der Theorie des realistischen Romans, wie Lukács sie vertrat, wird an anderer Stelle im Zusammenhang mit ihrer Bezugnahme auf die Position Anna Seghers' deutlicher herausgearbeitet. Als ein Beispiel für eine neue Art des Erzählens wählt Wolf die Novelle »Lenz« (1835/36) von Georg Büchner. Für Büchner, der »Dichter, Naturwissenschaftler und Revolutionär« (LS 2, 33) war, d.h. vertraut mit Möglichkeiten, experimentell die Gegenwart in die Zukunft zu verlängern, war Schreiben das Mittel, »sich mit der Zeit zu verschmelzen in dem Augenblick, da beide ihre dichteste, konfliktreichste und schmerzhafteste Annäherung erfahren« (LS 2, 33). Es ist ihm gelungen, »mit wenigen Mitteln« sich selbst, »seinen unlösbaren Lebenskonflikt, die eigene Gefährdung, die ihm wohlbewußt ist« (LS 2, 32), in sein Werk mithineinzunehmen. Dieser Art des Erzählens verdankte er die Entdeckung, daß der erzählerische Raum neben den fiktiven Koordinaten der erfundenen Figuren noch eine vierte, die wirkliche des Erzählers habe, die »Koordinate der Tiefe, der Zeitgenossenschaft, des unvermeidlichen Engagements« (LS 2, 32), die Wolf an anderer Stelle »subjektive Auhentizität« (LS 2, 75) nennt: eine Methode, die das Spannungsverhältnis zwischen Autor, Stoff und Zeit adäquat erfassen kann, eine »eingreifende Schreibweise«. Subjektive Authentizität, die Grundkategorie der Wolfschen Prosa, ist keine literarische, sondern eine moralische Dimension. Aufgabe realistischen Erzählens sei es, sagt Wolf in dem Gespräch mit Hans Kaufmann, »die Welt einer menschenwürdigen Moral, und nicht die Moral der Menschen einer noch weniger menschenwürdigen Welt anzupassen« (LS 2, 75). Subjektive Authentizität hat darüber hinaus persönliche, gesellschaftliche und vor allem ästhetische Implikationen.

Persönliche Implikationen insofern, als die Moralität des Autors angesprochen ist. Werner Krogmann bezeichnet Christa Wolfs Schreibweise als »moralischen Realismus«: »eine neue Form der Zeitgenossenschaft eines sozialistischen Autors« (Krogmann, 1978, 239). Gesellschaftliche Implikationen insofern, als Wolf erkannt habe, »daß realistische Literatur nur dann wirklich Zeugnis für die Überlegenheit der sozialistischen Gesellschaftsordnung ablegen kann, wenn der Autor unbedingt und redlich von seinen Erfahrungen ausgeht« (Hammerschmidt/Oettel, KLG 1984, 8). Ästhetische Implikationen insofern, als subjektive Authentizität »komplizierte Erzählstrukturen« hervorbringen könne, die »nichts mit Willkür zu tun« haben, sondern notwendig wären (LS 2, 32)

Christa Wolf definiert in »Lesen und Schreiben« die Gattung ›epische Prosa‹ in Anlehnung an den Begriff des ›epischen Theaters‹ als eine Gattung, »die den Mut hat, sich selbst als Instrument zu verstehen – scharf, genau, zupackend, veränderlich –, und die sich als Mittel nimmt, nicht als Selbstzweck« (LS 2, 35). Aufgabe der epischen Prosa sei es, »in das Innere dieses Menschen da, des Prosalesers« vorzudringen, »um seelische Kräfte freizusetzen« (LS 2, 33), wie die »Sehnsucht nach Selbstverwirklichung« (LS 2, 43). Dies ist der Grund, weshalb sich epische Prosa nur mit solchen gedanklichen Strömungen und gesellschaftlichen Bewegungen verbinden könne, »die der Menschheit eine Zukunft geben« (LS 2, 36). Daraus resultiert für Christa Wolf die »tiefe Übereinstimmung zwischen dieser Art zu schreiben und der sozialistischen Gesellschaft« (LS 2, 36).

In welchem Verhältnis stehen nun aber Realität und Literatur? »Zu schreiben kann erst beginnen, wem die Realität nicht mehr selbstverständlich ist« (LS 2, 37), und wer zwischen Wirklichkeit, Tatsachen und Wahrheit zu unterscheiden sucht, wird »die Welt neu erfinden müssen« (LS 2, 37). Diese Art des Neuschaffens von Realität führt Wolf am Beispiel des russischen Autors Dostojewski und seiner Figur Raskolnikow vor; aus der an diesem Beispiel demonstrierbaren unauflösbaren Vermischung von Stoff und Autor resultiere als neue Realität die der Prosa. Die neue, wichtige Rolle des Autors in diesem produktionsästhetischen Modell führt folgerichtig zu einer Absage an die Widerspiegelungstheorie: »Literatur und Wirklichkeit stehen sich nicht gegenüber wie Spiegel und das, was gespiegelt wird. Sie sind ineinander verschmolzen im Bewußtsein des Autors. Der Autor ist nämlich ein wichtiger Mensch.« (LS 2, 41) In diesem dialektischen Modell mit dem Autor als »Umschlagstelle« zwischen Wirklichkeit und Literatur geht es nicht um die Widerspiegelung von Wirklichkeit, sondern um die Wiedergabe der Erfahrung der Wirklichkeit. Um diese Erfahrung authentisch wiederzugeben, kann der Prosaautor gezwungen sein, »das strenge Nebeneinander von Leben, ›Überwinden‹ und Schreiben aufzugeben und um der inneren Authentizität willen, die er anstrebt, den Denk- und Lebensprozeß, in dem er steht, fast ungemildert [...] im Arbeitsprozeß mit zur Sprache bringen« (LS 2, 73).

Subjektive Authentizität ist die Methode, der in Bewegung befindlichen Realität und ihrer Bewältigung durch den Autor schreibend gerecht zu werden. Das Bestehen auf der eigenen Erfahrung verteidigt Wolf als ›realistisch‹ gegenüber dem Ausgehen des Autors von Konstruktionen und Wunschbildern von der Wirklichkeit. Gerade der Kampf um den Realismus mache es notwendig, auf der Kategorie Erfahrung zu bestehen.

Günter Kunert hat in dem Gespräch mit Joachim Walther (1973) am Beispiel von Christa Wolfs »Nachdenken über Christa T.« seinen Realismusbegriff erläutert, der dem Wolfs sehr nahe kommt. »Wie erscheint Realität mittelbar in einer Kunstform? Unmittelbar kann sie nicht erscheinen, weil unsere Realität nicht mehr einheitlich und geschlossen ist, wie sie es eben zur Zeit der geschlossenen Weltbilder war. Wirklichkeit kann nicht mehr erscheinen. Nur der Bezug zur Wirklichkeit kann erscheinen. In Christa Wolfs ›Nachdenken über Christa T.‹ ist ja das Thema nicht die Wirklichkeit, sondern der Bezug zur Wirklichkeit, und damit ist die Wirklichkeit da. Jedes Buch, das heute versucht, die Wirklichkeit darzustellen, wäre von vornherein eine Lüge. Die Wirklichkeit ist in ihrer ungeheuren Aufsplitterung, Vielfalt und Interpretationsmöglichkeit gar nicht mehr darstellbar. Wenn ich aber viele Bezüge zur Wirklichkeit herstellen kann, dann vermittelt sich mir auch indirekt ein Bild von der Wirklichkeit. Der Bezug ist dann repräsentativ für eine Epoche.« (Meinetwegen Schmetterlinge, Berlin/DDR 1973, 91f.)

Persönliche Voraussetzungen des Prosaautors umreißt Wolf in einem kurzen Abschnitt; wichtigste Eigenschaften sind die tiefe Verbundenheit mit seinem geschichtlichen und geographischen Ort, d.h. seine Zeitgenossenschaft, sowie seine unerschütterliche »Sehnsucht nach Selbstverwirklichung« (LS 2, 43). Echte Literatur und die sozialistische Gesellschaft treffen sich, so Wolf, in ihrem gemeinsamen Ziel, die Selbstverwirklichung des Menschen vorbehaltlos zu unterstützen. Solche Prosa ist »revolutionär und realistisch: sie verführt und ermutigt zum Unmöglichen« (LS 2, 48).

Prosa als Experiment. Ihre Nähe zu den Naturwissenschaften

In dem Band »Lesen und Schreiben« geht »Ein Besuch« (1969) – ein Résumée mehrerer Aufenthalte Christa Wolfs im Genetisch-Biologischen Forschungsinstitut in Gatersleben – dem grundlegenden prosatheoretischen Essay »Lesen und Schreiben« voraus. Es ist sicherlich begründet, diese Anordnung nicht als Zufall anzusehen; so kann »Ein Besuch« als »Expertise sozusagen [gelten], die das Plädoyer für eine progressive Literatur stützt und absichert« (W. Werth, Die Zeit, 9. 3. 1973).

Prosa könne »Zeit raffen und Zeit sparen, indem sie die Experimente, vor denen die Menschheit steht, auf dem Papier durchspielt« (LS 2, 47), schreibt Wolf. Die Phantasie des Dichters gleiche der des Naturwissenschaftlers, hebt sie am Beispiel Büchners hervor. In »Ein Besuch« versammelt Wolf eine Reihe von ›Grundworten‹ wie Leidenschaft, Verantwortung, Abenteuer, Humanismus, die sowohl auf die Möglichkeiten experimenteller Naturwissenschaft wie der epischen Prosa beziehbar sind. Für die Biologie, eine »dramatische Wissenschaft, an Tragödien reich, von unglücklichen Zufällen durchsetzt« (LS 1, 150), gelte ebenso wie für die Prosa die »Notwendigkeit einer gesellschaftlichen Phantasie« (LS 1, 178). Zugleich bedarf der Fortschritt im Bereich der Wissenschaften einer Bindung an die menschliche Reife und soziale Verantwortung des Forschers. Humanitäre Überzeugungen sind dem Menschen nicht angeboren, sie sind aber notwendig, wo eine »Natur nach Maß« (LS 1, 139) und genetische Manipulationen am Menschen zur Disposition stehen. Im Gespräch mit dem Biologen Hans Stubbe interessieren Wolf weniger die praktisch-technologischen Möglichkeiten der genetischen Forschung, sondern die Moralität und die Aufrichtigkeit ihres Gesprächspartners.

»Ich glaube, das Ideal vom Subjekt, von der entfalteten Persönlichkeit ist immer noch nützlich und unerläßlich. Die Bilder, die wir uns von uns selber machen, werden doch immer wichtiger, je näher wir dem Zeitpunkt kommen, da es vielleicht in unserer Hand liegt, sie zu verwirklichen.

Jetzt weiß ich: Das zu hören, bin ich hergekommen. Die Kunst, die sich selbst ernst nimmt, arbeitet also auf ihre Weise daran mit, daß die Menschen den ungeheuerlichsten Entdeckungen der Wissenschaft gewachsen sein können? Indem sie die Persönlichkeit stärkt? Indem sie, als Organ ihrer Gesellschaft, Bilder vom Menschen entwirft und die Möglichkeiten erweitert, sich selbst zu sehen und zu erkennen?

Ja, sagt mein Gesprächspartner. Die Visionen, die Wissenschaftler und Künstler haben und die in früheren, undifferenzierten Epochen sich deckten, sollten sich wieder einander annähern. Sie sollten jedenfalls nicht zu sehr auseinanderklaffen: etwa unhistorisch die einen, rückwärtsgewandt und romantisch verstiegen die anderen. Schließlich wird es dieselbe Zukunft sein, in der wir alle leben.« (LS 1, 179)

Hans Stubbe ist Direktor des Instituts für Kulturpflanzenforschung in Gatersleben. Er hatte den »Mut, in der stalinistischen Zeit verbotene Früchte zu züchten und zu ernten« (W. Werth, Die Zeit, 9. 3. 1973). Genetik war zu jener Zeit tabuiert, da ihre Erkenntnisse die damals zum Dogma erhobene

›dialektisch-materialistische Vererbungslehre‹ des Botanikers Lyssenko widerlegten. Hans Stubbe setzte seine Arbeit fort, von der die Landwirtschaft der DDR danach profitieren konnte. Aus ökonomischen Gründen hat man in der nachstalinistischen Zeit die Naturwissenschaftler frei von ideologischen Eingriffen forschen und experimentieren lassen. Diese Entwicklung hat sich bezahlt gemacht, aber sie fordert weitergehende Konsequenzen. Wie Wolfgang Werth ausführt, ist Christa Wolf nach Gatersleben gefahren, »um sich das von Hans Stubbe bestätigen zu lassen [...]: Die gesellschaftliche Entwicklung müsse mit der wissenschaftlichen Schritt halten.« (Werth, Die Zeit, 9. 3. 1973)

Christa Wolfs Bezugnahme auf Anna Seghers

In allen ihren essayistischen Annäherungsversuchen an andere Autorinnen und Autoren gelingen Christa Wolf stellenweise auch Selbstporträts; dies ist am deutlichsten der Fall bei Anna Seghers. Zu Seghers als ihrer Lehrerin hat sich Christa Wolf schon sehr früh bekannt. Ende der fünfziger Jahre datiert ihre persönliche Bekanntschaft, die über eine kollegiale Beziehung hinaus zu einer Freundschaft wuchs. Der Band »Lesen und Schreiben« enthält den großen Essay »Glauben an Irdisches« (1968), den Wolf als Nachwort für den gleichnamigen Essayband mit Arbeiten von Anna Seghers aus vier Jahrzehnten schrieb.

In dem aus Anlaß des 75. Geburtstags von Anna Seghers entstandenen Essay »Fortgesetzter Versuch« (1974) blickt Christa Wolf auf die sechzehn Jahre der gemeinsamen Bekanntschaft und späteren Freundschaft zurück, den Spuren folgend, die diese intensive Beziehung in ihr hinterlassen hat.

Über »Einflüsse« mag Wolf nicht reden, denn es sei »mehr als das und noch etwas anderes«: »Es ist der seltene Glücksfall, daß ein anhaltendes, eindringliches Interesse an einem von Grund auf anderen Lebensmuster mir erlaubt hat, Genaueres über mich selbst zu erfahren.« (LS 2, 155)

Das erste Gespräch mit Anna Seghers führte Wolf 1958 im Auftrag der Zeitschrift »Neue deutsche Literatur«, deren Redakteurin sie damals war. Ihre Fragen in diesem Gespräch über die Schaffensmethode Seghers' lassen recht deutlich ein »schematisches Realismuskonzept erkennen« (Beicken, 1981, 119) und eine gewisse Unempfindlichkeit gegenüber dem Zauber der Seghers'schen Sprache, den Wolf in späteren Arbeiten auf unverwechselbare Weise hervorhebt.

Der Rezension des Seghers'schen Romans »Die Entscheidung« (1959), die Christa Wolf 1961 veröffentlicht, ging offensichtlich eine Erschütterung der Rezensentin durch die Lektüre früher Erzählungen und der Exilromane Seghers' voraus; insbesondere beeindruckte sie »Das siebte Kreuz« (1943), mit dem sie 1948 zum erstenmal konfrontiert wurde. Diese unfreiwillige Lektüre beschreibt Wolf im Nachwort (1964) zu einer Ausgabe des »Siebten Kreuzes«.

Sowohl im »Siebten Kreuz« wie auch in der »Entscheidung« erkannte Wolf ein Grundthema Seghers', ihre »Vaterlandsliebe«, die Wolf in ihrer Rezension der »Entscheidung« als »Heimatbeschwörung« richtig erfaßt. In ihrem Gespräch mit Anna Seghers aus dem Jahr 1965 wird Wolf, die ein lebhaftes Interesse am autobiographischen Gehalt der Seghers'schen Prosa zum Ausdruck bringt, mit deren äußerster Zurückhaltung konfrontiert und auf das Werk verwiesen, das die Erlebnisse und Anschauungen eines Schriftstellers am klarsten enthalte. Diesen Hinweis nimmt Wolf auf und stößt folgerichtig auf diejenige Geschichte, die »als einzige [...] direkt biographische Züge trägt« (Glauben an Irdisches, 1974, 348) in Form der Bewältigung einer lebensbedrohlichen Krise. Die tiefen Eindrücke, die Wolf aus der wiederholten Auseinandersetzung mit dem »Ausflug der toten Mädchen« (1944) gewann, bearbeitete sie in »Glauben an Irdisches« (1968) und »Zeitschichten« (1983) mit Offenheit und Intensität.

1961 interessierte sich Christa Wolf jedoch nicht allein für das Biographische, sondern für dessen Umsetzung in der künstlerischen Arbeit; zu dieser Zeit hat sie die »Moskauer Novelle« veröffentlicht und arbeitete am »Geteilten Himmel«. Wolf entdeckt als Berührungspunkt zwischen Seghers und sich die Bedeutung der Kategorie ›Erfahrung‹ im Produktionsvorgang. ›Erfahrung‹ bildet den Kern von Seghers' epischem und essayistischem Werk; auf die der Literaturproduktion notwendig vorausgehende Lebenserfahrung, die sich – im Sinn von autobiographischen Momenten – vor allem im »Ausflug der toten Mädchen« manifestiert, wies Anna Seghers im Gespräch mit Christa Wolf mehrfach hin.

Neben »Lesen und Schreiben« ist »Glauben an Irdisches«, geschrieben als Nachwort zu der von Wolf herausgegebenen Essaysammlung Seghers', der andere zentrale Beitrag in dem Band »Lesen und Schreiben«. Im Mittelpunkt von »Glauben an Irdisches« steht die Interpretation des Briefwechsels zwischen Seghers und Georg Lukács, in dem es um konträre Auffassungen realistischer Gestaltung und um die unterschiedliche Bewertung literarischer Traditionen geht.

Der Briefwechsel zwischen Paris und Moskau ist für Seghers Ersatz einer Diskussion, die sie lieber führen würde. Als Antwort auf abstrakte und autoritative Anforderungen ihres Briefpartners pocht Seghers auf die »persönliche Erfahrung bei der Kunstausübung« (Glauben an Irdisches), für die sie eine Tradition heranzieht, auf die sie bereits in ihrer Rede »Vaterlandsliebe« (1935) hingewiesen hatte. In ihrem Brief an Lukács vom 28. 6. 1938 setzt sie dem großen Namen Goethes, dessen Werk durch Anlehnung an die bestehende gesellschaftliche Ordnung erkauft sei, die Namen Kleists, Büchners, Günderrodes entgegen. In dieser Traditionswahl spürt Wolf eine »mehr als historische Beziehung zu den Zweifeln und Verzweiflungen [auf], die über hundert Jahre zurückliegen. Eine Ahnung davon, daß man scheitern kann, daß eine Entscheidung verlangt werden konnte zwischen Auflehnung, rückhaltsloser Teilnahme an den Kämpfen der Zeit und dem abgerundeten, vollendeten Werk, dem die Zerrissenheit der Zeit und ihr Reflex im Künstler nicht mehr anzumerken sein darf« (LS 2, 123 f.). Seghers setze, hebt Wolf hervor, der stark ideologisierten Kritik Lukács' eine »dialektische, nicht aus einem idealen, abstrakten, sondern aus dem wirklichen, schwierigen Schaffensprozeß abgeleitete Denk- und Sehweise entgegen« (LS 2, 124) und fährt fort: »In einer Zeit, da der ›Besitz‹ einer bestimmten literarischen Methode fast schon als Garant für künstlerisches Gelingen gilt, betont Anna Seghers den Wert der Unmittelbarkeit, verteidigt die Ursprünglichkeit der Kunst, ihre Originalität und Neuheit, das Wagnis des ›Sehens‹, das jeder Künstler allein und auf seine einmalige Weise auf sich nehmen muß. Gegenüber einer Theorie, die den Schriftsteller in die Rolle eines passiven Spiegels der objektiven Realität zu drängen versuchte, hebt Anna Seghers die aktive Arbeit des Autors hervor, der ein Produkt seiner Zeit, aber auch ein schöpferisches Subjekt ist, das den Mut und die Verantwortung finden muß, rücksichtslos ›auf die Realität loszusteuern‹, keine ›Furcht vor der Abweichung‹ vom unmittelbaren Erlebnis zu haben, da diese Furcht ›entrealisierend‹ wirkt, aber auch nicht auszuruhen auf dem ›Bollbesitz der Methode‹.« (LS 2, 124 f.)

Christa Wolfs ausführliche Erörterung der Seghers'schen Position in deren Briefwechsel mit Georg Lukács ist im Zentrum ihres Essays placiert. Wolf hat diese Position überprüft im Zusammenhang ihrer eigenen Abgrenzung von Lukács und ihrer Suche nach einer realistischen Schreibweise, nach Möglichkeiten zeitgenössischen Erzählens. In ihrem Gespräch mit Hans Kaufmann beruft sich Wolf ausdrücklich auf den Briefwechsel Seghers/Lukács, um ihre Kategorie der ›subjektiven Authentizität‹ zu verteidigen (vgl. Köhn, 1975, 18; Beicken, 1981, 125).

Unwahrscheinlichkeit als Mittel der Verfremdung

»Ich schreibe suchend. Es ergibt sich, daß ich eben dieses Suchen festhalten muß, so ehrlich wie möglich, so genau wie möglich«, hatte Christa Wolf 1966 in »Selbstinterview« geschrieben (LS 2, 51). Beispiele für dieses essayistische Schreiben legte sie mit »Juninachmittag« und vor allem »Nachdenken über Christa T.« vor. Die herbe Kritik, mit der diese Vorstöße in literarisches Neuland von Literaturwissenschaftlern, Kulturpolitikern und Schriftstellerkollegen quittiert wurden, wirkten sich u. a. negativ für Wolfs politische Karriere aus. Der 6. Schriftstellerkongreß im Mai 1969 war das Forum, das den Hintergrund für die Angriffe gegen Wolfs »Nachdenken über Christa T.« abgab.

Typisch für die Art der Attacke ist die Rede »Das Neue und das Bleibende in unserer Literatur« von Max Walter Schulz. Er warf Wolf den Rückfall in von sozialistischem Bewußtsein bereits überholte Positionen, fehlende Erfahrung mit gesellschaftlich wichtigen Bereichen, u. a. der sozialistischen Arbeit, und ein Mißverhältnis zwischen Intellekt und Lebenserfahrung vor. Die dadurch eingetretenen Wirklichkeitsverluste in ihrer literarischen Arbeit versuche sie durch Einsatz spätbürgerlicher stilistischer Mittel erfolglos zu kompensieren.

Wolfs nächste Veröffentlichungen, der Band »Lesen und Schreiben« (1972) sowie die Sammlung »Unter den Linden. Drei unwahrscheinliche Geschichten« (1974), machen deutlich, daß sie die mit »Juninachmittag« und »Nachdenken über Christa T.« begonnene literarische Entwicklung fortsetzt.

Weitgehende grundsätzliche Differenzen zwischen der Partei und einigen Schriftstellern, zu denen bereits die späteren Unterzeichner der Biermann-Petition vom November 1976 gehören, müssen bereits vor dem 8. Parteitag der SED 1971 bestanden haben. Im Januar 1971 fand eine »Ideenberatung« statt zwischen dem Staatsrat der DDR und eingeladenen Künstlern und Schriftstellern. Auf der Teilnehmerliste fehlen u. a. Wolf, de Bruyn, Hermlin (vgl. ND vom 18. 1. 1971). Die Tatsache, daß einige der wichtigsten Schriftsteller der DDR, darunter Christa Wolf, von dieser »Ideenberatung« ausgeschlossen waren, könnte als Indiz dafür genommen werden, daß die Partei recht früh die Reaktion einiger Schriftsteller auf die Ereignisse des 6. Schriftstellerkongresses, wo neben Wolf auch Reiner Kunze heftig kritisiert wurde, als Frontenbildung empfand (vgl. Krogmann, 1978). Deutlicher manifestiert sich solch ein kritisches (Selbst) bewußtsein einiger Schriftsteller gegen die Partei anläßlich der Ausbürgerung Wolf Biermanns 1976.

Ohne diese kulturpolitischen Ereignisse und Eingriffe, auf die Christa Wolf reagieren und mit denen sie umgehen mußte, sind ihre Arbeiten nach 1969 schwer einzuordnen. Die »Unwahrscheinlichen Geschichten«, die in den Jahren 1969 bis 1972 entstanden, sowie die Filmerzählung »Till Eulenspiegel«, die Christa Wolf gemeinsam mit ihrem Mann Gerhard schrieb, können als eine Art Antwort der Autorin auf die Angriffe des 6. Schriftstellerkongresses interpretiert werden. Insofern sie deutliche »Gegenbilder zu den offiziell völlig uneingeschränkt geltenden Prinzipien des sozialistischen Realismus« (Krogmann, 1978, 247) ausführen, enthalten sie provokatives Potential. Für die Bedeutung, die der Veröffentlichung der »Unwahrscheinlichen Geschichten« offiziell beigemessen wurde, spricht das zuvor veröffentlichte Gespräch des Germanistik-Professors Hans Kaufmann mit Christa Wolf (WB 6/1974). Über die Gemeinsamkeit der drei Geschichten, ihre »Unwahrscheinlichkeit«, sagt Wolf in diesem Gespräch: »Nicht zufällig haben zwei von ihnen stark satirische Elemente, auch gewisse provozierende Thesen werden aufgestellt, und ich hoffe, die ›Unwahrscheinlichkeit‹ dieser Geschichten, ihre Verlegung in Traum, Utopie, Groteske kann einen Verfremdungseffekt in bezug auf Vorgänge, Zustände und Denkweisen erzeugen, an die wir uns schon zu sehr gewöhnt haben, als daß sie uns noch auffallen und stören würden. Sie sollten uns aber stören – wiederum in der Zuversicht, daß wir ändern können, was uns stört.« (LS 2, 95)

Das Gemeinsame dieser Geschichten ist, daß das »Irreale als Vehikel der Analyse heutiger Probleme« (Kaufmann) eingesetzt wird. Diese drei Geschichten erzeugen keineswegs die »Illusion, daß hier von Wahrscheinlichem die Rede ist. Das Phantastische, Groteske, Utopische, ja Absurde wird mit der Maßgabe vorgestellt, daß es auf höchst Wirkliches verweise« (Werner, 1976, 37). Die »Unwahrscheinlichen Geschichten« reihen sich ein in eine neue Rezeption romantischer Literatur, die sowohl auf romantisch-utopische als auch phantastisch-surreale Momente zurückgreift. Stilmittel der Prosa E. T. A. Hoffmanns und Jean Pauls werden unter dem Gesichtspunkt gesellschaftskritischer Impulse rezipiert, aber auch Autoren wie Kleist, Karoline von Günderrode, Hölderlin rücken zunehmend in das literarische Interesse. Ein hervorragendes Beispiel für die um Erweiterung realistischen Erzählens bemühte Romantikrezeption bietet Anna Seghers Band »Sonderbare Begegnungen« (1973), der drei phantastisch-legendäre Erzählungen versammelt.

Christa Wolfs Stil ist in der frühesten der Geschichten, »Unter den Linden« (1969), die deutlich in der Nähe von »Nachdenken über Christa T.« (1968) steht, unverkennbar. Die »Neuen Lebensansichten eines Katers« (1970), der »Kleine Ausflug nach H.« (1971)

und »Selbstversuch« (1972) gestalten für Wolf typische Motive in satirisch-phantastischer Form. Diese Geschichten betrachtet Wolf als »kleine Proben auf anderen Instrumenten«, als ein »Ausprobieren von Mitteln«, die sie reizten, keineswegs aber als ›neue Phase‹, wie sie in dem Gespräch mit Kaufmann betont: diese drei Geschichten »bezeichnen genau diese Phase in meiner Arbeit (in der ich auch anderes schrieb und schon an dem größeren Buch arbeitete)«. (LS 2, 95)

»Selbstversuch« war eine Auftragsarbeit für die von Edith Anderson herausgegebene Geschlechtertauschgeschichten-Anthologie »Blitz aus heiterem Himmel« (1975). »Neue Lebensansichten eines Katers« und »Unter den Linden« sind in dem Band von 1974 zum erstenmal veröffentlicht. Die Literatursatire »Kleiner Ausflug nach H.« ist bisher in der DDR nicht veröffentlicht.

»Unter den Linden« (1969)

»Unter den Linden« steht von der Entstehungszeit her »Nachdenken über Christa T.« nahe und führt in mancher Hinsicht die Thematik des früheren Textes weiter, beispielsweise was die Gefährdung des Individuums durch Anpassung an Konventionen und durch Rollenfixierung betrifft. Beide Texte unterscheiden sich durch ihren Ausgang: in »Christa T.« der Tod durch Krankheit, in »Unter den Linden« die geglückte Wiedereingliederung in die Gesellschaft. Darüber hinaus analysiert die Autorin die personale Rollenfixierung nicht nur als ein gesellschaftliches, sondern als ein geschlechtsspezifisches Verhalten. Die Selbstverwirklichung in der Liebe als ein weibliches Lebensmuster, in »Christa T.« als ein Versuch neben anderen erwogen, gewinnt hier zentrale Bedeutung.

Neben Ähnlichkeiten der Erzählweise und der Auffassung von Realität finden sich kryptische Zitate aus dem früheren Text (der Inder Klingsor u.a.). Wie in »Nachdenken über Christa T.« verarbeitet auch »Unter den Linden« zahlreiche Hinweise auf rezipierte Literatur. Bereits der Titel verweist auf eines der schönsten und ältesten Liebesgedichte, »Under der linden« von Walther von der Vogelweide; »Ich kann die Liebe nicht vertagen [...]« ist eine Paraphrase auf Verse des portugiesischen Dichters António Ramos Rosa (vgl. Melchert, 1975, 442). Der Geschichte ist ein Motto der Romantikerin Rahel Varnhagen vorangestellt: »Ich bin überzeugt, daß es mit zum Erdenleben gehört, daß jeder in dem gekränkt werde, was ihm das Empfindlichste, das Unleidlichste ist: Wie er da herauskommt, ist das Wesentliche.« Dieses Motto verweist auf die Fähigkeit, eine entscheidende Kränkung oder Krise zu überwinden und wieder zu sich selbst zu finden. In »Unter den Linden« ist von einem Schulaufsatz die Rede; ein Schulaufsatz ist auch der Ausgangspunkt in Anna Seghers' »Der Ausflug der toten Mädchen«. Über diese einzige direkt auf eine autobiographische Erfahrung der Autorin zielende Geschichte schreibt Wolf in »Glauben an Irdisches«, sie berichte nicht über die Überwindung einer lebensbedrohlichen Krise, sondern das Schreiben dieser Geschichte sei diese Überwindung. Ein ähnlicher Zusammenhang kann für »Unter den Linden« bestimmend sein.

Die Thematik weiblicher Identitätsfindung entfaltet Wolf innerhalb dreier miteinander verflochtener Geschichten; da ist zum einen die Geschichte des Traum-Ichs, das einer Bestellung zu unbekanntem Ort und Ziel folgt und durch kathartische Erlebnisse schließlich zu sich selbst und einem erfüllten, unentfremdeten Leben findet. Da ist zum anderen die Geschichte einer Studentin, die durch die leidenschaftliche Liebe zu einem Dozenten in eine schwere Krise gerät; in ihr Schicksal fühlt das Traum-Ich sich bis zur vorübergehenden Identifizierung ein. Da ist zum dritten die Geschichte des Dozenten Peter, dessen Entwicklung von einem begeisterungsfähigen Kommunisten zum emotions- und gewissenlosen Opportunisten die Erzählerin trauernd berichtet. Die Figur der Erzählerin, die bereits mit den ersten Worten einen direkten Kontakt zu einem fiktiven Leser aufbaut, reflektiert und kommentiert diese drei ineinandergebetteten Geschichten.

Die erste Geschichte

Der Titel »Unter den Linden« ist zugleich Programm der Traumarbeit, welche das Ich leistet. »Immer hatte ich geahnt, daß diese Straße in die Tiefe führt« (UdL 18), bekennt das Traum-Ich zu Beginn seines Weges, an dessen vorläufigem Ende es von dieser Straße erfahren kann, sie führe »ans Herz der Dinge« (UdL 72). Die Zweideutigkeit des Titels verführt zu Assoziationen. Die Erzählerin hat – wie sich herausstellen wird: um vergangene schmerzhafte Erfahrungen einer Liebesbeziehung zu einem Arzt zu vergessen – diese Straße unbewußt gemieden. Ihre Verdrängung ist durch einen Traum aufgebrochen worden, der die Erzählerin mit dieser Straße und ihren Orten konfrontiert, um so eine Verarbeitung von Schmerz und Trauer einzuleiten. Die Verarbeitung der zurückliegenden Kränkung in der Liebesbeziehung ist die Voraussetzung dafür, daß erzählt werden kann. Die Erzählerin erwähnt ausdrücklich, wie sehr sie »diese sicheren Anfänge, die nur denen gelingen, die glücklich sind« (UdL 7) liebe. Solange sie sich in einer Krise befand, waren ihr solche Anfänge und damit glaubwürdiges Erzählen, nicht möglich. Die Voraussetzung für die Authentizität des Erzählten ist das Zu-sich-selber-Kommen der Erzählerin, die Überwindung ihrer Krise. Was die Erzählerin zu berichten hat, ist eine Wahrheit, die mit der Objektivität von Tatsachen nichts gemein hat. »Da ich neuerdings selbst ohne Zweifel bin, wird man mir wieder glauben. Nicht mehr bin ich an Tatsachen gekettet. Ich kann frei die Wahrheit sagen.« (UdL 7) Wie Wahrheit und Tatsachen zusammenhängen, zeigt das Beispiel der Straße Unter den Linden und der Traumstraße, die, vordergründig identisch, »nichts miteinander zu tun« (UdL 7) haben. Diese Straße hat verschiedene Realitäten, Geschichten, Perspektiven: die einer Ost-West-Achse, einer ehemaligen Prachtstraße, einer modernen Einkaufsstraße, Ort eines Traumes, eine innere Strecke. Die Traum-Erzählung beginnt mit dem Aufbruch des Traum-Ichs, um einer nicht näher bestimmten Bestellung an einem bestimmten Tag und Ort Folge zu leisten. Diese Situation weist kafkaeske, aber ebenso märchenhafte Züge auf. Unterwegs auf der Straße Unter den Linden erlebt das Traum-Ich Episoden, in denen zugleich verschiedene Traumfunktionen wie Verdrängung, Verdichtung, Wunscherfüllung etc. vorgeführt werden.

Das Traum-Ich wünscht sich beispielsweise, dem Ritual der Wachablösung zuzusehen. In diesem Ritual mit festgelegten Rollen für die soldatischen Statisten soll das mechanische Funktionieren Sinn und Intaktheit suggerieren. Da nun ein Soldat fehlt, läuft das Ritual ins Leere und wird absurd. Der diesem Traumsegment tatsächlich zugrunde liegende Wunsch war also die Entlarvung dieser Absurdität, die ein ehemals preußisches Ritual in der sozialistischen DDR gewinnt.

Bereits zu Beginn der Traum-Wanderung werden die beiden wichtigsten Personen vorgestellt, der Freund Peter und die Studentin. Die Studentin, »das Mädchen«, tritt als »dunkles Motiv« (UdL 12) in den Traum ein, um sofort wieder zu verschwinden. Das träumende Ich, das sich der Schlüsselrolle dieses Mädchens wohl bewußt ist, deutet jedoch zunächst nur an, daß die mit dem Mädchen verknüpfte Geschichte einem Verdrängungsprozeß zum Opfer gefallen sei.

Die zweite Geschichte

Das Mädchen hatte sich mit solcher Leidenschaft in einen Historiker verliebt, der ihr Dozent war, daß sich der Mann aus Furcht vor ihrer Unbedingtheit von ihr trennte. Diese Trennung warf das Mädchen in eine existentielle Krise; sie fälschte ein ärztliches Attest und hatte sich deshalb vor einer universitären Kommission zu verantworten, die sie exmatrikulierte und zu einem Jahr Betriebsarbeit verpflichtete. Das Traum-Ich nähert sich einfühlend der Persönlichkeit dieses Mädchens, den ihr widerfahrenen Kränkungen und der auf ihr lastenden Schuld. Diese bis zur partiellen Identifikation gehende Einfühlung bekommt für das Traum-Ich kathartische Funktion.

Wenn auch Tatsachen gegen das Mädchen sprechen, so zeichnet sie doch eine intakte Moralität und die Leidenschaftlichkeit ihrer Gefühle aus. Das eigentlich Wesentliche in der Persönlichkeit und Entwicklung des Mädchens – die Krise aufgrund der Trennung und deren Überwindung aus eigener Kraft – ist von einer Authentizität, die keiner Bestätigung bedarf.

Die Rekonstruktion bzw. die Erfindung der Geschichte des Mädchens durch die Erzählerin ergibt, daß der Dozent (der möglicherweise mit Peter, dem Freund der Erzählerin, identisch ist) einige Wochen mit dem Mädchen in der Wohnung eines Freundes verbracht hat – »Mit dem Mädchen, das sich bewußt war, ihn verführt zu haben, und das nichts von ihm verlangte, als das eine: Er sollte es sie vergessen machen. Aber das konnte er nicht, weil ihm nichts daran lag.« (UdL 61) – und sich danach von ihr trennte, weil ihre Leidenschaft ihm als Bedrohung erschien. In der nachdenkenden Betrachtung der Erzählerin kristallisiert sich ein Beziehungsmuster heraus, das für die Beziehung der Geschlechter in »Unter den Linden« paradigmatische Bedeutung erhält. Die Frau, fähig zu Liebe und Erkennen des Mannes in umfassender Weise wünscht sich eine ebensolche erkennende Liebe; der Mann, den sie liebt, ist nicht nur unfähig dazu – seine »Seelenblindheit« (UdL 71) ist Charakteristikum aller drei in der Geschichte agierenden Männer –, sondern er kann nicht einmal den Wunsch der Frau begreifen.

In dem Mädchen beginnt die Einsicht zu reifen, daß die »Liebe, wenn sie sich selbst ernst nimmt, [...] verloren« (UdL 61) sei. Ihre Sprachlosigkeit angesichts dieser Erkenntnis überwindet sie zunächst in aphoristischen Bemerkungen über das männliche Geschlecht, in denen sie beklagt, daß den Männern »an ihrem eigenen Glück nichts liegt« und daß sie »davonjagen, immer weiter von sich weg« (UdL 62). Die wirkliche Liebestragödie des Mädchens setzt die Erzählerin in assoziativen Sentenzen mit literarischen Vorbildern in Beziehung; so werden beispielsweise Verlauf und Ausgang der Liebesgeschichte der Studentin mit einer klassischen männlichen Liebestragödie, Goethes »Werther«, locker verknüpft, die dagegen als ›antiquarisch‹, d.h. trocken-lebensfern und unzeitgemäß, jedenfalls unbrauchbar als Hilfe oder Trost interpretiert wird (vgl. UdL 63).

Im Traum trifft die Erzählerin ihren Freund Peter, mit dem sich für sie die Erinnerung an die gemeinsame Vergangenheit verbindet. In ihrem Nachdenken über diese Nicht-Begegnung – Peter geht »wie blind« (UdL 13) an dem Traum-Ich vorbei – versucht die Erzählerin nachzuvollziehen, wie Peter im persönlichen wie im politischen Bereich zu einem Opportunisten, ja Verräter geworden ist. Das Persönliche und das Politische werden als gleichwertige Lebensäußerungen nebeneinander gestellt. Peter hat seine frühere Frau und Genossin Marianne zugunsten einer bequemeren Frau verlassen, »die mit ihren klappernden Absätzen neben ihm ging, sich in seinen Arm hängte und zu ihm aufsah« (UdL 12f.). Der Leser erfährt, daß Peter, Dozent für Geschichte, während einer Reise seiner Frau eine Affäre mit einer Studentin hatte. Peter wird dargestellt als ein Mann, der mit seiner Vergangenheit als Kommunist gebrochen hat, der seine Versprechen nicht hält, weder Gewissen noch Gefühl zeigen kann. Sein Maßstab für Verletzungen und Kränkungen ist ein ganz anderer als der des Mädchens, seiner früheren Frau Marianne und der Erzählerin. Was Peter als ›Unglück‹ wahrnimmt und erleidet, sind Mißgeschicke, die seiner universitären Karriere schaden könnten: eine Assistentenstelle wurde mit einem Konkurrenten besetzt, eine Vorlesung wurde ihm gestrichen. Was die nachdenkende Erzählerin hingegen als seine wesentliche Schwäche erkennt – daß er sich selbst und seinen früheren sozialistischen Überzeugungen nicht treu geblieben ist –, hat für Peter wenig Bedeutung; er ist »entschlossen [...], nicht zurückzublicken« (UdL 30).

Der Wechsel seines Dissertationsthemas zeigt u.a. Peters Veränderung auf. Ursprünglich wollte er sich mit einer »strittigen Etappe der jüngsten Geschichte« (UdL 26) befassen (vermutlich dem 17. Juni 1953); schließlich ließ er sich vom Lehrkörper seines Instituts zu einer anderen Arbeit überreden, »die jedenfalls niemand schaden konnte« (UdL 27). Als eine Gegenfigur zu dem opportunistischen Historiker ist der Genosse Max konzipiert, »der es fertiggebracht hat, rechtzeitig zu gehen, ehe er dahingekommen wäre, alles Bestehende gutzuheißen, bloß weil es besteht« (UdL 50).

Der frühere Peter verkörperte in der unmittelbaren Nachkriegszeit und der gemeinsamen politischen Arbeit für die Erzählerin die uneingeschränkte Einheit von persönlicher Sehnsucht nach und politischem Kampf für Sozialismus. Aus dieser Zeit hat sich das Motiv des Goldenen Fisches in den Traum gerettet. Dieses durch Peter eingeführte Motiv steht im Zusammenhang mit seiner Person für die tätige Begeisterung für den sozialistischen Aufbau. Dieses von der

Person, nicht aber von der Geschichte Peters gelöste Motiv macht die Erzählerin für ihre Auseinandersetzung mit der Entfremdung durch Rollenspiel fruchtbar; darüber hinaus bedeutet der Goldene Fisch bewahrenswerte Erinnerungen mit utopischem Gehalt. Die Erzählerin erinnert im Zusammenhang mit Peter und dem märchenhaften Goldenen Fisch eine Trümmerlandschaft, in der Peter, Marianne und die Erzählerin bei ihrer illegalen politischen Arbeit unterwegs sind und in Westberlin beim Verteilen von SED-Broschüren verhaftet werden. »In solchen Fällen zeigt man keine Wirkung [...]. Man zerreißt weisungsgemäß den Wahlhelferausweis, ohne sich zu fragen, warum. Man folgt den Polizisten unter Protest, bleibt aber, wenn man mein Freund Peter ist, nochmal vor dem Knirps stehen, der barfuß im Rinnstein hockt und schreit: Kommunistenschweine aufhängen. Alle? fragt Peter leichthin und hebt das Kinn des Knirpses an, dem sich vor Schreck die Augen weiten. Du, überleg dir das. Gibt ne Menge Arbeit.« (UdL 36) An diese Episode aus den fünfziger Jahren, die Peter als engagierten Kommunisten erinnert, schließt sich ein an sich banales Erlebnis des Traum-Ichs an, das bei Rot über die Straße geht und von einem Verkehrspolizisten dahingehend belehrt wird, »daß es keine Rolle spielt, ob die Kreuzung frei ist oder nicht. Rot ist Rot, und das ist eine prinzipielle Frage. Inzwischen ist wieder Rot.« (UdL 36) Diese Passage ironisiert die von Hemmnissen und Rückschlägen verschiedenster Art gebremste Entwicklung in der DDR. Das Damals und das Heute werden assoziativ verknüpft, indem nach der Episode mit den Kommunisten das Rot der Ampel gesetzt wird – das revolutionäre Vorwärts! ist bürokratischer Stumpfsinnigkeit und Prinzipienreiterei zum Opfer gefallen.

Die Weiterführung der ersten Geschichte

Der Weg des Traum-Ichs wird von verschiedenen Begegnungen unterbrochen.

Das Traum-Ich wird beispielsweise von einer jungen Frau nach der Uhrzeit gefragt. »Alle Leute, die keine Uhr haben, fragen mich nach der Zeit« (UdL 16), kommentiert das Traum-Ich. Diese Einschätzung verrät, daß das Traum-Ich bei anderen Menschen einen zuverlässigen, der Zeit verbundenen Eindruck hinterläßt. »Zwar bin ich kurzsichtig, aber doch nicht auf die Entfernung zwischen Auge und Handgelenk, auch trug ich meine Sonnenbrille mit den Zeissgläsern und sah auf meinem Arm jedes einzelne Härchen. Nur das Zifferblatt der Uhr verschwamm immer mehr, je näher ich es meinem Gesicht brachte.« (UdL 17) Diese Passage macht deutlich, daß die ›wirkliche Zeit‹, nach der die junge Frau fragt, unwichtig ist angesichts der genauen, ungetrübten Wahrnehmung der Sinne.

Er führt weiter in die Tiefe, zunächst in den Innenhof der Staatsbibliothek, dort in einen Brunnen. Das Erreichen der innersten Bereiche, im wachen Zustand nicht möglich, wird im Traum erlebbar, der Goldene Fisch kehrt in sein Element zurück. »Ich hatte nur weiterzugehen, auf den grünblau gekachelten Brunnen zu, hatte seinen Rand zu übersteigen und unterzutauchen. Es ist einfach, man muß es sich nur oft und dringlich genug gewünscht haben. [...] Es befriedigt mich, endlich auf den Grund gekommen zu sein.« (UdL 19) Das Eintauchen in das Wasser des Brunnens, welches das Traum-Ich als »mein Element« (UdL 19) empfindet, ist jedoch nur vorübergehend, das Traum-Ich verläßt den Brunnen, um in Begleitung des Mädchens und unter dem Schutz eines märchenhaften Zaubers auf Abenteuer auszugehen. Nun inszeniert der Traum erneut Situationen, in denen die Erzählerin aus Liebe zu einem Mann sich verstellte, um seine Aufmerksamkeit und Bewunderung zu erringen. Ein solches Rollenspiel hat die Beziehung der Erzählerin zu dem Arzt von Anfang an geprägt, eine Folge von Begegnungen mit ihm verweisen auf dasselbe Grundmuster. Die Frau arrangiert eine Verführungssituation; um überzeugend zu wirken, muß sie von ihrer weiblich-passiven Rolle so überzeugt sein, daß diese zu ihrem eigentlichen Selbst wird. Aufgrund der permanenten Wiederholung solcher Situationen im Traum wird der Erzählerin die Selbstentfremdung, die sie sich selbst im Namen der Liebe aufgezwungen hat, zunehmend bewußter. »Berechnung war mir aufgezwungen, Schläue, nervenaufreibende Erkundigungen, entwürdigende Telefonate, die mich zu einer bestimmten Stunde an einen bestimmten Ort führten« (UdL 28). Die »Kunst der Unbefangenheit«, die »Kunst, ein Gespräch da anzufangen, wo man es vor langer Zeit abgebrochen zu haben glaubt«, die »Kunst, eine Anrede zu vermeiden«, die »Kunst, nicht zur Kenntnis zu nehmen, keine Wirkung zu zeigen, in den einmal bezogenen Stellungen zu verharren« – alle diese Rollenspiele werden der Erzählerin nun deutlich als Übungen einer »Hohe[n] Schule«, »deren Lektionen man beherrscht, ohne sie je gelernt zu haben« (UdL 28f.). Mit dieser Begründung verkennt die Erzählerin, daß solches Rollenverhalten Ergebnis geschlechtsspezifischer Sozialisation ist.

In den weiteren Begegnungen, welche die Erzählerin erinnert, spitzen sich Mißverständnisse und Kommunikationsschwierigkeiten zwischen ihr und dem Arzt zu. Mehrmals erschreckt die Erzählerin davor, »wie blind er schon war« (UdL 40), wie unsensibel, gleichgültig, prosaisch, unfähig, intensive Gefühle zu empfinden (vgl. UdL 34, 40, 66, 71). Für Momente erscheint vor dem inneren Auge der Erzählerin die Vision einer von männlicher Wahrnehmung, Liebesunfähigkeit und Un-Sinnlichkeit dominierten Welt: »Noch wehren wir uns vielleicht ein bißchen gegen die bindende Verabredung, das Ausbleiben der Liebe sei nicht tragisch zu nehmen. Ein Mann wie Sie hat das hinter sich. Er erklärt sich alles und lehnt es ab zu leiden. Wir, bedauerlicherweise, können uns nur durch Liebe mit der Welt verbinden. Vorläufig. Doch sind wir bereit, zu lernen. [...] Doch zeigen wir Einsicht. Beginnen schon, uns freiwillig von uns zurückzuziehen. Seien Sie unbesorgt: Bald klagt Ihnen niemand mehr sein Leid. Bald verbindet uns nichts als unsere Seelenblindheit.« (UdL 71) In dieser sehr polaren Auffassung wird eine ausweglose Lage beschrieben; die weibliche Fähigkeit, sich die Welt über die Fähigkeit zur sinnlichen Erkenntnis und zur Liebe zu erschließen, ist auf eine männliche Erwiderung angewiesen, die jedoch ausbleibt. Darüberhinaus mangelt es der männlichen Herangehensweise an Welt und Leben an Sinnlichkeit und Humanität. Die Verweigerung des Dialogs will das weibliche Ich nicht mehr dadurch überwinden, daß es sich der männlichen Gefühlsökonomie anpaßt. Wenn Frauen werden wie Männer, nehmen sie dieselbe psychische Deformation und Selbstentfremdung in Kauf; diese Problematik greift die Erzählung »Selbstversuch« in satirisch-zugespitzter Radikalität erneut auf. Der drohenden Vereinnahmung leistet die Erzählerin Widerstand, indem sie auf der Liebe als wesentlichster Erkenntnismöglichkeit besteht. »Ich kann die Liebe nicht vertagen. Nicht auf ein neues Jahrhundert. Nicht auf das nächste Jahr. Um keinen einzigen Tag.« (UdL 71f.) Diese Einsicht ist entscheidend; um ihre Liebesfähigkeit zu bewahren, trennt sich die Erzählerin von dem Mann, dessen Glück in der Freiheit von Leidenschaften besteht. Das Traum-Ich trifft im Weitergehen eine fremde Frau, die das Glück verkörpert, mit sich selbst identisch zu sein (UdL 74). Als die Erzählerin weinend erwacht, begreift sie, daß sie selbst diese Frau ist, und sie versteht den Sinn des Traumes: »Ich sollte mich wiederfinden – das war der Sinn der Bestellung.« (UdL 74) Mit sich selbst identisch, kann sie schreibend über ihr Traumerlebnis berichten, dessen zentrale Erfahrung nun unverlierbar und erzählbar geworden ist: »[...] denn höher als alles schätzen wir die Lust, gekannt zu sein« (UdL 74).

Wie Bradley (1984, 234f.) hervorhebt, gestaltet Wolf im Erwachen der Erzählerin in »Unter den Linden«, ihrem (bewußtseinsmäßig aufgefaßt) Zu-sich-Kommen, das Motiv aus, das zentral für »Nachdenken über Christa T.« ist: das zu-sich-selber-Kommen des Menschen.

Mit Blick auf die »Unwahrscheinlichen Geschichten« hat Christa Wolf über die darin angewandte Erzähltechnik gesagt: »Man muß Schreibtechniken finden [...], die es fertigbringen, die fast unauflösbaren Verschränkungen, Verbindungen und Verfestigungen, die verschiedenste Elemente der Entwicklung miteinander eingegangen sind, doch noch einmal zu lösen, um Verhaltensweisen, auf die wir festgelegt scheinen, zu erklären und womöglich [...] doch noch zu ändern.« (LS 2, 81) In »Unter den Linden« gebraucht Wolf formale Mittel wie Montage und Verfremdung und läßt Real- und Traumerfahrung eine enge Verbindung eingehen. Das poetische Ich gewinnt seine Substanz aus einem Wechselspiel zwischen der kommentierenden Erzählerin und dem Ich des Traums. Die literarische Tradition der Technik, Real- und Traumerfahrung miteinander zu verbinden und in märchenhaftem Stil über zeitgenössische Erfahrungen zu schreiben, beginnt in der frühen Romantik. In »Unter den Linden« werden – damit wäre eine von mehreren Bedeutungsebenen zu umschreiben – dem unausweichlich scheinenden intriganten Rollenspiel zwischen den Geschlechtern die Vision eines rollenfreien Umgangs miteinander und die Utopie des mit sich selbst identischen, Liebe als umfassende Erkenntnismöglichkeit nutzenden Menschen gegenübergestellt. Medium dieses auf ein utopisches Ziel hin ausgerichteten Erzählens ist der Traum; die Traumsituation ermöglicht es, drei verschiedene Geschichten miteinander zu vermischen und die handelnden Figuren einander assoziativ anzunähern. Zwischen den männlichen Figuren des Dozenten, des Arztes und des Freundes Peter bestehen so weitgehende strukturelle Gemeinsamkeiten, daß man versucht ist, in ihnen einunddenselben Mann zu sehen. Die Identitäten des Mädchens und des Traum-Ichs werden ebenfalls einander angenähert, dies geschieht mittels Interesse, Zuneigung und Einfühlung. Dem Text ist nicht eindeutig zu entnehmen, ob das Mädchen teilweise identisch ist mit der Erzählerin, die eigene (verdrängte) Erfahrungen aktiviert und zu bewältigen sucht, indem sie den Spuren der unglücklichen Liebesbeziehung des Mädchens folgt. »Unter den Linden« ist aber nicht nur die Geschichte einer individuellen Krise und deren Überwindung, sondern auch eine poetische Auseinandersetzung mit Wahrheit und Realität von Erzähltem. Diese Auseinandersetzung findet zum einen im erzählerischen Ansatz selbst statt, der – romantischer Herkunft – auf die »innere Wirklichkeit des Autors« (Werner, 1976, 47), auf ›subjektive Authentizität‹ (LS 2, 75) gegründet sein muß. Das Gegeneinandersetzen von Wahrheit und

Tatsachen ist zum anderen Bestandteil der Reflexionen des Traum-Ichs und der Erzählerin.

Charakteristisch für die romantische Herkunft des Erzählansatzes in »Unter den Linden« ist die darin realisierte Auffassung von Subjektivität, die sich gegen die als »fremd und gegnerisch empfundene Umwelt [...] nur durchsetzen kann, indem sie die gesellschaftlichen Konventionen sprengt« (Werner, 1976, 46). Diese Subversion verwirklicht sich innerhalb der Geschichte in der traumhaften Sicherheit und märchenhaften Souveränität, mit der das dem Brunnen entstiegene Traum-Ich Tabus und Verbote bricht.

Die aus romantischer Erzähltradition aufgenommene Technik des Wechsels zwischen phantastisch-märchenhaften und realistischen Passagen verfremdet das Selbstverständlich-Gewohnte gesellschaftlicher Wirklichkeit. Wie in »Unter den Linden« die Problematik von Wahrheit (auch) als ein Sprachproblem aufgefaßt wird, verweist auf Affinität zu Ingeborg Bachmann, insbesondere auf ihre Geschichte »Ein Wildermuth«. Die »blanke, verrückte Wahrheit« (UdL 41) ist nach Wolfs Auffassung »nur formulierbar in einer Sprache, die nicht darauf angelegt ist, die Menschen und Dinge zu etikettieren, auf ihren Nutzen hin abzuschätzen, einzuverleiben oder zu vernichten, also nur in einer Sprache, die das Eigene jedes Menschen gelten läßt: seine Erinnerungen, seine Ängste, seine Hoffnungen« (Werner, 1976, 49). Diese Selbstbehauptung des Subjekts gegen bürgerlich-kapitalistische Werte wie Nützlichkeit, Verwertbarkeit, Ökonomisierung auch der Gefühle ist Bestandteil des frühromantischen Protests, der zugleich der bisher »utopischste Versuch der Bestimmung weiblichen Protests« (Prokop, 1977, 146) in der Geschichte war. Medium dieses Protests ist die Liebe in der Bedeutung einer für produktive gesellschaftliche Entwicklungen notwendigen Kraft. Liebe meint aber auch eine Besessenheit, Bemächtigung und Verzauberung durch die Umwelt, einen besonderen Menschen oder Gegenstand – eine zutiefst romantische Auffassung.

Das Problem des Aufgehens in einer Rolle bis zum drohenden Selbstverlust wird in »Unter den Linden« von seiner erfolgten Auflösung her thematisiert; insofern handelt die Geschichte vom »Zu-sich-selbst-Finden, von den Bedingungen eines erfüllten Lebens und einer erfüllten Dichtung« (Werner, 1976, 38).

Bradley (1984, 245) bezieht die »Lust, gekannt zu sein« (UdL) stark auf den Bereich der künstlerischen Produktion; in dieser Formulierung sieht sie die »erotisierte Metapher als Ausdruck des Schöpferischen und der Selbstwerdung«, die eine Schreibpraxis kennzeichne, die »eigene Erfahrungen verarbeitet und zugleich aufnahmebereite Leser anvisiert« und »im Zusammenspiel von kreativer Selbstreflexion und gesellschaftlicher Praxis als Glück der Selbstverwirklichung erlebt wird«.

Je deutlicher die Erzählerin erkennt, wie sehr sie selbst und Menschen ihrer nächsten Umgebung in entfremdende Rollen eingebunden sind, desto nachhaltiger wird sie sich der eigenen Sehnsucht bewußt, frei zu sein von Täuschung, Intrige, Gleichgültigkeit und Schuld. Die im Zusammenhang mit dem Schuldbewußtsein der Erzählerin sowie des Mädchens gebrauchten Gerichtsmotive – Untersuchung, Verhör, Strafe, Freispruch – verweisen mehr noch als auf Kafka auf Bachmanns Erzählung »Wildermuth« (vgl. Kaufmann, 1974, 114; Werner, 1976, 39). Im Gegensatz zu Kafka, der »auf eine grotesk-unversöhnliche Schlußsituation« (Werner, 1976, 39) hin erzähle, stehe in »Unter den Linden« die Aufhebung des Konflikts von vornherein ohne Zweifel und erfolge im Vorgang des Erzählens, bemerkt Hans Georg Werner (1976, 40).

H. G. Werner stellt in seinem Beitrag »Zum Traditionsbezug der Erzählungen in Christa Wolfs ›Unter den Linden‹« (1976) die These auf, der romantische Erzählansatz Wolfs sei über Ingeborg Bachmann vermittelt. Bereits in ihrem Essay »Die zumutbare Wahrheit« (1966) hatte Wolf offengelegt, wie stark sie von Bachmanns Prosa-Auffassung in ihrer eigenen Neigung zu märchenhaftem und phantastischem Erzählen sowie in der Herausarbeitung der vierten Dimension von Prosa, der Anwesenheit des Autors in seinem Werk, bestärkt worden ist. In der vierten ihrer Poetik-Vorlesungen hat Wolf das Verhältnis von Wahrheit und Tatsachen bei Bachmann aufgegriffen (1983, 126ff.) und es in Verbindung gebracht mit der eigenen Auffassung von Realität, wie beispielsweise »Unter den Linden« sie entwickelt. Von den zentralen Motiven und Schlüsselworten in »Unter den Linden« sind recht viele in Bachmanns frühen Erzählungen vorgebildet. Bachmanns kurze Erzählung »Undine geht« gehört ganz eindeutig in die Vorgeschichte von Wolfs »Unter den Linden«. Während jedoch Undine keinen anderen Ausweg aus dem Geschlechterkampf als die Selbstauflösung finden kann, geht das traumhaft verwandelte Ich in »Unter den Linden« abenteuermutig seinen Weg weiter. Was das Traum-Ich rettet, ist die intensive Einfühlung – wiederum ein romantisches Motiv – in das Schicksal des Mädchens und in eigene, verdrängte Kränkungen, was einen kathartischen Prozeß initiiert.

Neue Lebensansichten eines Katers (1970)

»Was ist Menschenglück?« Dies ist das Thema eines Schulaufsatzes, an das sich die Studentin in »Unter den Linden« erinnert. Die Frage nach dem Glück verbindet diese Traumgeschichte mit der Satire »Neue Lebensansichten eines Katers«, deren Titel unverstellt auf die »Lebensansichten des Katers Murr« (1820) von E. T. A. Hoffmann verweist. Auch wenn der Bezug auf den Kater Murr eindeutig ist, sollte man nicht übersehen, daß ein über Hoffmann hinausgehender Traditionsbezug in dieser Geschichte geknüpft wird, die sehr direkt die wissenschaftlich-technische Revolution in der DDR als Bedrohung humanitärer und kreativer Potenzen angreift. Es handelt sich bei dieser Geschichte um die erste Satire Wolfs. Die Adaption an den Stil Hoffmanns, der mit modernem Fachvokabular kontrastiert wird, ergibt teilweise skurrile und groteske Effekte, die auf eine bisher nicht ausgeschöpfte komische Dimension im Werk Christa Wolfs hinweisen. Die Wahl des Katers Max als Erzählinstanz ermöglicht der Autorin eine distanzierte Perspektive; diese Wahl erweist sich als hervorragend geeignet, in satirischer und ironischer Form neue Möglichkeiten eingreifender Schreibweise zu erproben. Daß Wolf ihre Wahl der Satire als Verschärfung gesellschaftskritischer Momente in ihrer Prosa interpretiert, zeigt eine Äußerung aus ihrem Gespräch mit Kaufmann (1974): »Übrigens wäre es eine Überlegung wert, inwiefern Literatur mit utopischen Zügen in einer Gesellschaft, die eine reale Perspektive hat (anders als in der bürgerlichen) an Verbindlichkeit und vielleicht auch an Schärfe gewinnt.« (LS 2, 94) Eindrucksvoll führt diese Groteske vor, »wohin verabsolutierte, vergötterte Soziologie und Kybernetik führen: zur Negation schöpferischer Kraft« (Melchert, 1975, 444). Die »Neuen Lebensansichten eines Katers« dokumentieren nachhaltig die Bedeutung schöpferischer Potenzen und erproben auf romantischer Tradition basierende erzählerische Mittel neu.

In dieser Geschichte berichtet ein naiv und selbstgefällig sich gebender, denkender Kater namens Max über die wissenschaftlichen Versuche seines Herrn. Dieser, Professor der angewandten Psychologie, arbeitet an einem psychologisch-kybernetischen Computerprogramm namens SYMAGE (= System der maximalen körperlichen und seelischen Gesundheit), das der Menschheit grenzenloses TOMEGL (= totales Menschenglück) bringen soll. Das Programm sieht vor, der gesellschaftlichen Einheit und Stabilität wegen, den gesamten Komplex ›schöpferisches Denken‹ einfach wegzurationalisieren, so daß diese Prozedur für Künstler und andere Individualisten zu einer lebensgefährlichen Bedrohung wird. Das TOMEGL-Projekt soll die »totale Ausbreitung der alles erkennenden, alles erklärenden, alles regelnden Ratio« sichern. Denn schließlich wären viele Kräfte für die »Produktion materieller Güter frei geworden, worin die Menschheit bekanntlich ihren eigentlichen Daseinszweck sieht«, wenn man dem »unkontrollierten Seelenunwesen« rechtzeitig ein Ende gesetzt hätte. Im Gegensatz zur Ratio, die eine zweckmäßige Reaktion in jeder Situation erlaube, sei die Seele eine »reaktionäre Einbildung«, »die viel unnützes Leid über die Menschen gebracht« hätte.

Kater Max übernimmt nun die Rolle des Zufalls in des Professors mit preussischer Korrektheit ausgeführten Experimentieranordnung; so steckt er beispielsweise die Karte ›Anpassungsfähigkeit‹ aus dem Karteikasten ›Soziale Normen‹ in den für ›Lebensgenüsse‹, wo sie bleibt. Aus der schließlich unabwendbaren Erkenntnis, daß die einzige Variable im Systemkomplex die ›Größe Mensch‹ sei, entwickelt der Professor die Idee des Normalmenschen. Er und seine Mitarbeiter gehen nun daran, den Katalog der ›menschlichen Eigenschaften‹ von überflüssigen Nebeneigenschaften zu säubern (wie etwa Wagemut, Selbstlosigkeit, Überzeugungstreue, Erotik, schöpferisches Denken, Phantasie). Der ›geformte‹ Mensch wird ein völlig deformierter sein. (GE 118–150)

Kleiner Ausflug nach H. (1971)

Diese erst neun Jahre nach ihrer Entstehung nur in der westdeutschen Ausgabe der »Gesammelten Erzählungen« (1980) Christa Wolfs veröffentlichte Geschichte gehört eigentlich zu den »Unwahrscheinlichen Geschichten«, wenn auch, ähnlich wie die »Neuen Lebensansichten eines Katers«, zu den eher schwächeren, vergleicht man sie mit »Unter den Linden« oder »Selbstversuch«. »Kleiner Ausflug nach H.« – gemeint ist ›Heldenstadt‹ – ist eine Literatursatire, die sich gegen programmatische Einflußnahme der Kulturpolitik auf die Literatur wendet und für die Selbstbestimmung des Autors plädiert. Diese kurze Geschichte macht noch einmal deutlich, welchen Weg die Autorin zurückgelegt hat von ihren Anfängen als systemkonforme Kritikerin und Autorin des »Geteilten Himmels« (1963). Die obligatorische Fabel hatte Wolf zum erstenmal in »Juninachmittag« (1965) in Frage gestellt, den theoretisch fundierten Angriff gegen die Fabel als prägnanteste Konvention des sozialistischen Realismus formulierte sie dann in »Lesen und Schreiben« (1968). Im »Kleinen Ausflug nach H.«, wo die Helden der sozialistischen Literatur leben, ist noch die Rede von der Ich-Erzählerin, die sich nicht in eine »Polemik« gegen die Fabel verrennen möchte, weil das »nicht der Kernpunkt des Streites« sei. Dieser bestehe vielmehr darin, »daß ihre Gesellschaft das Recht des Menschen auf Selbstverwirklichung zwar anerkennt, einem Autor aber, dem das Schreiben die ›vielleicht einzige Möglichkeit‹ ist, ›sich nicht zu verfehlen‹!, das Recht auf unumschränkte Selbstbestimmung strittig macht« (Bradley, 1984, 234).

In Heldenstadt, wohin die Ich-Erzählerin zunächst gegen ihren Willen gebracht wird, leben »in Fleisch und Blut jene papierenen Existenzen, die von den DDR-Autoren während der verschiedensten kulturpolitischen Kampagnen erfunden worden sind« (Jäger, 1980). Die ›Helden der ersten Stunde‹, die ›neuen Menschen‹, die ›positiven Helden mit kleinen Schwächen‹ u.a.m. leben in dieser wie ein Panoptikum anmutenden Stadt, in welcher die Ich-Erzählerin von einem Germanistik-Studenten im Praktikum herumgeführt wird. Selbstverständlich gibt es in dieser Stadt auch eine Zensurstelle, ihr Leiter heißt Wolrath. Diese an Schärfe kaum zu überbietende Satire auf die Helden einer konformistischen Literatur ist allerdings nur für Eingeweihte als »kurzer Abriß der DDR-Literaturgeschichte« (Jäger, 1980) lesbar. »Die Phantasten, die davon ausgehen, daß Menschen reif und frei sein könnten, stiften mehr Schaden als wir Realisten«, läßt die Autorin einen einflußreichen Funktionär in Heldenstadt sagen. Dies ist einer der Kernsätze dieser kleinen Literatursatire, die etwas von einem Alptraum und einer verkehrten Welt an sich hat. (GE 151–191)

»Selbstversuch« (1972)

»Selbstversuch«, die vierte der »Unwahrscheinlichen Geschichten«, berichtet vom Experiment einer Geschlechtsumwandlung.

Die Wissenschaftlerin X hat in den Versuch eingewilligt, sich in einen Mann verwandeln zu lassen, um das Geheimnis des Mannes zu ergründen, den sie zu lieben glaubt. Ihre fortschreitende Vermännlichung erlebt X als wachsende Entfremdung. Sie bricht den Versuch ab, bevor sie sich selbst ganz verliert, und beginnt den wirklichen Selbstversuch, nämlich das Experiment, sich als Frau auf die Liebe einzulassen und den Mann, den sie lieben könnte, zu erfinden.

Christa Wolfs Geschichte spielt in der nächsten Zukunft, im Jahr 1992. Diese Verlegung in die Zukunft bedeutet nicht nur Antizipation, sondern hat durchaus die Dimension eines drohenden Verhängnisses. Ein Endpunkt in der Entwicklung, die durch die Gleichberechtigungsstrategie der SED eingeleitet worden war, wird ins Auge gefaßt. Diese Strategie will Frauen dem männlichen Muster vollständig anpassen, ohne zu fragen, ob es denn Ziel von Emanzipation sein könne, »daß die Frauen ›werden wie die Männer‹, also dasselbe tun dürfen, dieselben Rechte wie sie bekommen und immer mehr auch wahrnehmen können, wo doch die Männer es so sehr nötig hätten, selbst emanzipiert zu werden« (LS 2, 94). Mit emotionaler Entschiedenheit, der ihre »Besorgtheit, ja Bitterkeit« (LS 2, 93) deutlich anzumerken ist, bekennt sich Wolf dazu, mit ihrer Geschichte »Selbstversuch« »neue, radikale Fragestellungen« (LS 2, 93) provozieren zu wollen.

»Selbstversuch« ist zuerst in Sinn und Form (2/1973) erschienen, zusammen mit der Geschichte »Geschlechtertausch« von Günter de Bruyn. Beide Geschichten sind Auftragsarbeiten für die Anthologie »Blitz aus heiterem Himmel« (1975), die sieben Geschichten und einen Essay zum Thema Geschlechtertausch enthält. Mit diesem programmatischen Buch begründete die DDR-Literatur erneut ihre wichtige Funktion in dem »Prozeß der Überprüfung sowie Um- und Neuprägung überkommener Lebensvorstellungen und Werte« (Damm/Engler, 1975, 37), hier bezogen auf das Zusammenleben der Geschlechter: »Da werden die verschiedensten Bewußtseinslagen durchgespielt, von der verstärkten Rollenfixierung über die Rollenumkehr bis zum Zukunftsbild eines rollenfreien Umgangs mit dem anderen Geschlecht« (Bahr, 1979, 224).

Anhand von sechs Aspekten weist Wolfgang Emmerich auf den emanzipatorischen Gehalt von Wolfs Geschichte »Selbstversuch« hin; er bezieht in seine Untersuchung Sarah Kirschs »Blitz aus heiterem Himmel« und Irmtraud Morgners »Gute Botschaft der Valeska« (die nicht in die Anthologie aufgenommen worden war) mit ein und stellt für alle drei Geschichten fest:
- Sie thematisieren Geschlechtsrollen und -bewußtsein;
- sie zeigen die Diskriminierung von Frauen durch männliche Normen;
- sie üben Kritik an der Definition der Frau durch den Mann;
- sie lehnen Frauenbefreiung als Gleichberechtigung mit dem Mann ab;
- sie entwerfen Bilder von weiblicher Selbstverwirklichung, die sich durch die »Betonung des Anspruchs auf individuelles Glück und eine grundsätzliche Offenheit der Konzeption« auszeichnen;
- sie experimentieren mit vorgestellten Möglichkeiten ›männlichen‹ und ›weiblichen‹ Verhaltens mit dem Ziel der »Aufhebung der ›Halbmenschen‹ Mann und Frau« (Emmerich, 1980, 119).

Das in der Ich-Form verfaßte Traktat der jungen Wissenschaftlerin, welches das exakt wissenschaftliche Protokoll der Geschlechtsumwandlung begleitet und ergänzt – dabei gehen beide Textarten ineinander über und wechseln sich passagenweise ab–, beschreibt ihre eigene Vermännlichung als fortschreitende Entfremdung. Die zur Frau zurückverwandelte X kommt ihrer Aufgabe als Wissenschaftlerin nach, indem sie ein präzises Versuchsprotokoll verfaßt; darüber hinaus gestaltet sie Einsichten und Empfindungen, die dieses auf Objektivität und Meßbarkeit verpflichtete Protokoll nicht erfassen kann, in einem subjektiven Traktat. In diesem Traktat versucht X die Erfahrung zu verarbeiten, daß der Professor, den sie zu lieben glaubte, vollkommen liebesunfähig und deshalb für sie nicht liebenswert ist.

X beginnt ihre Aufzeichnungen mit dem Hinweis auf die historische Sprachlosigkeit der Frauen (G 67), die es zu durchbrechen gelte, sowie auf ihren wieder gewonnenen spielerisch-assoziativen Umgang mit der Sprache, der offenbar – das unterstellt ihre Argumentation – in dieser Weise nur dem weiblichen Geschlecht möglich ist. Es geht X darum, der unbestechlichen Objektivität des Protokolls das Fehlende, nämlich ihre subjektiven Empfindungen zur Seite zur stellen. Begriffe wie Wahrheit und Wirklichkeit löst X aus ihren festen Bezugsrahmen und bindet sie allein an die Authentizität ihrer subjektiven Wahrnehmung. In dieser Geschichte wird sehr präzise mit Worten, Bildern und Bedeutungen gearbeitet. Die auch als Sprachkritik differenziert ausgeführte Kritik männlicher Strukturen wäre eine eigene, ausführliche Untersuchung wert. X ist ›objektiv‹, d.h. aufgrund ihrer wissenschaftlichen Ausbildung und privaten Verhältnisse (sie ist alleinstehend und kinderlos), gut zur Versuchsperson geeignet; nach ihrer persönlichen Motivation wird nicht gefragt. Diese ist, das Geheimnis kennenzulernen, das sich hinter der sachlich-distanzierten, emotionslosen Haltung des Professors verbirgt. Ihre Zuneigung zu ihm bringt X in die »absurde Lage«, ihren »Wert als Frau [...] zu beweisen, indem ich einwilligte, Mann zu werden« (G 76). X erhält eine Injektion des Verwandlungsmittels, fällt in tiefen Schlaf und erwacht in völligem körperlichem Wohlbefinden. Die verwandelte Frau, die den Namen Anders erhält, trägt jedoch die Erinnerung an ihre weibliche Vergangenheit »wie eine Katze zusammengerollt« (G 74) mit sich. Sie, die »nicht gelebt werden will, sondern leben« G 74), hofft zunächst, »zugleich mit ihrer Mannwerdung die Zustände ihres Frauendaseins von sich abtun« (G 74) zu können; sie erlebt jedoch eine Irritation nach der anderen. Zunächst ist die verwandelte Frau, die, wie X später schreibt, »Mann zu werden drohte« (G 67), ungeübt in dem Rollenverhalten, das von einem Mann erwartet wird. Ihr inneres Verhaftetsein in der alten weiblichen Rolle verunsichert sie, die neue Rolle erscheint ihr wie eine lächerliche, unverständliche Maskerade. Im täglichen Leben wie bei der Absolvierung ihres Testprogramms sieht sie sich mit einander ausschließenden Rollenerwartungen konfrontiert, einer erinnerten weiblichen und einer zu lernenden männlichen. Sie begreift, »daß es die Erwartungen unserer Umwelt sind, die uns machen« (G 82). Ihre Identität löst sich auf, Maske, Rolle, Selbst werden ununterscheidbar. Diese Irritationen betreffen im fortgeschrittenen Stadium der Verwandlung sogar ihre Erinnerungen. Gezwungen, im »Unschärfebereich des Niemandslandes« zwischen den Geschlechterrollen zu leben – »Mann und Frau leben auf verschiedenen Planeten« (G 82) –, regt sich in Anders ein »erstes bißchen Heimweh nach den Ungereimtheiten der Frauen« (G 81). Aufmerksam und sensibel beobachtet Anders die Frauen und Männer seiner Umgebung. Die Äußerungen des ehemaligen Freundes Bertram, des Kollegen Dr. Rüdiger und auch des Professors machen die selbstgefälligen Gebärden deutlich, mit der Männer Frauen zu ihren Objekten im Denken wie im Handeln zu machen gewohnt sind (vgl. G. 75f., 80, 81 usw.). Die Frauen reiben sich auf, wenn sie sich auf die »Zwickmühle« Doppelbelastung einlassen, »zwischen

Mann und Arbeitsdrang, Liebesglück und Schöpfungswillen, Kinderwunsch und Ehrgeiz« und laufen »ein Leben lang zickzack [...] wie eine falsch programmierte kybernetische Maus« (G 80). Oder sie müssen sich den Vorwurf der »Unnatur« (G 76) gefallen lassen, wenn sie diesen »eigens für ihr Geschlecht gefundenen Kompromiß« (G 76) ablehnen und einen »Hang zum Absoluten« (G 75) entwickeln, wie X es tat, als sie sich für ihre Arbeit und gegen ihren Freund Bertram entschied, der mit ihr eine Familie gründen und sie zur Aufgabe ihres Berufs bewegen wollte.

Wissenschaft, hatte X gelernt, bedeutet, die Welt in einem »Fangnetz aus Zahlen, Kurven und Berechnungen dingfest« (G 83) zu machen; solches Herangehen kann nicht folgenlos bleiben im Bereich zwischenmenschlicher Beziehungen, ja auch in Beziehung zu sich selbst. »Selbstversuch« polemisiert nachdrücklich gegen eine »Weltsicht, welche Beziehungen zwischen Menschen auf bloße Nützlichkeitsbeziehungen reduziert« (Krenzlin, 1975). Die Sprache, die ein weiteres Medium der Entfremdung sein könnte, kann X produktiv gebrauchen. Sie verfolgt geradezu mit Anteilnahme die »Schicksale mancher Wörter« (G 83) zurück zu ihren Ursprungsbedeutungen, als sie noch vieldeutig, aus verschiedenen, nicht hierarchisch geordneten Erfahrungen zusammengefügt waren und Raum für Phantasie und Emotionen ließen.

Das Wort ›meinen‹ z.B., das in verschiedenen Zusammenhängen eine subjektive Äußerung ausdrückt, hat im Laufe seiner Geschichte eine Aufspaltung in das emotionsbesetzte ›lieben‹ und das mit Begriffen wie Autorität, Macht, Gesetz und Strafe assoziierte ›urteilen‹ erfahren – was X als ›weibliche‹ bzw. ›männliche‹ Varianten erklärt (vgl. G 83 f.).

Ähnliche sprachphilosophische Überlegungen führt Christa Wolf in dem umfangreichen Roman »Kindheitsmuster« (1976) durch auf ihrer Suche nach dem Funktionieren des Gedächtnisses; im 8. Kapitel von »Kindheitsmuster« leitet sie beispielsweise das Wort ›danken‹ aus seinen Aufspaltungen ›schulden‹ und ›denken an‹ ab.

Auf der Suche nach Sinn und Entwicklung geschlechtsspezifischer Begriffe entdeckt Anders, daß Frauen und Männer aufgrund ihrer unterschiedlichen Sozialisation die Welt und die Menschen gründlich anders erleben (G 84). Ein Erlebnis mit einer jungen schwangeren Frau, die Anders' freundliche Hilfsbereitschaft mit Mißtrauen quittiert, macht Anders begreiflich, daß diese Frau seine gutgemeinten Worte nicht wörtlich nehmen kann, weil sie zu oft ihre mißbräuchliche Verwendung in täuschender Absicht erfahren hat. Die Kommunikation zwischen den Geschlechtern hat sich auf ritualisierte Wendungen, auf Codes reduziert (G 85), welche die Macht der Männer und die Ohnmacht der Frauen reproduzieren.

Die Frau in Anders kann das Verhalten der jungen Frau, wenn auch mit Bedauern, nachempfinden. »Ich begann mich zu fragen, was ihr eigentlich mit uns angestellt habt, daß wir es euch aus Rache verwehren müssen, freundlich zu uns zu sein. Wenig beneidenswert schien mir eure Verstrickung in die Unzahl eurer nützlichen Tätigkeiten, da ihr doch tatenlos zusaht, wie die Wörter ›menschlich‹ und ›männlich‹, einer Wurzel entsprungen, unrettbar weit voneinander weggetrieben« (G 85f.), kommentiert X. Wie Anders bedauert auch seine Kollegin Irene das allmähliche Verkümmern der Fähigkeiten der Männer, eine Frau »im wörtlichen wie im biblischen Sinne zu erkennen« (G 87). ›Erkennen‹ in der hier verwandten Bedeutung meint die gleichzeitige Erfassung durch alle Sinne und in allen Dimensionen seelisch-geistigen Erfassens. Diese umfassende Erlebensfähigkeit sei bei Männern weitgehend zerstört; deshalb trägt neben anderen Erlebnissen Anders' mit dem Professor vor allem eine nächtliche Begegnung – »Daß Sie es aber fertigbringen würden, mich nicht zu erkennen, wäre mir nicht im Traume eingefallen« (G 88), kommentiert X – dazu bei, daß die Frau in Anders die Unfähigkeit des Professors, Bestürzung oder Freude zu zeigen, seine permanente Unbetroffenheit und Gleichgültigkeit erkennt; er behält sich in jeder Situation das »Recht [...] sich draußen zu halten« (G 89) vor. Dies hat er gemeinsam mit den männlichen Hauptfiguren in »Unter den Linden« und den »Neuen Lebensansichten eines Katers«.

Nach dieser ersten desillusionierenden Begegnung, der weitere folgen, stürzt Anders in eine existentielle Krise. »Was ich auch in mich hineinfragte – niemand antwortete mir. Die Frau in mir, die ich dringlich suchte, war verschwunden. Der Mann noch nicht da.« (G 90) Anders fühlt sich seiner Identität beraubt. Er versagt beim Gedächtnistest; seine Vermännlichung beginnt sich auf immer weitere Bereiche zu erstrecken, verfremdet allmählich sogar die ursprünglich weibliche Erinnerung. Hatte die Frau X früher auf die Frage nach ihrer größten Kinderfreude »schaukeln« geantwortet, so erzeugt das Bild eines schaukelnden Mädchens nun »eindeutig Unlust« (G 92) in dem Mann Anders. Hatte X auf einer Farbtafel »Liebespaar, unter freiem Himmel dem Wald zustrebend« gesehen, so erkennt Anders mit knapper Not zwei Sportler auf derselben Farbtafel. Dieser erschreckende Verlust an Phantasie und Emotionalität wird Anders jedoch nicht als solcher bewußt – er ist bereits zu einem Mann geworden, »affektfrei, aller alten Bindungen los und ledig« (G 94). Er verliert den Blick dafür, daß er an jener Arbeitsteilung mitzuwirken begonnen hat, »die den Frauen das Recht auf Trauer, Hysterie, die Überzahl der Neurosen läßt und ihnen den Spaß gönnt, sich mit den Entäußerungen der Seele zu befassen [...]

und mit dem großen, schier unerschöpflichen Sektor der schönen Künste. Während wir Männer die Weltkugel auf unsere Schultern laden [...] und uns unbeirrt den Realitäten widmen, den drei großen W: Wirtschaft, Wissenschaft, Weltpolitik.« (G 90) Anders beginnt, sich das »Geheimnis der Unverwundbarkeit: Gleichgültigkeit« (G 95) anzueignen, das er, wie alle Männer, ängstlich zu verbergen sucht, damit seine »bequemen Vorrechte nicht angetastet« (G 95) würden. Als Anders die junge Anna kennenlernt, die – anders als ihre Mutter und Großmutter – Männer mit traditionellem Rollenverständnis einfach nicht mehr ernst nimmt, begreift Anders, daß diese Art Männlichkeit keine Zukunft mehr hat. Angesichts dieser Situation – Anna ist seine Tochter – bleibt dem Professor, der sich Anders gegenüber durch das Eingeständnis seines voyeuristisch anmutenden Unbeteiligtseins verrät, nur die »bedingungslose Kapitulation« (G 98). Anders sieht nun klar, was die Frau in ihm bereits ahnte: »Ihre kunstvoll aufgebauten Regelsysteme, Ihre heillose Arbeitswut, all Ihre Manöver, sich zu entziehen, waren nichts als der Versuch, sich vor der Entdeckung abzusichern: Daß Sie nicht lieben können und es wissen.« (G 99) Diese schmerzhafte Erkenntnis verändert die Situation für die Frau in Anders, die den Professor zu lieben gaubte, grundlegend. Sie sieht in aller Klarheit, wohin sie ihre Verwandlung bringen würde, und besteht auf ihrem »Recht auf Widerstand« (G 95). Sie faßt den Entschluß, das Experiment abzubrechen. Hatte am Anfang der Geschlechtsumwandlung die Einsicht der Wissenschaftlerin gestanden, daß es »unrentabel gewesen wäre, zuerst ein Präparat zur Verwandlung von Männern in Frauen zu entwickeln, weil sich für ein so abwegiges Experiment keine Versuchsperson gefunden hätte« (G 70), so bewertet sie nun, nachdem sie ihre Vermännlichung als extreme Selbstentfremdung erfahren hat, Weiblichkeit in ihren historischen, sozialen und psychologischen Implikationen höher. Sie beginnt das wirkliche, selbstbestimmte Experiment, den »Versuch zu lieben« (G 100), der eine Neubestimmung ihrer weiblichen Identität ebenso einschließt wie die phantastische »Erfindung dessen, den man lieben kann« (G 100).

Die feudale Ordnung am Vorabend der frühbürgerlichen Revolution

Die 1972 veröffentlichte Filmerzählung »Till Eulenspiegel« haben Christa und Gerhard Wolf gemeinsam erarbeitet. Im Werk Christa Wolfs steht der »Till Eulenspiegel« vom Entstehungszusammenhang und vom angewandten Verfahren der Verfremdung her den »Unwahrscheinlichen Geschichten« nahe.

Gerhard Wolf, 1928 geboren, Germanist und Historiker, veröffentlichte u.a. eine essayistische Studie über den Lyriker und Erzähler Johannes Bobrowski (1971) und eine Erzählung über die letzten Jahre des wahnsinnig gewordenen Hölderlin (1972). Zusammen mit Christa Wolf und Konrad Wolf hat er das Drehbuch für den Film »Der geteilte Himmel« (1964) erarbeitet. Er hat die Hörspielfassungen von »Kein Ort. Nirgends« und »Kassandra« nach den Texten Christa Wolfs bearbeitet. Ein gemeinsam zusammengestellter Band mit Essays und Prosa zu romantischen Autoren unter dem Titel »Ins Ungebundene gehet eine Sehnsucht« von Christa und Gerhard Wolf ist zum Zeitpunkt des Manuskriptabschlusses dieses Realienbuchs angekündigt, aber noch nicht erschienen.

Die Filmerzählung »Till Eulenspiegel« ist in zwei etwa gleich umfangreiche Szenenfolgen gegliedert. Die locker verbundenen Szenen geben ein farbiges, anschauliches Panorama der Zeit vor der Reformation und den Bauernkriegen. Amerika ist entdeckt; auf den Jahrmärkten kursieren Flugblätter, die Neuigkeiten präsentieren. Die Erfindung Gutenbergs ermöglicht Druck und Verbreitung der Schriften des Humanisten Erasmus von Rotterdam und des ›Ketzers‹ Martin Luther. Das bunte Treiben auf dem Jahrmarkt, die Entfesselung der Angehörigen aller Stände bei der Fastnacht, die religiöse Ekstase von Wallfahrenden und die sinnenfrohe Atmosphäre des Badehauses geben eine lebendige Anschauung des Lebens im frühen 16. Jh. Die Zerrüttung der feudalen Ordnung kündigt sich an: religiöse Sektierer machen der Kirche das Monopol streitig, über die allein seligmachende Deutung der Welt zu verfügen; der niedere Adel kompensiert seine schwindende politische Bedeutung mit willkürlicher Repression gegenüber den Leibeigenen; die Stellung der Bürger in den Städten festigt sich. Der Bauernsohn Till, vom Vogt aus seinem Hof vertrieben, wird auf seiner Wanderschaft mit Angehörigen aller sozialen Gruppen und Schichten konfrontiert. Von den Fahrenden, Dieben und Bettlern, erhält er seinen Namen. Er genießt das Vertrauen der aufständischen Bauern und ihres Anführers Jobst. Gelegenheitsarbeiten in einem Kloster, in einer Druckerei, bei einem Schneidermeister machen ihn mit Mönchen und dem Erzbischof, mit Malern, dem Unternehmer Koberger, dem Meister Gottlob und Gesellen verschiedener Zünfte bekannt. Des Kaisers Beichtvater sowie der Kaiser selbst markieren die oberste Stufe der sozialen Hierarchie, in der sich Till ungehindert bewegen kann.

In dieser Zeit des Umbruchs kommt sozialen Wandlungen und sozialen Kämpfen besondere Bedeutung zu. Die Herausbildung kapitalistischer Strukturen werden im Umkreis des Kaufmanns Hochstätter und des Druckereibesitzers Koberger vorgeführt. Den Gesellen gelingt die vorläufige Sicherung eines freien Tages, die Bauern dringen ins Kloster ein und zerreißen die Zinslisten. Von besonderer Bedeutung sind jedoch die geistigen Auseinandersetzungen in Religion und Kirche. Die papistische Kirche, die der weltlichen Macht ihre Rechtfertigung liefert, sieht sich zunehmend in Frage gestellt. Sektierer, die sich auf dieselben Glaubensgrundlagen berufen wie die papistische Kirche, untergraben deren Macht von innen; Humanisten bedrohen den kirchlichen Anspruch, die Welt auf die einzig richtige Art zu interpretieren, von außerhalb. Mit der Gestalt des Mönchs Anton wird ein Zweifler aus den eigenen Reihen der papistischen Kirche eingeführt. Der Charakter der sozialen und geistigen Auseinandersetzungen und das Bewußtsein der unteren Schichten, die die Gemeinsamkeit ihres Interesses noch nicht erkannt haben, machen die Situation, in der Till agiert, als eine vorrevolutionäre kenntlich.

Die hochmittelalterliche Feudalgesellschaft hat eine klare Hierarchie, an deren Spitze die Kirche steht, die der weltlichen Macht vom Vogt bis zum Kaiser die ideologische Legitimation ihrer Herrschaft liefert. Dem entspricht auf der anderen Seite die Unwissenheit, der Autoritätsglaube und die Unterwerfung unter die gegebene Ordnung bei der Masse der Gläubigen. Der religiöse Wahn der Wallfahrenden, die sich durch ihre »wollüstige Unterwerfung unter das Heilige« (TE 16) eine Aufhebung irdischer Nöte und Versagungen im Jenseits versprechen, charakterisiert diesen Zustand. Die Filmerzählung macht das Verhältnis von kirchlicher und weltlicher Macht in der marionettenhaften Abhängigkeit des jungen Kaisers Karl V. von seinem dogmatischen Beichtvater Pater Glapion drastisch deutlich. Die Position der Kirche als dem ideologischen Zentrum der bestehenden Macht verkörpert der nüchtern-pragmatische Erzbischof Albrecht, dessen ›Glaubensbekenntnis‹ folgendes ist: »Was meinen Augen weiß erscheint, ist schwarz, wenn die heilige Mutter Kirche so entscheidet. Womit wollt Ihr Menschen in Zucht halten, die erst einmal aufgehört haben zu glauben?« (TE 145) Diese

Aussage macht deutlich, daß die Abhängigkeit und Unmündigkeit des Volkes weniger im Inhalt seines Glaubens, sondern vielmehr in der Struktur seiner Gläubigkeit liegt. Dieser Sachverhalt läßt auch alternative Glaubensinhalte, wie sie auf der Grundlage neuer, diesseitsbezogener Bibelinterpretation von Sektierern wie dem Pauker Jäcklein und dem Prediger Nicholas proklamiert werden, in ihrer revolutionären Wirkung begrenzt bleiben. Die Sektierer fordern Gleichheit unter allen Menschen in einer Gesellschaft, die ihren Bestand nur durch die strikte Trennung der Stände gewährleistet sieht. Insofern diese sektiererischen Bewegungen mit dem alleinigen Interpretationsanspruch der Kirche konkurrieren und deren Praktiken als unvereinbar mit ihrer Auslegung der Heiligen Schrift attackieren, fordern sie die Kirche heraus, die sich zu wehren weiß. Die gleichbleibende Struktur der Gläubigkeit, die auch die Sektierer von ihrer Gemeinde fordern, bleibt jedoch unangetastet. Die problematische Struktur der Gläubigkeit wird auch aus der Entwicklung des Mönchs Anton ersichtlich, dem Till zuerst im Haus des Bischofs begegnet; seine Zweifel an der Legitimation des Wahrheitsanspruchs der papistischen Kirche treiben ihn zum Wechsel zur neuen lutherischen Kirche, wobei er bezeichnenderweise seinen Fanatismus bewahrt und um den Eifer des Konvertiten verstärkt hat. Selbst eine sich historisch als notwendig erweisende Kritik an der Institution Kirche, wie sie der Mönch Martin Luther in seinen Schriften vorträgt – »So ist der Nachfolger Petri von allen der Allersündigste und der Antichrist [...] Seine Gewalt ist teuflich, seine Finanzwirtschaft ist ein Jahrmarkt, Schindanger und Hurenhaus [...]« (TE 125) –, erweist sich gerade aus dieser historischen Sicht als wirklicher sozialer Emanzipation abträglich; sie bringt nämlich eine neue Gläubigkeit anstelle der alten hervor und befestigt so die Strukturen, mit denen soziale und geistige Unterdrückung wirksam erhalten bleiben.

Von einer anderen Position aus, der des Zweifelns aus Prinzip, setzt die Kritik der Humanisten an. Ihre dem mittelalterlichen Bildungsideal verpflichtete Ausbildung macht sie zu Privilegierten, ihre weitgehende Isolation von fortschrittlichen gesellschaftlichen Bewegungen macht sie zu Intellektuellen, denen die Praxis konkreten Tuns fehlt.

Wie sehr dennoch den Humanisten die Sympathie der Autoren gehört, veranschaulicht eine Szene am Fürstenhof, welche die beiden konkurrierenden Weltanschauungen, die scholastische und die humanistische, in Gestalt zweier Professoren vorführt, »ängstlich verknöchert der eine, ein Vorläufer des späteren deutschen Professorenservilismus, der andere kämpferisch-weltoffene Züge, die er, so gut es geht, in dieser Umgebung verbergen muß. Der eine ein Scholastiker, der andere Humanist.« (TE 60)

Die Kirche hat neben dem Monopol der Weltdeutung auch das der Bildung inne; diese Verbindung zeigt die für die Revolutionierung der Verhältnisse problematische Allianz von Ideologie und Wissenschaft. Die dem Volk vorenthaltene Bildung und Teilhabe an dem Wissen seiner Zeit befestigt dessen geistige Unmündigkeit und trägt mit bei zu einer relativen Wirkungsbeschränkung humanistischer und reformatorischer Schriften. Dem Humanisten Beatus, dessen Schriften die Kirche auf den Index setzte, gibt der Erzbischof sarkastisch zu verstehen, daß das Verbot auch in seinem Interesse sei. »Wollt Ihr Eure Zweifel in die Hand des gemeinen Mannes legen? Damit er sie wörtlich nimmt und den Tisch umstürzt, von dem auch Ihr esset?« (TE 159)

Das problematische Verhältnis der Humanisten zu den Herrschenden liegt, so interpretiert es die Filmerzählung der Wolfs, in dem schwer aushaltbaren Widerspruch zwischen ihrem Wissen und der standesmäßigen Bindung an die privilegierte Oberschicht. Der Magister Konrad, der Schreiber des Erzbischofs, mehr jedoch der Humanist Beatus verkörpern diesen Typ des im Konflikt mit der Macht bedrohten Intellektuellen. Beatus plädiert in seinen Schriften für die geistige Emanzipation eines jeden Menschen unbeeinträchtigt von jeglicher Ideologie (vgl. TE 159). Ihn persönlich überfordert jedoch der Preis, den seine Arbeit ihm abverlangt. »Wenn man den Irrtum wegnimmt, setzt man alles in Verwirrung« (TE 159), weiß er: daraus spricht die Resignation darüber, daß er dem Weltbild, das zu zerstören er sich anschickt, kein alternatives geschlossenes Weltbild entgegenzusetzen mag. Zwar erkennt er die Zeichen der Zeit, die auf Aufruhr stehen; seine Furcht vor neuen, ungeordneten Verhältnissen läßt ihn jedoch zu einem unfreiwilligen Komplizen der kirchlichen Macht werden, die es eine »gefährliche Anmaßung« (TE 158) nennt, der Mensch könne selbständig und in seinem eigenen Interesse denken und handeln.

Die Funktion des Narren

Die Funktion der reformatorischen und der humanistischen Kräfte sowie der verschiedenen Sektierer ist es im Rahmen der Filmerzählung der Wolfs, alternative Weltdeutungen gegen den Anspruch der Kirche zu mobilisieren und deren Monopol, die einzig richtige Interpretation der Welt zu besitzen und mittels dieser die herrschenden Verhältnisse zu stabilisieren, zu brechen.

Die Funktion Till Eulenspiegels deckt sich in weiten Teilen mit der Funktion solcher geistiger Bewegungen, die das Ansehen der Kirche zunächst beeinträchtigen und in Frage stellen. Till geht jedoch darüber hinaus und leistet in weitaus gründlicherer Weise Ideologiezertrümmerung. Für diese Funktion des Till ist das Motto des 1. Teiles der Filmerzählung, die den Titel »Die List der Schwachen« trägt, erhellend: »Damit die bestehenden gesellschaftlichen Verhältnisse angetastet werden konnten, mußte ihnen der Heiligenschein abgestreift werden.« (Engels, Der deutsche Bauernkrieg)

Die Filmerzählung beginnt mit der Aufführung eines Mysterienspiels, das symbolischen Charakter hat. Die Konventionen christlichen Glaubens werden in grotesker Weise von den bäuerlichen Darstellern unterlaufen. Till, der einen der drei heiligen Könige spielt, ist sehnsüchtig verliebt in die Darstellerin der Jungfrau Maria. Diese – offensichtlich erwiderten – Gefühle machen die eigentliche Realität des Stückes aus. Die Art und Weise dieser Aufführung, die mangelnde Ernsthaftigkeit der Darsteller und ihre unverholene Respektlosigkeit gegenüber den heiligen Vorgängen bezeichnen ein unbewußt-distanziertes Verhalten gegenüber den Glaubensinhalten, das jedoch noch nicht von entsprechenden Bewußtseinsveränderungen getragen ist. So wie in diesem Mysterienspiel die Bauern die Bühne betreten, aber in einem von ihren eigentlichen Interessen weit entfernten Stück mitspielen, ist auch der Verlauf des ersten Teils der Filmerzählung zu interpretieren.

In folgenden Szenen gibt Till durch sein Erstaunen und Befremden neue Sichtweisen auf bestimmte Praktiken der Kirche. So sieht er »mit seinen naiven Augen« (TE 16), wie die Mönche für die Wallfahrenden ›Wunder‹ arrangieren, um diese zu Spenden zu animieren. Till sieht das Seltsame inmitten dessen, was anderen selbstverständlich erscheint.

Eine weitere Szene führt den Disput zwischen Till und fünf Scholastikern in der Aula der Universität vor. In diesem Disput, der stellvertretend für die geistigen Auseinandersetzungen dieser Zeit steht, geht es »meist völlig sinnlos um spitzfindige scholastische Fragen« (TE 136). Tills Taktik dabei ist, »die Scholastiker nicht direkt zu widerlegen, sondern sie mit ihren eigenen Waffen [zu] schlagen, ihre Methode der Klassifizierung und Abgrenzung ad absurdum [zu] führen« (TE 136). Damit beschreibt er eine Art verschärfter Spiegelung, auf die das Motto des 2. Teils, der mit »Die Kunst des Narren« überschrieben ist, anspielt: »Man muß diese versteinerten Verhältnisse dadurch zum Tanzen zwingen, daß man ihnen ihre eigene Melodie vorsingt!« (Marx, Zur Kritik der Hegelschen Rechtsphilosophie)

Till schafft also, indem er Widersprüche zwischen dem faktischen Verhalten der Kirche, ihrer Habgier, Unmoral und Korruption und ihrer Ideologie aufdeckt – hierin arbeitet Till gemeinsam mit den fortschrittlichen Kräften der Zeit – mit eine Voraussetzung, die Verhältnisse zu verändern. Er entkleidet die bestehenden und von der kirchlichen Legitimationsideologie unantastbar gemachten Verhältnisse ihrer falschen Würde und ihrer Aura des Heiligen und macht sie so angreifbar. Till agiert jedoch noch auf einer weiteren Ebene, indem er Konventionen und Normen, welche Verhalten und Umgangsweisen der Angehörigen verschiedener Schichten regeln, in ihrer Funktion, revolutionäre Aktivitäten zu behindern, aufzeigt.

Eine Jahrmarktszene greift auf, was Till inzwischen als für ihn charakteristisches Verfahren entwickelt hat: er sagt jedem, der ihn fragt, eine ›Wahrheit‹, die entweder eine Herausforderung an die Selbstgerechtigkeit oder eine Bestätigung des Ich-Ideals bedeutet. Dies kann er, weil er inzwischen eine differenzierte Menschenkenntnis erworben hat. Till weiß jedoch sehr wohl um die Gefährlichkeit seines ›Wahrheitsagens‹. Auf den wohlmeindenden Rat, Wahrheit könne Haß eintragen, deshalb solle er sich vorsehen, erwidert Till, wer sich zum Lamm mache, den jagen die Wölfe (TE 33). Diese Stelle bietet u. a. eine Begründung für die Notwendigkeit, daß Till seine ›Wahrheiten‹ unter der Narrenkappe und seine Wehrlosigkeit mit Witz und List verstecken muß. Als Narr wird er auch in die Zunft der Fahrenden eingeführt, wo er als Probe seines Narrentums einen Richterspruch fällen muß. Dies tut er ganz im Sinn des Brechtschen Kreidekreises, indem er denjenigen sich selbst entlarven läßt, der die Unwahrheit gesagt hat. Die Aufnahme in die Zunft der Fahrenden verpflichtet Till und seine neuen Genossen zu gegenseitiger Hilfe und Solidarität. Die Szene der Namensgebung besiegelt Tills Narrentum. Der sich anschließende Auftritt Tills als Seiltänzer auf dem Jahrmarkt ist ein Beispiel dafür, daß er auch seine eigenen Leute demaskiert, wo ihr Verhalten sich als hinderlich im Interesse ihrer sozialen Emanzipation erweist.

Er gibt vor, auf dem Seil über den Fluß zu laufen, was ihm alle glauben. Da verweist er die Menge, die ihm also Übermenschliches zutraut, darauf, daß er auch nicht mehr könne als sie und warnt sie: »Traut keinem Herrn! Traut keinem Schelm!« (TE 38) Dies ist seine Absage an die Rolle des Lehrers oder Führers.

Am Hof des Fürsten wird Till als Maler mit der Schmückung des Saales für das ›Fest der Tugendrose‹ beschäftigt. Er entwickelt eine

Idee, die seinen gefangenen Freunden, denen der Galgen droht, das Leben retten soll. Gegen das Versprechen des Fürsten, sie am Leben zu lassen, sollen sie sich unter die Festgesellschaft mischen und »ihre Kunst zeigen« (TE 65).

Ähnlich dem Mysterienspiel ist dieses Fest geeignet, ein Modell der bestehenden Verhältnisse abzugeben. Adel und Bürgertum sitzen mit am Tisch des Fürsten, Künstler und Wissenschaftler etwas abseits am Katzentisch. Die unter die Festgesellschaft gemischten Diebe sind außer an ihrem wilden Aussehen kenntlich durch ihre »Unfähigkeit, sich in den engen, unbequemen Kostümen ungezwungen zu bewegen« (TE 66), d.h. ihnen erscheinen Etikette und Konventionen als das, was sie sind, als Zwang und scheinhafte Hülle. Tatsächlich gibt die Beschreibung des Festes eine angemessene, wenn auch verkürzte Darstellung der Gesellschaft. »Das Fest – dem äußeren Schein nach prächtige, ungebrochene Entfaltung und Selbstbespiegelung der Macht – findet auf zwei Ebenen statt: Die Oberen bewegen sich in vorgegebenen Figuren, sie sind oberflächlich amüsiert, drängen sich nach der Gnadensonne des Fürsten, sind im Grunde ahnungslos. Eigentlich geht es um den Kopf Martin Pumphuts und der drei anderen Diebe. Die Unteren müssen also Witz, Verstand und Kühnheit aufbieten, um sich zu retten. Durch ihre Aktivität bekommt das Fest seine Dramatik. Sie sind die Schwächeren; sie müssen sich also verstellen und alle möglichen Anpassungsverrenkungen vollführen.« (TE 66)

Till vervollkommnet sein Verfahren der Entlarvung, das er im Disput mit den Scholastikern meisterhaft einsetzte. Aus seinen listigen Attacken werden mehr und mehr Satiren. Beispielhaft hierfür ist sein Umgang mit den Bürgern der Stadt. Anders als auf dem Land haben sich die Klassenauseinandersetzungen in der Stadt zugespitzt. Dennoch ist auch unter den Handwerkern, deren Selbstgerechtigkeit und Doppelmoral sie den höheren Ständen in nichts nachstehen läßt, kein ausgebildetes Bewußtsein vorhanden. Till findet hier ein dankbares Betätigungsfeld vor. Seine vorgespiegelte Dummheit, sein Narrentum ist inzwischen zu seinem Schutz unerläßlich geworden. Die Aufforderung eines Barbiers – »Sieh das Haus da gegenüber, mit den hohen Fenstern, da geh rein!« (TE 84) – nimmt er wörtlich, worauf sich dieser über die zerbrochenen Fensterscheiben beklagt. Als Mönch verkleidet predigt Till in einer Kleinstadtkirche; mit den Worten »Ich bin gehalten, nur von unberührten Mädchen und von getreuen Ehefrauen Gaben anzunehmen« (TE 49), provoziert er eine wahre Spendenorgie bigotter Bürger, die so den Schein ihrer Wohlanständigkeit zu wahren glauben.

So wie Till selber im Wörtlich-nehmen von Aussagen und Aufforderungen die Dinge in einem völlig neuen Licht erscheinen läßt, zeigt er auch anderen, daß sich etwas verändert, wenn sie die Worte ihrer Herren wörtlich nehmen.

In einem Kloster vor der Stadt malt der Maler Jörg Szenen aus der Bibel. Für die Gestalt des Christus, der die Wucherer aus dem Tempel treibt, wählt er aus der zuschauenden Menge einen Bauernburschen aus, den er auffordert, ein zorniges Gesicht zu machen. Die folgende Szene macht nun deutlich, daß Tills Saat aufgeht.

»Till zieht einem herumstehenden Kriegsknecht eine Lederpeitsche aus dem Gürtel und drückt sie dem Jungen in die Hand. Wem gehörst du, fragt er den Jungen. Dem Herrn Baron von Ütze, erwidert der. Er ist dir ein gnädiger Herr? fragt Till. Gnädig? fragt der Junge erstaunt. Till: Und dich läßt er zufrieden? Der Junge: Er hat mir mein Mädchen verdorben. Ein Weib zwingt er mir auf, das er los sein will.

Der Zorn, den Jörg braucht, ist in dem Jungen aufgestiegen. Nun? sagt Till. So treibt doch die Wucherer aus dem Tempel. So eine Idee ist dem Jungen noch nie gekommen. Er hebt die Lederpeitsche, zögert, dann schlägt er einmal versuchsweise gegen die Mauer, dann wieder und wieder, wild, über sich selbst staunend. Schweigend, voll Schauder und versteckter Hoffnung erlebt das Volk diesen Ausbruch ohnmächtigen Hasses.« (TE 106) Der Junge gelangt zu einem Bewußtsein seiner selbst, aber er kann seine Wut noch nicht sinnvoll einsetzen. Dennoch ist seine Verwandlung ein Beispiel, wie aus erlittenem Unrecht und Ohnmacht gerechter Zorn werden kann.

Allmählich kommt Bewegung in die versteinerten Verhältnisse; die Bauern und die Gesellen erproben ihre Kraft zum Aufstand. Auf Geheiß des Bauernführers Jobst malen Till und Jörg auf ein blauseidenes Tuch das Bundschuhsymbol und dazu die Schrift »Barmherziger Gott, hilf den Armen zu Recht« (TE 104).

Mit Tills Kraft geht es zu Ende. Auf dem Totenbett äußert er den Wunsch, den Bauern »das richtige, herzhafte Lachen« (TE 168) beizubringen. Er hat eine Vision, er sieht Anna vor sich und sie sieht ihn an »wie er es sich immer gewünscht hat« (TE 168). Auf ihre Frage, woran sie sich halten solle, erwidert Till: »Anna, warum soll man aus Menschen nicht auch Menschen machen können?« (TE 168) Tills Vermächtnis, eine Kiste mit Steinen, ist nach seinem Tod für die Bauern zunächst nicht als ein echter Schatz kenntlich. Der Pfaffe und der Baron, die sich um ihren Anteil an Tills vermeintlichem Gut betrogen fühlen und die Bauern des Diebstahl bezichtigen, werden jetzt von den Bauern ausgelacht, und Tills Wunsch erfüllt sich.

»Die Bauern lachen jetzt sehr herzhaft. Der Junge spielt mit einem der Steine aus der Kiste wie mit einem Ball. Plötzlich läßt er ihn fallen, er fällt dem Vogt auf den Fuß. Der schreit schmerzerfüllt auf. Die Reisigen greifen zu den Waffen. Die Bauern greifen nach den Steinen aus Tills Kiste, andere heben die Äxte und hacken. Ein Handgemenge entsteht. Der Baron fällt von seinem scheuenden Pferd.« (TE 169)

Als zentrale Funktion des Narren Till ergibt sich aus der bisherigen Interpretation eine verfremdende Sicht auf die herrschenden Verhältnisse, die einer sich neu herausbildenden sozialen Sichtweise entspricht. Till streift, dem Motto von Engels gemäß, den Verhältnissen ihren Heiligenschein ab, d.h. er reduziert die kirchliche Ideologie auf ihre Funktion, die bestehende gesellschaftliche Ordnung, die ausschließlich den materiellen und geistigen Interessen der Herrschenden dient, abzusichern. Die Bloßstellung der Machtlegitimation weltlicher, vor allem aber kirchlicher Institutionen ist die Voraussetzung dafür, daß revolutionäres Handeln möglich ist.

Till demaskiert aber auch Verhalten und Konventionen der unterdrückten Schichten; so können diese erkennen, auf welche Weise sie selber dazu beitragen, daß alles so bleibt, wie es ist.

Till bringt die bestehende Ordnung ins Wanken, ohne ein neues Weltbild an ihre Stelle zu setzen. Es geht ihm – und hier ist er wohl auch als Sprachrohr der Autoren zu interpretieren – nicht allein um qualitative Veränderungen zu besseren Verhältnissen; es geht ihm grundsätzlich um das Aufzeigen von Strukturen, die verfestigend und etablierend wirken und so Veränderungen unterbinden. Tills Wirken auf ein offenes, chaotisches, sich in ständiger Bewegung befindliches gesellschaftliches Modell hin findet seinen adäquaten Ausdruck in dem »karnevalistischen Weltempfinden« (Bachtin, 1971, 137), wie es sich in der Fastnachtsszene darstellt. In diesen Szenen sind Angehörige aller Stände zu Ausbrüchen entfesselt, in denen jahrhundertealte heidnische und mythische Erfahrungen und Handlungen in extremer Gegenwärtigkeit aufgehoben sind. Dieser Ausbruch aus der Gewalt hierarchischer Beziehungen und unterdrückerischer Strukturen ist identisch mit Tills Wirken. Folgerichtig kann er in diesen Szenen fast unsichtbar bleiben, seine Funktion erfüllen alle.

Michail Bachtin beschreibt diese Form »karnevalistischen Weltempfindens« sehr zutreffend: »Im Karneval entsteht in konkret-sinnlicher, halb als real, halb als gespielt erlebter Form ein neuer Modus menschlicher Beziehungen, der den allmächtigen, sozial-hierarchischen Beziehungen des nicht karnevalistischen Lebens gegenübergestellt wird. Das Verhalten, die Geste und das Wort der Menschen befreien sich aus der Gewalt jeder hierarchischen Ordnung (des Standes, Ranges, Alters, der Besitzverhältnisse), die sie außerhalb des karnevalistischen Lebens völlig bestimmt, und werden, mit der Logik des gewöhnlichen, nicht karnevalistischen Lebens betrachtet, exzentrisch und unangemessen.« (M. Bachtin, Probleme der Poetik Dostojewskis, München 1971)

In der Konzeption der Figur des Till Eulenspiegel, welche Christa und Gerhard Wolf ihrer Filmerzählung unterlegt haben, verkörpert

Till das Prinzip der Ideologiekritik als Korrektiv für jede politische Richtung und Bewegung. Zugleich ermutigt er zum Erproben neuer, alternativer Lebensformen. Die Wolfs belassen die Figur des Till in der Rolle des in keine gesellschaftliche Bewegung wirklich eingebundenen Außenseiters, der dennoch Partei ergreift: für sich selbst, für die unterdrückten und um ihre Zukunft betrogenen unteren Schichten, gegen Scholastiker und Ideologen. Dieser eindeutigen Ausrichtung der Figur des Till auf eine Funktion und gegen eine individuelle Entwicklung scheint eine Äußerung Christa Wolfs zu widersprechen, in der sie ein anderes Bild von Till zeichnet.

»Da war zuerst die ursprüngliche Vermutung: dieser Mann, so wie wir ihn gleich sahen, geht uns etwas an. Ich hatte ein Gesicht vor Augen, das im Wechsel der Lebensalter härter, aber auch menschlicher wird, und Haltungen eines Menschen, der es lernt, unter schwerem Druck und in schwerer Bedrängnis souverän seine Mittel einzusetzen – nicht nur um sich zu wehren, sondern um den Raum für reale Freiheiten für sich und seinesgleichen (er ist ja Plebejer) zu erweitern.« (LS 2, 89)

Tatsächlich gelingt jedoch in der Filmerzählung eine Verbindung des Prinzips der Ideologiekritik, für das Till steht, mit seiner außerordentlichen Moralität und Menschlichkeit. Der Muttergottes trägt er seinen Wunsch vor, »Mach, daß ich nicht schlecht werde« (TE 16), und auf dem Totenbett hat er die Vision, daß man aus Menschen Menschen machen könne. Angesichts der Grausamkeit, mit der die fürstliche Jagdgesellschaft die Mitglieder einer Sekte wie Tiere jagt und mordet, weint Till in ohnmächtiger Verzweiflung. Nicht nur Tills Moralität wird zum Maßstab für seine menschliche Reife; die Moralität der Figuren überhaupt ist der Maßstab, an dem sie gemessen werden können. Der junge Hannes oder die unerschrockene Rosine verkörpern beispielsweise menschlich echtere Charaktere als der marionettenhafte König, der sich aus seiner Verantwortung stiehlt.

In die Gestaltung des Königs, der sich seiner zersplitternden Identität nur im Spiegel vergewissern kann, dürften Züge König Peters aus Büchners Komödie »Leonce und Lena« eingegangen sein. Büchners Komödie ist eine Satire auf sich selbst überlebt habende Machtverhältnisse; Herrschaft entstellt, ist ihre Botschaft. Neben dem Hinweis auf Büchners Stück finden sich kryptische oder offene Zitate anderer Autoren. Till verleiht beispielsweise dem Narren Kunz, der ihn in einem Akt der Solidarität warnt, einen Orden für das Verraten eines unwürdigen Geheimnisses. Dabei handelt es sich um ein verstecktes Zitat aus dem Gedicht »Alle Tage« aus Ingeborg Bachmanns Gedichtzyklus »Die gestundete Zeit«, wo es von diesem Orden der Umwertung heißt: »Er wird verliehen/ für die Flucht von den Fahnen,/ für die Tapferkeit vor dem Freund,/ für den Verrat unwürdiger Geheimnisse/ und die Nichtachtung/ jeglichen Befehls.« Auf Anna Seghers verweist der Titel des ersten Teils der Filmerzählung. »Die List der Schwachen« variiert einen Titel Seghers', »Die Kraft der Schwachen«, der wiederum ein Bibelzitat ist. Die häufig erwähnte Farbe Blau verweist ebenfalls auf einen Titel Seghers', »Das wirkliche Blau«; in dieser Erzählung geht es u.a. darum, etwas echtes von scheinhaftem zu unterscheiden. Im Gespräch mit Kaufmann weist Christa Wolf ausdrücklich darauf hin, daß sie als Autoren nicht ausschließlich »historisch getreu« vorgegangen seien, sondern daß »Gestalt und Zeithintergrund [...] auch legendäre Züge« tragen. Die Mischung von realistischen und legendären Elementen beschreibt Wolf in ihrem Essay über Anna Seghers, »Glauben an Irdisches«, für deren Prosa als charakteristisch.

Insgesamt erweisen sich die Frauengestalten quer durch die sozialen Schichten als die ungebrocheneren Figuren, verglichen mit den männlichen Figuren. So erscheint beispielsweise des Königs Schwester Isabella als sein menschlicheres und mutigeres Alter Ego, die listige Albertine ist eine zumindest gleichwertige Partnerin des Till, und in Anna verkörpern sich die weiblichen Lebensmuster des Mittelalters von der Prostituierten bis zur Hexe. Die unerfüllt gebliebene Beziehung Tills zu Anna ist der Preis seiner Funktion als Narr. Till bleibt ein Einzelgänger mit der ganzen Bitternis, die einer solchen Existenz anhaftet.

Till opfert seine Liebe und damit ein zutiefst menschliches Bedürfnis seiner sozialen Funktion. Aus diesem Verzicht Tills interpretieren Lersch/ Lersch (1978, 145) einen Grundkonflikt der sozialistischen Gesellschaft der DDR: »Der Gegensatz zwischen vom Einzelnen wahrgenommenen Bedürfnissen einerseits und den Erfordernissen der politischen Entwicklung andererseits liegt dem Verzicht Tills auf Anna zugrunde. [...] Dieser Konflikt zwischen gesellschaftlich-politischen Notwendigkeiten und den aktuellen individuellen Bedürfnissen ist zugleich ein Grundkonflikt der sozialistischen Gesellschaft als Übergangsgesellschaft.«

Die Funktion Tills, den Verhältnissen ihren Heiligenschein zu nehmen, damit sie als gemachte und somit als veränderbare erkennbar werden, begrenzt seine Möglichkeiten individueller Entwicklung und Selbstverwirklichung. In dieser Hinsicht, d.h. in der Funktionalisierung der Figur des Till, ist keine Veränderung gegenüber der traditionellen Rolle des Pikaro im Schelmenroman zu erkennen.

Hier wie dort erlangt diese Figur »selbst keinen Eigenwert und ist nicht zur zugeschlossenen, einheitlichen Individualität im Sinne des Entwicklungs- und Bildungsromans durchgestaltet«. Vielmehr dienen seine listigen und komischen Abenteuer dazu, die »vielfältigen dabei berührten Gesellschaftsschichten von der niedersten bis zur höchsten aus der Perspektive von unten her zu desillusionieren: Gesellschaftssatire verbunden mit abenteuerlich-schwankhaften Motiven.« (Stichwort Schelmenroman; in: G.v. Wilpert, Sachwörterbuch der Literatur, 5. Aufl. 1969, 683)

Daß Till stärker ein Prinzip denn eine Persönlichkeit verkörpert, liegt auch der Einführung seines Symbols, des Spiegels mit der Eule, zugrunde, das er an den Stätten seines Wirkens hinterläßt. Insbesondere der Spiegel erhellt das ästhetische Verfahren, das dem Narrentum Tills als Ausgangspunkt dient. Der Spiegel ist ein Reflexionsmedium, dessen Gebrauch das Wissen um die Unterscheidung von Sein und Schein voraussetzt. Das Verfahren der Spiegelung dient Till dazu, die gesellschaftlichen Verhältnisse in aufklärerischer Weise durchsichtig zu machen. Till entfaltet ein vielfältiges Arsenal an Spiegelmetaphern, vom Wörtlich-nehmen einzelner Aussagen bis zur getreulichen Spiegelung ganzer Verfahren. Er spiegelt, um den Schein zu durchdringen und das Wesen bloßzulegen. Sein Spiegelungsverfahren richtet sich gegen jegliche Geschichtsdogmatik, er vermittelt Ideologiekritik als praktisch-politische Haltung und bringt die Verhältnisse zum Tanzen, indem er ihre Eigengesetzlichkeit gegen sie in Bewegung bringt. Diese Bewegung ist sein Ziel, nicht ein alternatives, geschlossenes Weltbild. Till selber verkörpert als Zweifelnder und als Narr ein widerständiges Verhalten gegenüber jeder Ordnung, die von Ideologen, Priestern und Gläubigen aufrechterhalten wird.

Zeitinterpretation im historischen Gewand

Der »Till Eulenspiegel« steht sowohl von seiner äußeren Form her, als Filmerzählung, als auch von seiner Thematik, der Zeit vor der frühbürgerlichen Revolution, im Werk Christa Wolfs isoliert. Es handelt sich nicht um eine Prosa der reflektierenden Erinnerung; der Stoff entstammt einer anderen Zeit als der, den Wolf als selbst erlebt verbürgen kann. Christa Wolf hat jedoch dezidiert ihr Interesse für den Till Eulenspiegel in den von ihr und Gerhard Wolf gewählten historischen Umständen als eine Möglichkeit hervorgehoben, Zeitinterpretation herzustellen.

»Uns interessierte von Anfang an eine Gestalt, die aus naiven, gläubigen Anfängen sich durch Lebenserfahrung herausarbeitend, am Ende die Machtverhältnisse und Konventionen ihrer Zeit durchschaut und, bis auf den Grund ernüchtert, aber nicht resigniert, mit ihnen umzugehen, ja zu spielen weiß. Eine Vorläufer-Figur, beileibe kein Revolutionär.« (LS 2, 89)

Diese Zeitinterpretation gelingt im Verfahren der Verfremdung, das es ermöglicht, »Probleme und Konflikte zu bearbeiten, die wir aus verschiedenen Gründen historisch konkret für die Gegenwart noch nicht aufwerfen oder aufwerfen können« (LS 2, 88).

Mit dem »Till Eulenspiegel« liefern die Wolfs auch einen Beitrag zur literarischen und historischen Erbeaneignung.

Inwieweit sie sich auf das Volksbuch von 1515 berufen oder in bewußter Abweichung davon neu konzipieren, weisen Meyer/Wulff, 1978, detailliert nach.

Zieht man das Geschichtsverständnis heran, das ihrer Neugestaltung des »Till Eulenspiegel« zugrunde liegt, so ist diesem ein Plädoyer für einen offenen Sozialismus zu entnehmen, der keine ›Gläubigen‹ braucht, sondern sozial und geistig reife, autonome Menschen. Auch in der Wendung der Wolfs gegen eine prinzipielle Abgeschlossenheit der sich final auf den Kommunismus hin entwikkelnden Geschichte liegt eine Abweichung vom traditionellen marxistischen Geschichtsverständnis. Über die Rolle des Till erschließt sich das Verständnis der Wolfs von der gesellschaftlichen Funktion des Schriftstellers.

»Till Eulenspiegel« ist, das wurde schon mehrfach erwähnt, als Filmerzählung geschrieben und in der Arbeitsfassung belassen worden, die dem Vorstellungsvermögen des Lesers freien Raum läßt. Der 1975 von Rainer Simon nach dem Volksbuch und nach der Filmerzählung von Christa und Gerhard Wolf geschriebene und inszenierte DEFA-Film ist bis heute umstritten; vermutlich liegt der Grund hierfür in den in Tills Außenseitertum drastisch zugespitzten revolutionären und resignativen Momenten des Films. Die Filmerzählung erfüllt, obwohl keine Prosa im eigentlichen Sinn, die Kriterien, mit denen Christa Wolf die Gattung epische Prosa in »Lesen und Schreiben« (1968) beschreibt, auf besondere Weise. Dieses zum Sehen geschriebene Buch lebt aus der Spannung zwischen der Offenheit der szenischen Anschauung und der Exaktheit der Sprache. Es handelt sich bei dem Text um eine Arbeitsanweisung für Schauspieler und Regisseur; der unabgeschlossene, der Ergänzung bedürftige Charakter der Filmerzählung bedarf der Phantasie des Lesers. Was das epische Theater Brechts erreichen will, indem es in einer kollektiven Erarbeitung den Gehalt eines Stückes darstellt, in welchem die Zuschauer mit den Schauspielern identisch sind (oder anders ausgedrückt: die Konsumenten mit den Produzenten), wird für epische Prosa in der vorliegenden Gestalt realisierbar. Wie Brecht gehen auch die Wolfs davon aus, daß der Gegensatz zwischen Lernen und sich Amüsieren kein naturnotwendiger sei. Dieser Gegensatz ist jedoch nur dann aufgehoben, wenn das Wissen in einem Stück Theater oder Prosa völlig umgesetzt ist in Kunst. Ohne gänzlich auf Emotionen zu verzichten, wählt das epische Theater nicht die Einfühlung, sondern die Verfremdung als Methode: einem Vorgang oder einem Charakter wird das Selbstverständliche genommen, über ihn wird Staunen erzeugt. Auf diese Weise gelingt dem epischen Theater die Zertrümmerung von Ideologie; es spricht nicht im Namen der Moral, sondern der Geschädigten, ist also parteiisch. In analoger Weise gelten diese Betrachtungen für die epische Prosa, wie sie in der Filmerzählung von Till Eulenspiegel vorliegt.

5 Die Aufarbeitung von Zeitgeschichte am Beispiel der persönlichen Biographie »Kindheitsmuster«

Faschismus-Bewältigung in der DDR-Literatur

In der Literatur der DDR gibt es zwei Phasen der literarischen Aufarbeitung des Faschismus. Einerseits erfolgte diese Aufarbeitung in der Heroisierung des antifaschistischen Widerstands, vor allem des kommunistischen; dies schloß jedoch keine Bearbeitung des alltäglichen Faschismus mit ein (vgl. »Nackt unter Wölfen« von Bruno Apitz oder »Das siebte Kreuz« von Anna Seghers). Zum anderen entstand – zeitlich etwas später – eine Art Entnazifizierungsliteratur, welche die Wandlung von Mitläufern des Nazi-Regimes bzw. ehemaliger Nazis zu überzeugten und bewährten Sozialisten gestaltete (vgl. die Figur des Rolf Metternagel in Christa Wolfs »Geteiltem Himmel«).

In einer an eine Lesung aus »Kindheitsmuster« (1976) anschließenden Diskussion kommentierte Christa Wolf die literarische Bewältigung des Faschismus: »Ein wenig stört mich, daß viele unserer Bücher über diese Zeit enden mit Helden, die sich schnell wandeln, mit Helden, die eigentlich schon während des Faschismus zu ziemlich bedeutenden und wichtigen Einsichten kommen, politisch, menschlich. Ich will keinem Autor sein Erlebnis bestreiten. Aber mein Erlebnis war anders. Ich habe erlebt, daß es sehr lange gedauert hat, bis winzige Einsichten zuerst, später tiefergehende Veränderungen möglich wurden. Mir scheint, man sollte das sagen.« (SuF 4/1976, 861)

Anders als in der Bundesrepublik kann in der DDR insgesamt eine umfassende Kenntnis des antifaschistischen Widerstands vorausgesetzt werden, die sowohl durch schulischen Geschichtsunterricht als auch durch Medien wie Literatur und Film vermittelt wurde und wird. Seit etwa Ende der sechziger Jahre haben einige Autoren das Thema Faschismus erneut aufgegriffen, um nun »den alltäglichen Faschismus in all seinen Rückwirkungen auf die Psyche der Mitläufer, der Mitbeteiligten nachzuspüren« (Behn, 1978, 61). Diese Prosa zeichnet sich durch einen Zugewinn an Realismus aus, da sie versucht, »durch Unmittelbarkeit, Authentizität, Tabuverletzung bisher nicht oder nur in Ansätzen thematisierte Ausschnitte der Wirklichkeit darzustellen« (ebda.). Im Unterschied zu »Der siebente Brunnen« von Fred Wander oder »Jakob der Lügner« von Jurek Becker hat »Kindheitsmuster« einen deutlichen Gegenwartsbezug.

Der umfangreiche, komplex strukturierte Roman umfaßt drei Ebenen des Erzählens; die Autorin folgt dabei dem Anspruch einer Übereinstimmung zwischen den Strukturen des Erlebens mit denen des Erzählens, wie sie ihn in dem Essay »Lesen und Schreiben« entwickelt hat. In der von November 1972 bis Mai 1975 datierten Erzählzeit bearbeitet die Autorin Erinnerungen und Dokumente über die biographisch angelegte Figur der Nelly Jordan, deren Kindheit und Jugend in der Zeit zwischen der Machergreifung der Nationalsozialisten und dem Ende des Weltkriegs, sowie Erinnerungen und Gespräche, die sich auf eine kurze Reise an die Orte ihrer Kindheit im Juli 1972 beziehen. Eingebettet in die reflektierende Erinnerung sind Überlegungen über das Funktionieren des Gedächtnisses, Erinnern und Vergessen, Fragen von Schuld und Verantwortung, Nachdenken über persönliche und gesellschaftliche Bedeutung des Schreibens.

»Kindheitsmuster«, im Jahr der Ausbürgerung Wolf Biermanns erschienen, löste in der DDR eine literaturpolitische Debatte mit sehr kontroversen Beiträgen aus. 1977 erhielt Christa Wolf den Bremer Literaturpreis, bei dessen Verleihung sie mit der kurzen Rede »Ein Satz« dankte.

Die mit A. Auers »Gegenerinnerung« in der Zeitschrift Sinn und Form eingeleitete, sehr vehement geführte Debatte um »Kindheitsmuster« fundierte schließlich die von einer großen Zahl von Beiträgen vorgetragene Verteidigung des Romans gegen die denunziatorische Kritik Auers. Auer und Jarmatz machten Wolf zum Vorwurf, sie spare den antifaschistischen Widerstand als »wichtigen Teilbereich der historischen Wirklichkeit« (Behn, 1978, 70) aus. Die differenzierte Besprechung des Romans von Sigrid Bock ist sicherlich die diskussionswürdigste; ihr gelingt eine überzeugende Beschreibung der komplizierten Erzählstruktur und der Problematik der Erzählerfigur, welche den Schlüssel zum Verständnis des Romans darstellt. Bocks Kritik, die sie aus der strukturellen Verkomplizierung, dem vielschichtigen Personengefüge sowie den Ergebnissen der methodologischen Reflexion ableitet, gilt vor allem der Gegenwartsebene des Romans.

In ihrem Gespräch mit Hans Kaufmann im Jahr 1974 hatte Christa Wolf bereits erklärt: »Für diejenigen, die in der Zeit des Faschismus aufwuchsen, kann es kein Datum geben, von dem ab sie ihn als ›bewältigt‹ erklären können. Die Literatur hat dem Vorgang nachzugehen, ihn vielleicht mit auszulösen: Eine immer tiefere, dabei auch immer persönlichere Verarbeitung dieser im Sinne des Wortes ungeheuren Zeit-Erscheinung. Übrigens fällt das sehr schwer, und gerade dieser Widerstand [...] deutet darauf hin, wie radioaktiv dieser Stoff noch ist. Haben wir uns vielleicht deshalb angewöhnt, den Faschismus als ein ›Phänomen‹ zu beschreiben, das außerhalb von uns existiert hat und aus der Welt war, nachdem man seine Machtzentren und Organisationsformen zerschlagen hatte?« (LS 2, 79f.)

Diese Haltung der Autorin mußte provozieren. »Kindheitsmuster« stellt wesentliche Inhalte des kollektiven Selbstverständnisses in Frage. Die Problematik der Schuld an Krieg und Völkermord wurde in der DDR für nicht relevant erklärt, weil sich Staat und Gesellschaft ausschließlich als Erben des proletarisch-revolutionären Potentials der Weimarer Republik und des antifaschistischen Widerstands verstehen und auf der Grundlage dieses Selbstverständnisses die Notwendigkeit der Auseinandersetzung mit dem Faschismus ausschließlich an die Bundesrepublik delegieren (vgl. Schachtsiek-Freitag, 1979, 112). Die Literatur der DDR, die sich mit dem Nationalsozialismus auseinandersetzte, hat diese Absolution nicht in Frage gestellt; die »Verfälschung der Geschichte zum Traktat« (KM 332) schien gelungen. Sie scheint jedoch nicht vollständig gelungen. Die Unwissenheit der jüngeren Generation, insofern sie durch die Verdrängungen der Älteren verursacht ist, beschreibt die Schriftstellerin Monika Helmecke in einem Leserbrief an Sinn und Form. Von den Älteren hörte sie »Luftschutzkellerbegebenheiten, Ausgebombtsein, das Kriegsende, Elend, Hunger. Mehr nicht. Niemals etwas von den Geschehnissen in der Zeitspanne davor, die zu all dem geführt haben. Davon ›haben wir nichts gewußt‹, ›wir haben es vergessen, Kind, wie lange ist das her‹« (SuF 1977, 679). Diese Reaktion ist beispielhaft; Anna Seghers greift sie in ihrem Geburtstagsbrief an die Freundin und Kollegin Christa Wolf auf, indem sie eine weitere Fragestellung hinzufügt: »Gab es denn wirklich unter den jungen Menschen soviel Unwissenheit? War die Unfähigkeit der Jungen zu fragen nicht genauso bestürzend, wie die der Alten zu antworten?« (SuF 1979, 282). In ihrer Erzählhaltung in »Kindheitsmuster« ist die Autorin sichtlich bemüht, dieses »Sich-nicht-erinnern-Wollen« (Helmecke) unmöglich zu machen; die Erzählerin schreibt, festhaltend an der Kategorie »moralisches Gedächtnis« (KM 459), gegen einen von der Geschichtsschreibung ihres Landes begünstigten Verdrängungsprozeß an. »Niemals haben Menschen so vieles vergessen sollen, um funktionsfähig zu bleiben, wie die, mit denen wir leben« (KM 451), schreibt die Erzählerin und nimmt sich nicht aus. Stellvertretend für die Generation der heute Fünfzigjährigen fragt Christa Wolf nach den Bedingungen für die Persönlichkeitsentwicklung derjenigen, deren Kindheit und Jugend von der nationalsozialistischen Ideologie und Gesellschaft nachhaltig geprägt worden sind. Ihre Antworten sind vielschichtig; »Kindheitsmuster« spürt den Verlusten und den widersprüchlichen Erinnerungen an Kindheit und Heimat nach; die Erzählerin versucht, die Funktionen des Gedächtnisses offenzulegen. Die Suche nach den Spuren der Kindheit im Leben der erwachsenen Frau führt zu einer Analyse gegenwärtiger Verhaltens- und Empfindungsmuster. Diese in der Kindheit, auch am Beispiel der damaligen Erwachsenen erworbenen Muster, die auf Autoritätsgläubigkeit, Mißtrauen, Intoleranz und Verdrängungsmechanismen beruhen, haben, wenn auch teilweise verdeckt, ihre Wirksamkeit bis in die Gegenwart einer sozialistischen Gesellschaft bewahrt.

Die Erzählerfigur als Zentrum der Struktur

»Kindheitsmuster« setzt die mit dem »Geteilten Himmel« begonnene und mit »Nachdenken über Christa T.« weitergeführte kritische Rückschau auf die frühen Phasen der DDR bis in die Gegenwart fort, eingedenk der Erkenntnis, daß das Vergangene nie als vergangen gelten kann, sondern stets in die Gegenwart hineinwirkt und für diese produktiv gemacht werden kann. Christa Wolfs Lebensgeschichte ist von diesem Grunderlebnis, Kindheit und Jugend im nationalsozialistischen Deutschland verbracht zu haben, tiefgehend geprägt. Ihr Nachdenken über die Gründe für die mehrfach konstatierte verspätete Reife ihrer Generation und ihre verzögerte Selbstfindung als Autorin fördert immer wieder jene »die ganze Person ergreifende Erfahrung« (LS 2, 64), jene Erschütterung zutage, die ihre eigene ›Wandlung‹ zur Sozialistin für sie bedeutete. Tatsächlich findet die »Wiedergewinnung der eigenen Vergangenheit« (Beicken, 1981, 127) in dieser radikalen, d.h. an die Wurzeln gehenden Weise erst relativ spät statt. Die zahlreichen Vorarbeiten, darunter verschiedene Auftragsarbeiten, verweisen jedoch nachhaltig auf die Kontinuität, die Wolfs Beschäftigung mit ihrer Vergangenheit prägt.

In »Über Sinn und Unsinn von Naivität« (1973) schreibt Christa Wolf: »Denn mit dem tiefen, nachhaltigen Entsetzen vor der Barbarei, die, solange von uns geleugnet, von unserem Land ausgegangen war, ist es nicht getan; auch nicht mit einer Ernüchterung, die sich nur auf vergangene Geschichtsabläufe bezieht. Wenn die Denk-Fehler erkannt, bereut, unter nicht geringer Anstrengung korrigiert waren, Ansichten und Meinungen, das ganze Weltbild sich radikal verändert hatten – die Art zu denken war nicht so schnell zu ändern, und noch weniger waren es bestimmte Reaktions- und Verhaltensweisen, die, in der Kindheit eingeschleust, die Struktur der Beziehungen eines Charakters zu seiner Umwelt weiter bestimmen: die Gewohnheit der Gläubigkeit gegen übergeordnete Instanzen, der Zwang, Personen anzubeten oder sich doch ihrer Autorität zu unterwerfen, der Hang zu Realitätsverleugnung und eifervoller Intoleranz. [...] Das alte hypertrophe Selbstbewußtsein [...], verdientermaßen zerstört, war nicht einfach durch ein fertiges neues zu ersetzen. Um aber doch weiterleben zu können, griff man begierig auch nach nicht vollwertigen Ersatz-Teilen, einem neuen blinden Glaubenseifer [...] und der anmaßenden Behauptung, ein für allemal im Mitbesitz der einzig richtigen, einzig funktionierenden Wahrheit zu sein.« (LS 2, 64 f.)

Die Vorarbeiten zu dieser bisher umfangreichsten und von der Erzählstruktur her kompliziertesten Prosaarbeit Christa Wolfs reichen bis in die Entstehungszeit von »Nachdenken über Christa T.« zurück. Einige Episoden, die dort als Erlebnisse der Christa T. berichtet werden, sind in »Kindheitsmuster« Erlebnisse der biografischen Figur Nelly; andererseits wird von einer Mitschülerin Nellys namens Christa T. berichtet, die Nelly später aus den Augen verliert (vgl. KM 213). Zu den Vorarbeiten im weiteren Sinn gehören die kurze Prosaskizze »Fünfundzwanzig Jahre« (1966) sowie der Essay »Tagebuch – Arbeitsmittel und Gedächtnis« (1966), die einerseits über die Befreiung vom Faschismus, andererseits über die Möglichkeit, Faschismus erinnernd und erzählend zu bewältigen, reflektieren. Als Vorarbeiten im engeren Sinn sind die beiden Prosaskizzen »Blickwechsel« (1970) und »Zu einem Datum« (1971) anzusehen, beides Auftragsarbeiten.

»Blickwechsel«, geschrieben zu einem Jahrestag des 8. Mai 1945, der Befreiung vom Faschismus, markiert die Nahtstelle, die dieser Tag für Wolfs Biografie bedeutete. »Zu einem Datum« nimmt Bezug auf den 21. 4. 1946, den Tag des Zusammenschlusses von KPD und SPD in der damaligen sowjetischen Zone. Diese beiden Beiträge zu wichtigen Daten der DDR-Geschichte weisen die für Wolf charakteristische Betrachtungsweise auf, Geschichte als persönliche Erfahrung und mit subjektiver Färbung zu gestalten. Die Stichworte »Befreiung« und »Gründung der SED« nutzt sie als Appelle an ihr Gedächtnis, die entsprechenden Szenen der eigenen Biografie hervorzubringen. Das Bestehen auf der unverwechselbaren subjektiven Erfahrung bedeutet hier: »Die Zeit wird auseinanderbrechen in ›davor‹ und ›danach‹, und niemand sollte sich darüber täuschen, daß dieser Riß heilbar sein könnte.« (LS 1, 24) In dem Essay »Gedächtnis und Gedenken« (1972) diskutiert Wolf im Nachdenken über die Schreibstrategie Fred Wanders in seiner Erzählung »Der siebente Brunnen«, die Erinnerung an Gefangenschaft im KZ bearbeitet, Möglichkeiten der Sprache, verdrängte und im tiefsten Wortsinn unsagbare Erinnerungen aufzuarbeiten. Aus diesen Reflexionen ergibt sich für ihre eigene Arbeitsweise die Zentrierung auf Psyche und Gedächtnis der eigenen Person; die Bevorzugung einer assoziativen Methode, dem Strom der Erinnerung folgend die »authentische Sprache der Erinnerung« (LS 1, 139) schaffen zu können; die Hoffnung, mit dieser außerordentlich schwierigen erzählerischen Arbeit den »Vorgang der Selbstbefreiung« (LS 1, 142) für sich als Autorin erfahren zu können.

Die eigentliche Arbeit an »Kindheitsmuster« beginnt Christa Wolf im November 1972; im Mai 1975 ist sie abgeschlossen. Vorausgegangen war eine Reise der Autorin mit Mann, Bruder und jüngster

Tochter an die Orte ihrer Kindheit im heutigen Polen. Das Wechselspiel zwischen erzählerischer und essayistischer Annäherung an einen Stoff bei deutlicher Präferenz der Prosa ist charakteristisch für das Werk Christa Wolfs. »Den Kern der Wirklichkeit, den das Kunstwerk sucht, kann nur das Kunstwerk freilegen«, schrieb sie 1966 (LS 1, 74). Innerhalb ihres Gesamtwerks kommt »Kindheitsmuster« deshalb eine besondere Bedeutung zu, weil dieser Roman aufgrund seiner vielschichtigen Struktur »wie eine Zusammenfassung alles bisher Gedachten und Aufgezeichneten« (Bock, 1977, 103) Christa Wolfs wirkt. »Kindheitsmuster« setzt sich aus drei unterschiedlichen Text- und Zeitschichten zusammen, die jeweils durch ein eigenes Figurenensemble und durch eine jeweils bevorzugte Darstellungsweise charakterisiert sind. Den Zeitebenen Kindheit (1933–1947), Reise nach Polen (1971) und Zeit der Niederschrift (1972–1975) entsprechen zugleich verschiedene Stufen der Annäherung an die eigene Geschichte und Identität der Autorin, die mit der Erzählerin identisch ist. Zentrale Figur, von welcher aus sich die komplexe Romanstruktur erschließt, ist die Erzählerin, in deren Gedächtnis, Erinnerung, Reflexion und Assoziationen sich alle drei Schichten mischen. Die drei Text- und Zeitschichten sind zwar in sich annähernd chronologisch geordnet, aber nicht voneinander getrennt, so daß sie im Verlauf der achtzehn Kapitel in assoziativem Wechsel aufeinander folgen. Auf diese Weise entsteht, einem inneren Monolog ähnlich, »ein kompliziertes Erzählgeflecht, in dem die einzelnen Teile sich in bunter Mischung verschränken, verbinden, kombinieren« (Bock, 1977, 105). Diese ständigen Wechsel zwischen den verschiedenen Text- und Zeitschichten verweisen auf das Problem der Identität bzw. Nicht-Identität der Erzählerin mit dem Kind Nelly und der erwachsenen Frau auf der Suche nach den Spuren ihrer Kindheit.

»Im Ansatz handelt es sich um ein autobiographisches Buch, aber die Beziehung zum eigenen Leben erweist sich durch verschiedene Momente gestört; die Künstlerin kann nur in einer spezifischen Weise mit dem autobiographischen Material arbeiten: Es scheint ihr unmöglich, von Anfang an das einfache autobiographische Ich anzusprechen; der autobiographische Gehalt des Materials zwingt zu einer mehrfachen Auflösung im Redegestus.« (Bock, 1977, 106) Zwei in sich widersprüchlich scheinende, vor dem Hintergrund dieser These jedoch einleuchtende Aussagen Wolfs bestätigen diese. So betont Christa Wolf einmal das Fiktive des Romans: »Alle Figuren in diesem Buch sind Erfindungen der Erzählerin« (KM 6), ein anderes Mal das Biographische: »[...] ich kaschiere an keiner Stelle, daß es sich sozusagen um Autobiographisches handelt, das wird nicht verschwiegen. Wobei dieses ›sozusagen‹ wichtig ist, es ist nämlich keine Identität da.« (SuF 4/1976, 867)

Über die aus der Identitätsproblematik folgerichtig entwickelte Schreibtechnik in der dritten, zweiten und ersten Person reflektiert die Erzählerin bereits zu Anfang des Romans (KM 9) und weist damit implizit auf das Ziel dieses komplizierten Erzählens hin: »Die Aufspaltung im Redegestus, einzige Form möglicher Sprachäußerung zu Beginn des Romangeschehens, soll durch den Prozeß des Erzählens bewältigt, das bislang Getrennte zusammengeschlossen werden.« (Bock, 1977, 106) Die abschließenden Sätze des Romans bestätigen, daß dieses Ziel erreicht worden ist: das Mädchen Nelly, die erwachsene Frau und die Erzählerin verbinden sich zu einer einzigen Person. Dies wiederum ist die Voraussetzung dafür, daß die Erzählerin das ›Ich‹ in seinem autobiographischen Gehalt gebrauchen, ja überhaupt mit dem Erzählen beginnen kann.

Mit dieser Auffassung vom Ziel des Erzählens – als Zu-sich-selber-Kommen – steht Christa Wolf weiterhin innerhalb der Grenzen ihrer in »Lesen und Schreiben« entwickelten Prosatheorie, die sie möglicherweise am deutlichsten, was Verlauf und Ziel des Erzählens betrifft, in »Unter den Linden« realisiert hat. Auch dort kann die Erzählerin mit dem Schreiben erst beginnen, wenn sie die ihre Identität bedrohende Krise überwunden und wieder zu sich selbst gefunden hat; gleichzeitig sind Überwindung und Selbstfindung Ergebnis des Erzählvorgangs.

Das Ergebnis ihrer Schreibarbeit, wie es sich in den letzten Sätzen des Romans manifestiert – eine nachhaltige Erweiterung der »Grenzen des Sagbaren« (KM 530) bei gleichzeitiger Festigung der Ich-Identität der Erzählerin –, faßt Christa Wolf in einem Kommentar zusammen: »Es geht zu Ende, indem diese dritte Person, Nelly, und die ›Du‹-Person, die darin ist, zusammenlaufen und eine Person sind, die ›ich‹ ist, von der dann auf andere Weise berichtet werden müßte: anders und auf andere Weise.« (ebda.)

Mit diesem programmatischen Kommentar beendet Wolf eine außerordentlich wichtige Phase ihrer schriftstellerischen Arbeit, die sie mit anderen Akzenten fortsetzt.

Die Identitätskrisen in »Kindheitsmuster« haben eine Entsprechung in einer Art Sprachskepsis Christa Wolfs, die, ein »Resultat schriftstellerischer Erfahrung« (Jäger, 1979, 135), sich seit Beginn ihrer Schreibarbeit in einem Spannungsfeld zwischen Zuversicht und Desillusionierung entwickelt hat. Manfred Jäger, der Christa Wolfs Prosa von der »Moskauer Novelle« bis zu »Kein Ort. Nirgends« untersucht, kommt für »Kindheitsmuster« zu dem Ergebnis, daß die »Sprachzweifel für diesen Text strukturbestimmend« (Jäger, 1979, 140) seien.

Die für das Verständnis des Romans wichtigste Textschicht, die Erzählgegenwart, ist in sich wiederum mehrfach geschichtet. Sie enthält Berichte und Reflexionen aus der Perspektive der Erzählerin, über die beiden anderen Textschichten, über das Funktionieren des Gedächtnisses und über das Schreiben. Die am Ende der Schreibarbeit mit der Autorin identisch werdende Erzählerin gebraucht die Ich-Form; was sie berichtet, kann zwei thematischen Strängen zugeordnet werden. Der eine Strang verbindet in lockerer Aneinanderreihung alltägliche Episoden aus dem Familienleben der Erzählerin, aus der Schulzeit der Tochter Lenka, einen Bericht von einer Lesung des im Entstehen begriffenen Romans, aktuelle Nachrichten über faschistische Regimes in Chile, Griechenland, Zypern.

Insbesondere diese Nachrichten mobilisieren weitreichende Reflexionen, die sich zu einer Anklage gegen das Schweigen und die Gleichgültigkeit heutiger Zeitgenossen verdichten, zu denen sich auch die Erzählerin rechnet. Sie zieht Analogien zwischen den ›unbeteiligten‹ Erwachsenen, an die sie sich aus ihrer Kindheit erinnert, und den Bürgern der DDR. Am Schreibtisch sitzend hört die Erzählerin, beispielsweise, im Radio von der Mobilmachung in Palästina. Sie erinnert die Einberufung des Vaters bei Kriegsbeginn vor etwa vierzig Jahren und ihre Angst, ihn nicht wiederzusehen. Sie stellt sich vor, damals habe in einem anderen Land ein Zeitgenosse die Nachricht vom Überfall der Deutschen auf Polen gehört, so wie sie jetzt die Nachricht aus Palästina hört. Vor ihrem inneren Auge sieht die Erzählerin Kinder, gerade so alt wie sie damals, ihre Väter begleiten. Sie macht sich eindringlich bewußt, daß sie als Zeitgenossin dieser Jahre und im Zeitalter der modernen Massenkommunikationsmittel sich nicht wird einreden können, sie habe nichts gewußt. Ihrer Verantwortung für das, was sie sieht, hört, weiß und empfindet versucht sie gerecht zu werden, indem sie schreibt mit der größten Genauigkeit, die ihr möglich ist.

Im zweiten Strang der Erzählgegenwart montiert die Erzählerin Fakten und Gedanken zu Stichworten wie Gedächtnis, Heimweh, Hörigkeit, Verführung, Angst, Vernunft, Schuld, Vorstellungskraft u.a.m. Das Funktionieren des Gedächtnisses, das Verhältnis der Strukturen des Erlebens zu denen des Erzählens und Gedanken über die Verantwortung von Literaturproduktion bilden zentrale Punkte, um welche das Erzählen kreist.

Die Erzählerin erlebt während des Schreibvorgangs, welchen Widerstand das Gedächtnis dem Erinnern entgegensetzt. Es geht ihr nicht nur darum, im eigenen Erleben Barrieren zwischen verschiedenen subjektiven Bewußtseinsformen zu überwinden; sie sucht vielmehr nach eine Methode, erzählend dem Vergessen und Verdrängen entgegenzuarbeiten, Erinnerungsmuster und Verdrängungsmechanismen aufzubrechen, um die Arbeit der Bewältigung in psychischem wie im politischen Sinn zu leisten. Die Erzählerin erfährt, daß die erinnernde Berührung mit früheren Zeiten schmerzt, daß Ängste und bedrohliche Träume sich einstellen. So dekonstruiert sie beispielsweise ihre illusionäre Erinnerung an eine glückliche Kindheit. Das erinnernde Bewußtsein muß durch die Blockade des Unbewußten dringen, die Einblicke verwehrt und keine Bilder herausgibt. Die Ursache dieser Blockade ist ein Mechanismus, der die Eltern schützt. Die Sprache hat ein Wort dafür, das Dankbarkeit heißt. Die Sprache, die ›danken‹ und ›denken an‹ aus derselben Wurzel kommen läßt, diktiert damit das Gesetz: wenn du an jemanden denkst, dann sei dankbar. ›danken‹ liegt außerdem nahe bei ›schulden‹. Auf hartnäckiges Bohren, ob denn das Kind Nelly Grund zur Dankbarkeit gegenüber den Eltern habe, erinnert die Erzählerin eine Szene, die Ursache nicht für Dankbarkeit, sondern für Schmerz und Angst gewesen sein dürfte.

Nellys Mutter überließ ihre beiden kleinen Kinder Verwandten, mit denen sie die Flucht antraten, während sie selbst Haus und Laden hüten wollte. Das Gedächtnis, das eine solch traumatische Erfahrung entläßt, liefert zugleich auch rationalisierte Erklärungen für das Verhalten der Mutter. Ihr Unbewußtes führt der Erzählerin in einem Traum drastisch vor Augen, welche Strafe ihr blühe, sollte sie es wagen, der Mutter im Nachhinein Vorwürfe zu machen. In diesem Fall, so träumt die Erzählerin, werde ihr die »Schreibhand« wegoperiert.

Als Substanz der Erinnerung macht die Erzählerin Bilder und Szenen aus, die sich nachhaltiger eingeprägt haben als Worte.

Die ›Grenzen des Sagbaren‹ erweitert die Erzählerin um ihre Erträge aus Traum- und Gedächtnisarbeit. Durch ihre intensive Beschäftigung mit der Vergangenheit und mit deren spürbarem Einwirken auf die Gegenwart entsteht ein Frageraum, innerhalb dessen sich die Erzählerin an ihre Identität heranarbeitet, generationstypische Erfahrungen miterfassend. Ihre eigenen Veränderungen in den Jahren, die zwischen dem Ende der Kindheit und ihrer Reise an die Orte dieser Kindheit liegen, hindern die Erzählerin an der vorbehaltlosen Identifikation mit dem Kind, das sie damals war und das noch in ihr lebt. Diesem Fremdheitsgefühl trägt sie Rechnung, indem sie in den drei Textschichten jeweils die Personalpronomina sie, du, ich gebraucht. Sprachlos bleiben oder in der dritten Person leben, schien ihr die Alternative; also verwendet sie für die dritte Textschicht, die von Kindheit und Jugend der Nelly Jordan handelt, das distanzierende ›sie‹, während sie in der zweiten Textschicht, dem Bericht von der Reise nach Polen, die erzählerische Distanz auf das ›du‹ der zweiten Person verringert, die mit der ersten in einem Dialog steht. Bestimmend für die zweite Textschicht, die vermittelnd zwischen den beiden anderen steht, sind Gespräche, Meinungen, Erinnerungsfetzen und Träume. Die Erzählerin erlebt während ihrer Reise an die Orte ihrer Kindheit, daß ihr diese keine wirkliche Heimat, sondern nur noch die Erinnerung daran sein können. Diese Einsicht nimmt die Erzählerin zum Anlaß, sich Rechenschaft zu geben über die um so größere Hoffnung, in dem

Land, in dem sie heute lebt, eine Heimat finden zu können. In der DDR findet sie jedoch zahlreiche Beispiele dafür, daß die faschistische Vergangenheit nicht bewältigt, sondern nach den bekannten Mustern verdrängt worden ist: junge Arbeiter gehen mit plärrenden Kofferradios über das Gelände des ehemaligen KZs Ausschwitz, Studenten aus der DDR grölen in Prag betrunken das Lied vom Polenstädtchen, die Tochter Lenka erfährt im Geschichtsunterricht nichts mehr von Schreibtischtätern wie Eichmann.

Die dritte und zeitlich entfernteste Erzählschicht, von welcher die Erzählerin mit der größten Distanz berichtet, behandelt die Geschichte der Nelly Jordan, der Tochter eines Kaufmanns in einer Kleinstadt an der Warthe, in den Jahren 1933 bis 1947. Eine große Zahl von Nebenfiguren und die plastische szenische Gestaltung von Familienepisoden und Erlebnissen des Mädchens Nelly bestimmen diese Textschicht in assoziativem Wechsel von Erinnertem, Erfundenem und authentisch Rekonstruiertem. Während historische Ereignisse – die Machtübernahme der Nationalsozialisten, der spanische Bürgerkrieg, die Moskauer Prozesse, Stalingrad, die Befreiung durch die Rote Armee – die äußere Chronologie punktuell markieren, entwerfen Ereignisse privater Art die Linie der inneren Entwicklung Nellys. Wie Haß gegen Juden und Kommunisten entsteht, was Nelly von der planmäßigen Vernichtung der Juden erfährt, ihr Hineinwachsen in die Hitler-Jugend, ihre Begeisterung für die nationalsozialistische Lehrerin Juliane Strauch, die Nelly das Wort Hingabe ein für allemal verdächtig macht – dies sind Bruchstücke einer Entwicklung, bei der kleinbürgerliches Elternhaus und nationalsozialistische Schule und Jugendorganisation verhängnisvoll zusammenwirken. Die Erzählerin versucht offenzulegen, wie sich bei Nelly Wahrnehmungs- und Verhaltensmuster in Anlehnung an das Verhalten der Eltern und anderer Erwachsener ausbilden und diagnostiziert als wesentlichstes Moment dieser Muster Verdrängungsmechanismen: wegsehen, weghören, verstecken, verschweigen, lügen. Wo die Erzählerin durch Verdrängung entstandene Lücken in ihrer Erinnerung aufspürt, rekonstruiert sie diese aus dem Fundus ihres heutigen Wissens und ihrer veränderten politischen Haltung. Sie deckt bei dieser mühevollen Arbeit das »schauerliche Geheimnis der Menschen dieses Jahrhunderts« auf: »wie man zugleich anwesend und nicht dabei gewesen sein kann« (KM 51).

Beispielsweise berichtet die Erzählerin von Nelly, sie habe im April 1945 den Namen Ausschwitz noch nicht gehört. Heute jedoch weiß die Erzählerin: »Am 21. April trieb die SS-Wachmannschaft 35000 Häftlinge aus dem Konzentrationslager Sachsenhausen auf einen Marsch, der jetzt in den Geschichtsbüchern als Todesmarsch verzeichnet ist. Auf dem Weg nach Mecklenburg werden fast 10000 Häftlinge von den Bewachern erschossen. Nellys Treck war diesem Zug voraus, der auf anderen Straßen, aber in der gleichen Richtung sich hinschleppte. Sie hat keinen der Toten gesehen, weiß nicht, ob die Einwohner der Städte und Dörfer, an deren Straßenrändern sie gelegen haben müssen, oder Flüchtlinge, die sie fanden, sie schnell beerdigt haben oder liegenließen. Sie hat dann Überlebende dieses Todesmarsches gesehen.« (KM 386)

Die Begegnung mit einem ehemaligen KZ-Häftling, dessen Satz »Wo habt ihr bloß alle gelebt?« für Nelly, die ihn erst Jahre später wirklich verstand, zu einer »Art von Motto« (KM 39) wurde, gehört in eine andere Reihe von Erinnerungen: Erinnerungen an die Flucht, an den Tod der Großeltern, die erste Bekanntschaft mit sowjetischen Menschen und, später, mit der sowjetischen Literatur.

Die Kindheitsgeschichte der Nelly Jordan erfährt der Leser auf zwei Wegen: in der szenischen Gestaltung von Episoden und in der nachdenkenden, den Leser einbeziehenden Reflexion der Erzählerin. Zentral für die Entwicklung Nellys, innerhalb derer keine »antifaschistische Wandlung« (Bock, 1977, 112), sondern höchstens deren Vorzeichen gestaltet werden (was deshalb möglich ist, weil sowohl die Erzählerin/Autorin als auch die Mehrzahl der Leser in der DDR diese Wandlung vollzogen haben), ist das Zusammenwirken von kleinbürgerlichem Milieu und Strukturen in Schule und Gesellschaft. Die Folgen dieser ideologisierten Erziehung Nellys, wie sie sich in ihrem Verhalten und in ihrer Psyche niederschlagen, werden von der reflektierenden Erzählerin erkundet, analysiert und freigelegt mittels verschiedener Techniken von der Trauminterpretation bis zur wissenschaftlichen Analyse. Sowohl in ihrer Untersuchung der Entwicklungsbedingungen Nellys als auch in ihren dokumentarischen Ergänzungen erfaßt die Erzählerin ausschließlich eine Gesellschaftsschicht im nationalsozialistischen Deutschland, nämlich das Kleinbürgertum. Die Arbeiterschaft, die bis zu einem gewissen Grade ebenfalls zu einem Träger faschistischer Ideologie und Politik wurde, blendet sie aus. Das Kleinbürgertum faßt die Erzählerin als diejenige Schicht auf, »in die faschistische Ideologie in breitem Maße einzuströmen vermochte und die ihrerseits dem faschistischen Regime zu schnellem Ausbau der Massenbasis verhalf« (Bock, 1977, 114). Vor diesem Hintergrund kann Nellys Entwicklung und Erziehung während der Jahre der nationalsozialistischen Herrschaft in Deutschland nicht als wirkliche Entwicklung im Sinn einer Persönlichkeitsausbildung charakterisiert werden, sondern im Gegenteil als ein »allmähliches Auslöschen humanistischer Menschenmöglichkeiten« (Bock, 1977, 117). Dieses Faktum entlarvt den menschenfeindlichen Charakter des Nationalsozialismus ebenso wie die Brauchbarkeit des kleinbürgerlichen Milieus für dieses System.

Die erzählerische Gestaltung als Versinnlichung von Geschichte

In dem Gespräch mit Hans Kaufmann charakterisiert Christa Wolf, die zu dieser Zeit bereits an »Kindheitsmuster« arbeitete, ihr aus der besonderen Situation ihrer Generation erwachsendes Herangehen an das Thema Faschismus: »Was unsere Generation erlebt hat, wird nie wieder eine Generation erleben: in der einen Gesellschaft aufzuwachsen, erzogen, geprägt zu werden und in der anderen – in unserer – die Möglichkeit zu einer an die gesellschaftlichen Wurzeln gehenden Kritik und Selbstkritik zu haben, zum Denken, Verstehen, Handeln zu kommen, dabei in neue, gewiß nicht einfache Widersprüche und Konflikte gestellt zu sein, mehr: diese Widersprüche selbst mit herzustellen und an ihrer Überwindung mitzuarbeiten, und dabei doch Verhaltensmuster nicht verleugnen zu können, die Kindheit und Jugend bestimmten.« (LS 2, 86) Als ein »elementares gesellschaftliches Interesse« wertet Wolf in diesem Gespräch, den »fast verlorengegangenen Bezug zwischen diesem Abschnitt unserer persönlichen Geschichte und der Gegenwart wiederherzustellen«. (LS 2, 87) Dieser Aufgabe unterzieht sie sich in »Kindheitsmuster«: sie leistet mit den Möglichkeiten des Prosaautors eine Analyse der »Struktur der Vergangenheitsbeziehungen meiner Generation, d.h. Bewältigung der Vergangenheit in der Gegenwart« (LS 2, 85).

Wolfgang Emmerich stellt vor allem den Aspekt der persönlichen Bewältigung und der damit notwendig einhergehenden Trauerarbeit in den Vordergrund seiner Betrachtung von »Kindheitmuster«, der er den zutreffenden Titel »Kampf um die Erinnerung« gibt. Indem die Autorin ihre Trauerarbeit vor allem um die Opfer des deutschen, aber auch des chilenischen und griechischen Faschismus leistet und niederschreibt, vermittelt sie ihren Lesern die fundamentale Bedeutung der Fähigkeit zu trauern. Indem sie eine ganz bestimmte Gestaltungsweise wählt, schafft sie die notwendige Voraussetzung für eine nachhaltige Wirkung auf den Leser. Ihre poetische Gestaltung leistet »in ihrer Verbindung von höchst subjektiver und geschichtlicher Anamnese etwas, das den Bildern der Wissenschaft abgeht: Individualisierung und Versinnlichung [...], Betroffenheit, betroffen-machen-Können als unabdingbare Voraussetzung für die Veränderung der eigenen Person« (Emmerich, 1979, 114). Der – bei aller persönlichen Betroffenheit der Autorin – letztlich gesellschaftliche Ansatz des Erzählens in »Kindheitsmuster« zielt auf ein verändertes, intensiviertes und (selbst)kritisches Verständnis dieser wichtigen historischen Epoche sowohl bei der Generation der etwa Fünfzigjährigen als auch bei deren Kindern. Am Beispiel der Tochter Lenka stellt die Erzählerin für die Schulen ihres Landes fest, daß diese den Jugendlichen ein »echtes Frageverhalten gegenüber dieser Zeit« (SuF 4/1976, 869) abgewöhnt haben bzw. nicht haben wecken können. Ausgehend von dieser Erkenntnis will die Autorin Christa Wolf nicht stellvertretend Bewältigungsarbeit leisten – »Sechs Millionen ermordeter Juden sind nicht zu bewältigen. Es ist nicht zu ›bewältigen‹, daß zwanzig Millionen sowjetischer Menschen umgebracht worden sind«, sagt Wolf in der Diskussion nach einer Lesung aus »Kindheitsmuster« (1976) –, sondern die Muster von damals schreibend aufbrechen, emotionale Betroffenheit, Mitgefühl, Trauer wecken anstatt Schuldgefühl, das erneutes Verdrängen- und Vergessenwollen provoziert.

Kann Literatur verhindern helfen, daß sich solche Erfahrungen wiederholen? Christa Wolf hat als noch sehr junge Frau das Aufbrechen alter Verhärtungen erfahren in Gesprächen mit kommunistischen Schriftstellern und aus der Lektüre ihrer Bücher; die Wirkung dieser Literatur auf ihre Gedankenwelt und Psyche hat sie wiederholt beschrieben, unter anderem in ihrem Nachwort zu einer Ausgabe des »Siebten Kreuzes« von Anna Seghers. Eine ähnliche Wirkung möchte Wolf mit »Kindheitsmuster« erreichen; rückhaltlos und mit großer »Kraft der sinnlichen Vergegenwärtigung« (Emmerich, 1979, 113) bemüht sich Wolf in dieser komplexen Arbeit, jenen »vergessenen, verdrängten, unterschlagenen Faschismus« (ebda.), den sogenannten alltäglichen Faschismus herauszuarbeiten anhand damals gelernter, heute noch wirksamer Muster im menschlichen Denken und Handeln. So ist »Kindheitsmuster« zu lesen als der »hartnäckig bohrende, vor Verletzungen ihrer selbst nicht zurückschreckende Versuch, den historischen Faschismus wie die unmittelbar gelebte Gegenwart aus ihrer eigenen Biographie, ihrer beschädigten Kindheit heraus verstehbar und handhabbar zu machen, die ›verfluchte Verfälschung der Geschichte zum Traktat‹ zu überwinden« (ebda.). Der Roman »Kindheitsmuster« ist auch eine andere Art Geschichtsbuch. Die erzählerischen Voraussetzungen eines solchen Unternehmens hatte Christa Wolf bereits in »Lesen und Schreiben« definiert. Die Gattung epische Prosa, schrieb sie dort, solle sein wie ein Instrument: »scharf, genau, zupackend, veränderlich«, und sie müsse es wagen, »auf noch ungebahnten Wegen in das Innere dieses Menschen da, des Prosalesers, einzudringen. In das innerste Innere, dorthin, wo der Kern der Persönlichkeit sich bildet und festigt« (LS 1, 207). Was Wolf am Beispiel Dostojewskis und Büchners als äußerst produktive Mischung von Stoff und Autor beschreibt und fordert, gilt gerade hinsichtlich des Romans »Kindheitsmuster« für sie selbst. Am Beispiel der eigenen Geschichte arbeitet sie Zeitgeschichte auf – intensiver, vielschichtiger und sinnlicher, als es aufgrund von Quellen und Fakten in einer historischen Abhandlung möglich wäre. Im Nachdenken über die Frage »Wie sind wir so geworden, wie wir sind?« ist »Kindheitsmuster« ein durchaus »streitbares Buch« (Bock, 1977, 110) geworden, denn es erklärt die Bewältigung des Faschismus für nicht abgeschlossen und nicht abzuschließen. In ihrer Haltung, »im Bewußtsein eines Volkes keine Lücken zu dulden« (Bock, 1977, 109), steht Christa Wolf in der Tradition der antifaschistischen Schriftsteller der Generation vor ihr. Wie Anna Seghers, die den durch innere Veränderung erreichten Abstand zu einem Erlebnis zur Voraussetzung für dessen erzählerische Bearbeitung erklärte, stellt Christa Wolf die lange Zeit, die sie bis zum Beginn ihrer Erinnerungsarbeit brauchte, in Beziehung zu der »Schwere der Betroffenheit [...], der Verletztheit, der Verwundung« (SuF 4/1976, 878) durch diese Erfahrungen. Trotz ihrer existentiellen persönlichen Betroffenheit setzt Wolf nun nicht auf eine durchgängig autobiographische Darstellungsweise, sondern ihr erzählerisches Konzept baut vielmehr auf einer »Verschmelzung von Fiktivem und Autobiographischem« (Bock, 1977, 112) auf. Die diesem Konzept zugrunde liegende Erzählhaltung hat Wolf in dem Essay »Lesen und Schreiben« (1968) theoretisch begründet und in dem Gespräch mit Kaufmann (1974) zusammengefaßt. In diesem Gespräch beschreibt sie u. a. ihre Erfahrung als Prosa-Autorin mit Situationen, in denen sie die Notwendigkeit empfand, »das strenge Nacheinander von Leben, ›Überwinden‹ und Schreiben aufzugeben und um der inneren Authentizität willen [...] den Denkprozeß [...] fast ungemildert im Arbeitsprozeß mit zur Sprache zu bringen [...]«. (LS 2, 73) Dies hat sie zum Strukturprinzip in »Kindheitsmuster« gemacht, dessen Schnittpunkte dreier Textschichten sich in der Figur der Erzählerin treffen. 1968 hatte Wolf geschrieben, der Autor sei ein »wichtiger Mensch« (LS 1, 213); die mit der Autorin schließlich identisch werdende Erzählerin ist die eigentliche Hauptfigur in »Kindheitsmuster«. Die Haltung der subjektiven Authentizität erweist sich in »Kindheitsmuster« als eine fruchtbare »Suche nach neuen Möglichkeiten, den Autor auf neue Art zum Schnittpunkt von Objektivem und Subjektivem werden zu lassen« (Bock, 1977, 112), der so persönliche, zugleich gesellschaftlich bedeutsame Erfahrung vermittelt. Da Erzählen für Wolf »wahrheitsgetreu zu erfinden auf Grund eigener Erfahrung« (LS 1, 199) bedeutet, kann es sich nur um ›sozusagen‹ Autobiographisches handeln, um die in der gegenseitigen Durchdringung der Objektivität des Stoffes und der Subjektivität des Autors neu entstehenden Realität der Prosa, die »›wirkliche‹ Häuser, Straßen, Wohnungen und Treppen mühelos mit sich führt, aber natürlich des Beweises, daß eben diese Häuser und Kämmerchen genauso vorhanden sind, wie sie beschrieben wurden, keineswegs bedarf« (LS 1, 212).

Die Folgen der Biermann-Ausbürgerung

Christa Wolf hat 1976 in Folge ihres und anderer Schriftsteller Eintretens für Wolf Biermann erneut die Engstirigkeit derjenigen erfahren, die in der DDR den Sozialismus verwalten. Mit ihrem Plädoyer für einen offenen Sozialismus befindet sie sich, gemeinsam mit einigen Schriftstellerkollegen, in Opposition zur staatstragenden Partei, der SED, der sie gleichwohl ihre kritische Loyalität nicht entzieht.

Dem Dichter und Liedermacher Wolf Biermann, der seit 1965 Auftrittsverbot in der DDR hat, wird 1976 während eines Auftritts in der BRD das Aufenthaltsrecht für die DDR entzogen, deren Bürger er ist. Am Tag darauf, dem 17. 11. 1976 bitten eine Reihe Schriftsteller, darunter Stephan Hermlin, die Wolfs, Sarah Kirsch, in einem offenen Brief, den sie an das »Neue Deutschland« und, mit einer Sperrfrist von drei Stunden, an die französische Nachrichtenagentur AFP schicken, »die beschlossene Maßnahme zu überdenken« (veröffentlicht in: Zeit, 3. 12. 76). Daraufhin eröffnet das ND eine Kampagne gegen Biermann und die namentlich nicht genannten Kritiker des Ausbürgerungsbeschlusses; wenig später verhandelt die Parteiorganisation der berliner Sektion des Schriftstellerverbandes gegen diese Schriftsteller. Die Bestrafung von Christa Wolf – ihr Mann Gerhard wird aus der Partei ausgeschlossen – und Günter Kunert wird vorläufig ausgesetzt, weil sie die Verhandlung physisch und psychisch nicht durchstanden. Christa Wolf hatte einen Herzanfall. Am 20. 12. 76 wird neben Jurek Becker, Günter de Bruyn, Sarah Kirsch, Ulrich Plenzdorf und Volker Braun auch Christa Wolf aus dem Vorstand der berliner Sektion des Schriftstellerverbandes ausgeschlossen. Ende Dezember 1976 erscheint Wolfs Roman »Kindheitsmuster«. Am 20. 1. 1977 werden die Parteiverfahren gegen Christa Wolf und Günter Kunert nachgeholt. Wolf erhält, wie Hermlin, eine strenge Rüge. (vgl. Werth, 1978)

Im Leipziger Börsenblatt spricht Klaus Höpcke, stellvertetender Kulturminister, von den Unterzeichnern der Petition als »Feinden des Sozialismus«.

Die sich offensichtlich auch als Sprachlosigkeit äußernde Krise, in die Christa Wolf durch die Ereignisse um die Biermann-Ausbürgerung geriet, hat sie vermutlich auch im Schreiben überwunden. In dieser Zeit entstanden Essays über Frauen in der DDR (»Berührung«) und romantische Schriftstellerinnen (»Der Schatten eines Traumes«, »Brief über die Bettine«) und die poetische Vision einer Begegnung zwischen der frühromantischen Dichterin Karoline von Günderrode und Heinrich von Kleist (»Kein Ort. Nirgends«). Die

Entstehungssituation von »Kein Ort. Nirgends« beschreibt Christa Wolf 1982 in einem Gespräch mit Frauke Meyer-Gosau.

»*Kein Ort. Nirgends* hab ich 1977 geschrieben. Das war in einer Zeit, da ich mich selbst veranlaßt sah, die Voraussetzungen von Scheitern zu untersuchen, den Zusammenhang von gesellschaftlicher Verzweiflung und Scheitern in der Literatur. Ich hab damals stark mit dem Gefühl gelebt, mit dem Rücken an der Wand zu stehen und keinen richtigen Schritt tun zu können. Ich mußte über eine gewisse Zeit hinwegkommen, in der es absolut keine Wirkungsmöglichkeit mehr zu geben schien.

1976 war ein Einschnitt in der kulturpolitischen Entwicklung bei uns, äußerlich markiert durch die Ausbürgerung von Biermann. Das hat zu einer Polarisierung der kulturell arbeitenden Menschen auf verschiedenen Gebieten, besonders in der Literatur, geführt: Eine Gruppe von Autoren wurde sich darüber klar, daß ihre direkte Mitarbeit in dem Sinne, wie sie sie selbst verantworten konnte und für richtig hielt, nicht mehr gebraucht wurde. Wir waren ja Sozialisten, wir lebten als Sozialisten in der DDR, weil wir uns dort einmischen, dort mitarbeiten wollten. Das reine Zurückgeworfensein auf die Literatur brachte den Einzelnen in eine Krise; eine Krise, die existentiell war.« (Meyer-Gosau/Gespräch, 1982, 118)

In dieser Situation sucht Christa Wolf nach einer Neubestimmung von Literatur; dieser liegt eine bestimmte, prägnante Einschätzung der aktuellen gesellschaftlichen Verhältnisse zugrunde. Durch eine sehr weitgehend aufgefaßte und betriebene gesellschaftliche Arbeitsteilung seien in der DDR Verfestigungen und Entfremdungserscheinungen zu beobachten, die in engem Zusammenhang stehen. Dies sei die Abtrennung des humanen und sozialen Fortschritts vom ökonomischen bzw. die Vernachlässigung, alternative Lebens- und Arbeitsformen auf breiter Basis zu erproben; dies sei weiterhin die zunehmend schwieriger zu überwindende Entfremdung zwischen den Geschlechtern, und schließlich das unaufhaltsame Auseinanderklaffen der Bereiche von Geist und Macht, Denken und Handeln. In deutlich zugespitzter Weise, nämlich die drohende Selbstvernichtung der Menschheit durch atomare Überrüstung, wird diese Problematik mit ein Ausgangspunkt für Wolfs folgende Arbeit, die »Voraussetzungen einer Erzählung: Kassandra« (1982/1983).

Aus der so interpretierten gesellschaftlichen Situation erwachsen für Wolf bestimmte Überlegungen zur Funktion von Literatur. Literatur komme die Aufgabe zu, alternative Lebensformen modellhaft zur Diskussion zu stellen, utopische Momente aus vergangenen Epochen auf ihre aktuelle Relevanz zu überprüfen und zu bewahren, »Friedensforschung« zu betreiben. Eine sich gegen Verfestigungen und Perspektivenverengung im gesellschaftlichen Bereich zur Wehr setzende Literatur müsse auch Verfestigungen im Bereich der Literaturproduktion und -theorie aufbrechen, d.h. Alternativen zur Widerspiegelungstheorie zu entwickeln, sich andere Elemente des literarischen Erbes anzueignen; darüber hinaus werde diese Literatur mit bestimmten ästhetischen Verfahren arbeiten müssen: Maskerade, Montage, Zitat und verstärkte Mitarbeit des Lesers sind hier die Stichwörter.

Die Wurzeln der gegenwärtigen Verhältnisse sieht Christa Wolf in der Zeit um 1800, als sich mit dem bürgerlichen Individuum kapitalistische Strukturen, die Dominanz der Ökonomie, der Warencharakter, Rationalismus, Prinzipien wie Nützlichkeit und Verwertbarkeit herausbildeten. Diese Zeit hat aber auch alternative Lebens- und Beziehungsformen hervorgebracht, die von den Idealen der Französischen Revolution inspiriert waren, in den deutschen Kleinstaaten jedoch von der Restauration erstickt wurden. Das Aufbrechen von Konventionen im gesellschaftlichen wie im literarischen Bereich hat neue Beziehungsformen zwischen den Geschlechtern, die Herausbildung eigener Entwürfe von Frauen für ihre Emanzipation und die Entstehung neuer, subjektiver literarischer Gattungen ermöglicht. Diese historische Situation greift Wolf auf, um sie als Analogiemodell zur Gegenwart zu entwickeln.

Für diese Wahl sind noch andere Faktoren mitursächlich. Eine seit Anfang der siebziger Jahre begonnene veränderte Rezeption romantischer Literatur durch Schriftsteller, nicht durch Literaturwissenschaftler, hat solche Potentiale dieser Literatur um 1800 erst erschlossen. Diese Traditionswahl ermöglicht es, aktuelle Probleme verdeckt zu behandeln, und hebt darüber hinaus das alte Verdikt gegen die Romatiker, das Lukács begründet hatte, auf. Somit wird ein bisher ausgegrenzter literarischer Bereich in das sozialistische Erbe miteinbezogen.

Die Generation von Schriftstellern, die durch die Rezeption vor allem der frühromantischen Literatur angesprochen werden, war Christa Wolf schon lange durch die Essays Anna Seghers' bekannt. In ihrem Briefwechsel mit Lukács 1938/39 hatte Seghers Kleist, Günderrode und Hölderlin und ihre spezifische realistische Gestaltung, die durch ein schwieriges Verhältnis zu ihrer Zeit geprägt war, gegen die Position Lukács' verteidigt (vgl. »Die Romantik als Wendung in der deutschen Literatur«, 1945). Wolf beruft sich bei ihrer Romantikrezeption eindeutig auf die Position Seghers' und gegen einen normativen Literaturbegriff. Indem sie die Schreibweise romantischer Autoren verteidigt, verteidigt sie auch ihre eigene, und indem sie über jene nachdenkt, führt sie einen Prozeß der Selbstverständigung.

Wolfs Essays über Bettine von Arnim und Karoline von Günderrode läßt sich ihre allgemeine Einschätzung der politischen Situation in Preußen und den deutschen Kleinstaaten um 1800 entnehmen. Nach der Französischen Revolution etablieren sich bürgerliche Verhältnisse in den deutschen Ländern, mit ausgeprägtem Nützlichkeitsdenken, Pragmatismus und der Herausbildung kapitalistischer Strukturen entsteht eine arbeitsteilig ausgerichtete Gesellschaft, die »einen bestimmten Typ von Mensch, der die Ganzheit suchte, einen universalen Glücksanspruch hat, nicht gebrauchen kann« (Schoeller/Gespräch, 1979, 60). Die Ideale der Französischen Revolution erreichen lediglich einige Außenseiter, aber nicht breitere gesellschaftliche Schichten. »Ein gut durchorganisierter Staats- und Sicherheitsapparat erstickt jede freiere Regung der Gesellschaft. Wie immer, wenn die öffentliche politische Diskussion unterdrückt wird, reiben sich die verschiedenen Meinungen und Parteien ersatzweise an der Literatur«, schreibt Wolf im Bettine-Brief über die Situation um 1830, dem Vorfeld der mißlungenen Märzrevolution von 1848. Mit dem Fall der Göttinger Professoren, zu denen auch die Brüder Grimm gehören, erwähnt Christa Wolf einen der Biermann-Ausbürgerung und ihren Folgen nicht unähnlichen Konflikt.

Sieben Göttinger Professoren bitten den König in einer Petition, die Wolf im Bettine-Brief auf den 18. November (!) (1837) datiert, sich doch an die Verfassung zu halten (die er selbstherrlich außer Kraft gesetzt hatte). Dieser »Loyalitätskonflikt« zwischen einer kleinen Gruppe von Intellektuellen und der Macht im Staate weitet sich aus »durch den Starrsinn der Macht, die nicht Einwände überprüfen, sondern Schuldbekenntnis und Unterwerfung erzwingen will« und endet in »absurden Beschuldigungen und Bestrafungen«. Jakob Grimm beruft sich gegenüber den Machthabenden auf sein Gewissen. Die sieben Professoren werden entlassen, einige ausgewiesen. Unmittelbarer Anlaß für die Ausweisung war weniger der Inhalt ihres Schreibens, sondern die Tatsache, daß dies, ohne die Absicht der Grimms, einer ausländischen Zeitung zukam, die es veröffentlichte. Ein Lehrstück gewissermaßen, das sich in anderer Besetzung 140 Jahre später wiederholen sollte. (LS 2, 292)

Neubestimmung der Funktion von Literatur

In ihrer Bremer Rede, mit der sie für die Verleihung des Literaturpreises für »Kindheitsmuster« dankte, thematisierte Christa Wolf die noch anhaltende Erfahrung des Nicht-sprechen-Könnens, des Schweigen-Müssens. Sie reflektiert über die Ungenauigkeit der

Sprache, die Möglichkeiten des Mißverständnisses birgt, und zitiert Goethe: »Aufrichtig zu sein, kann ich versprechen, unparteiisch zu sein aber nicht.« (LS 2, 103) Ihr Fazit über die Funktion, die Literatur haben könnte: »Was tun? Anteil nehmen, reden, schreiben.« (LS 2, 105) Plädiert sie in der Bremer Rede für eine Literatur der Einmischung, so steckt sie in der Stockholmer Rede (»Beispiel ohne Nutzanwendung«) Form und Inhalte dieser Einmischung deutlicher ab. Eine veränderte Realität erfordere für die Literatur neue Maskeraden, neue Formen der Verkleidung; sie fragt: »Ist Verkleidung, zumindest Einkleidung, nicht das Wesen von Literatur, insofern sie nicht Realität erster Ordnung, sondern von dieser abgeleitet ist?« (LS 2, 106)

Wolf fährt fort: »Auch Literaten sind nicht immun gegen irgendeine Art von Wahn, ebensowenig wie gegen Mutlosigkeit, Angst oder Resignation. Vorausgesetzt aber, es gelänge uns immer wieder, selbst bei Verstand zu bleiben und den Mut aufzurichten – müßten wir nicht neu nachdenken, mit welcher Art von Schlüssel man Menschen heutzutage ihre tiefverschlüsselte – ›entfremdete‹ – Realität aufschließen kann? Sollte Literatur der Selbstmaskerade so vieler Menschen ihrerseits zu begegnen suchen, indem sie sich immer weiter maskiert, unkenntlich macht, in Kostüme flüchtet, mit Bildern, Gleichnissen, Mythen arbeitet? Sich ›in Verkleidung‹ einschleicht hinter die Abwehrpanzer ihrer Leser? Oder sollte sie, im Gegenteil, der Codifizierung der Welt unverstellt entgegentreten, nackt und bloß, auf die Struktur weisen und in dürren Worten sagen, was ist? Solche Fragen stellen heißt, sie nicht beantworten können.« (LS 2, 111 f.)

Alternativen in der frühen Romantik

Wie kommt es, fragt Christa Wolf in ihrem Essay »Der Schatten eines Traumes« (1978), daß nach der Klassik eine Generation auftritt, die mit ihrer Zeit, ihrem Leben und ihrer Literatur nicht fertig wird, die nach bürgerlichen Kriterien ›scheitert‹? Eine Gruppe junger Leute, Intellektuelle, Privilegierte, Außenseiter versuchen, »die Vereinzelung zu durchbrechen und sich in neuen, produktiveren Lebensformen zu bewegen, Lebensformen aus dem Geist einer Gruppe heraus«. (LS 2, 235) Sie machen den Versuch eines »Lebensexperiments«, das jedoch nicht lange Bestand haben kann, da sich die Gesellschaft dieser »kleinen progressiven Gruppe« gegenüber »totalitär und ablehnend«, »restriktiv in jeder Hinsicht« verhält. Unter diesem Druck bricht die Gruppe auseinander und zieht sich »in verschiedene Richtungen hin« zurück (Meyer-Gosau/Gespräch, 1982, 120). Diese Generation war eine der ersten, die das Phänomen der Selbstentfremdung kennengelernt hat; für Karoline von Günderrode führt Wolf den Beweis.

»An den Bruchstellen zwischen den Zeiten wird gebrochen: der Mut, das Rückgrat, die Hoffnung, die Unmittelbarkeit: Vieles, was zum Sprechenkönnen notwendig ist. In die Hohlräume springt die Angst. Vorläufer in der Dichtung sind fast immer auch Vorempfinder einer Angst, die später über viele kommt.« (LS 2, 323)

Diese kleine Gruppe Intellektueller und Künstler ist jedoch, wie Wolf sie beschreibt, eine »Avantgarde ohne Hinterland« (LS 2, 228), d.h. ihnen entspricht keine soziale Bewegung, sie sind gesellschaftlich isoliert. »Die Utopie ist vollständig aufgezehrt, der Glaube verloren, jeglicher Rückhalt geschwunden. Sie kommen sich einsam vor in der Geschichte. Die Hoffnung, andre – ihr Volk! – könnten sich auf sie beziehen, ist verbraucht. Von Selbstbetrug kann man nicht leben. Vereinzelt, unbekannt, abgeschnitten von Handlungsmöglichkeiten, verwiesen auf die Abenteuer der Seele, sind sie ihren Zweifeln, ihrer Verzweiflung, dem anwachsenden Gefühl zu scheitern schutzlos ausgeliefert.« (LS 2, 230) Von den frühen Romantikern sind einige jung gestorben, manche durch Selbstmord, andere haben sich der politischen Reaktion angeschlossen oder sind katholische Mystiker geworden; allein Bettine von Arnim habe die Radikalität der frühen Romantik bewahrt. In ihrem 1839 entstandenen Günderrode-Buch will Bettine, die sich ungebrochen weiter politisch engagiert, »das Vermächtnis ihrer eigenen Jugend an die übernächste Generation weiterreichen«. (LS 2, 301)

Die Rolle der Romantikerinnen

Vergleicht man Wolfs Essay »Berührung«, der den von Maxie Wander herausgegebenen Protokollen von Frauen aus der DDR grundsätzliche Überlegungen zum weiblichen Potential in der Geschichte voranstellt, mit ihren Essays über Karoline von Günderrode und Bettine von Arnim, so findet man erstaunliche Gemeinsamkeiten, die nicht allein aus dem engen Entstehungszusammenhang zu begründen sind. In der Romantik fand Wolf »die Wurzeln der Konflikte, die Frauen heute haben – des Ungenügens am Leben« (Schoeller/Gespräch, 1979, 61). Wolf beschreibt die Situation um 1800: »Der gleiche Augenblick, der Frauen befähigt, zu Personen zu werden – was heißt, ihr ›wirkliches Selbst‹ hervorzubringen, und sei es wenigstens im Gedicht –, dieser gleiche historische Augenblick drängt die Männer zur Selbstaufgabe, zur Selbstzerstückelung, beschädigt ihre Fähigkeit zu lieben, zwingt sie, die Ansprüche unabhängiger, zur Liebe fähiger Frauen als ›unrealistisch‹ abzuweisen« (LS 2, 262).

Die (wenigen privilegierten) Frauen, die hier mit dem Anspruch auf Selbstverwirklichung auftreten, sind konfrontiert mit Männern, deren Persönlichkeit bereits Entfremdungserscheinungen und seelische Deformationen aufweist. Hier liegen die Wurzeln »auswegloser Leidenschaften«, das zum-Objekt-gemacht-Werden der Frauen durch die Männer. Eine Reihe von Frauen tritt hier gleichzeitig aus der Geschichtslosigkeit heraus; Wolf charakterisiert sie als starke Persönlichkeiten, die gleichwohl zwischen ihrem Anspruch und Wollen und den gesellschaftlichen Implikationen der geltenden Frauenrolle zerrieben werden.

»Frauen, die es fertigbringen, ihre eigne Lage zu reflektieren – ein Vorrecht, das wie jedes Privileg seinen Preis hat, das heißt: Aufgabe von Geborgenheit, von Sicherheit, Verzicht auf das frühere Selbstverständnis der abhängigen Frau ohne die Gewißheit, eine neue Identität zu erlangen. Ursprünglichkeit, Natürlichkeit, Wahrhaftigkeit, Intimität gehören zu ihrem universalen Glücksanspruch; sie lehnen ab, was die Hierarchie verlangt: Kälte, Steifheit, Absonderung und Etikette.« (LS 2, 236)

Was Christa Wolf ganz besonders hervorhebt, sind die Versuche dieses kleinen Kreises gebildeter, privilegierter Frauen, neue Beziehungsformen zu erproben, eine neue Qualität des zwischenmenschlichen Umgangs zu schaffen. Die Denk- und Lebensformen, auf die diese Frauen aus sind, können als unbewußte Versuche gedeutet werden, ›weibliche‹ Elemente in die patriarchale Kultur einzubringen. So entwickeln sie die »kühne Idee, zwischen Mann und Frau könnten andere Beziehungen walten als die von Herrschaft, Unterordnung, Eifersucht, Besitz: gleichberechtigte, freundschaftliche, hilfreiche« (LS 2, 245). Sie nutzen auch die Möglichkeiten, die vertraute Beziehungen zwischen Frauen schaffen können: einen ungestörten Raum, frei von männlichem Einfluß, in dem sie sich selbst finden und »freier ihr Leben entwerfen« können, und dies sind »Entwürfe, die denen der Männer nicht gleichen werden« (LS 2, 253).

Wolf rekurriert hier in einer nicht unproblematischen Weise auf ein aggressionsfreies, humanitäres weibliches Wesen, das alle jene Sozialisationseigenschaften versammelt, die in jahrhundertelanger patriarchaler Herrschaft den Frauen anerzogen wurden. »Die Welt ist krank, und sie merkt es nicht. Frauen, in diesen wenigen Jahren, einer Lücke zwischen zwei Zeitaltern, plötzlich aus alten Schablonen herausgefallen [...] schließen eine Art Bündnis, sie gesund zu machen. Die Zeichen, die sie geben, können erst jetzt wieder bemerkt, aufgenommen und gedeutet werden.« (LS 2, 254) Ebenso wie zur Zeit der Romantik erfordere es die aktuelle Lage, daß Frauen einen Lebensanspruch für Männer mit formulieren. Auch die heutigen Frauen stehen, dies entnimmt Wolf dem Protokollband »Guten Morgen, du Schöne«, zwischen dem Verlangen nach Selbstverwirklichung und der Gefahr der Entfremdung. Sie suchen neue Lebensformen, brechen verfestigte Strukturen auf; sie wollen keine Gleichberechtigung mit den Männern, weil dies die Hinnahme derselben Deformationen bedeutete, die Männer über Jahrhunderte hinweg beschädigt haben. Diese Frauen signalisieren vielmehr einen »radikalen Anspruch: als ganzer Mensch zu leben, von allen Sinnen und Fähigkeiten Gebrauch machen zu können« (LS 2, 219). »Rückhaltlose Subjektivität« (LS 2, 212) nehmen sie als Maßstab für objektive Wirklichkeit; sie vereinbaren einen nüchternen Blick mit schöpferischer Phantasie. Lange unterdrückt haben sie gelernt, ein Selbstbewußtsein zu entwickeln, »das nicht zugleich Wille zum Herrschen, zum Dominieren, zum Unterwerfen bedeutet, sondern Fähigkeit zur Kooperation« (LS 2, 220).

»Vernunft, Sinnlichkeit, Glückssehnsucht setzen sie dem bloßen Nützlichkeitsdenken und Pragmatismus entgegen – jener ›Ratio‹, die sich selbst betrügt: Als könne eine Menscheit zugleich wachsende Anteile ihres Reichtums für Massenvernichtungsmittel ausgeben und ›glücklich‹ sein; als könne es ›normale‹ Beziehungen auf der Welt geben, solange eine Hälfte der Menschheit unterernährt ist oder Hungers stirbt. Das sind Wahnideen. Es kommt mir so vor, daß Frauen, denen ihr neu und mühsam erworbener Realitätsbezug kostbar ist, gegen solchen Wahn eher immun sind als Männer. Und daß die produktive Energie dieser Frauen deshalb eine Hoffnung ist.« (LS 2, 220f.)

So geben diese Protokolle Zeugnis vom »Geist der real existierenden Utopie« und ein »Vorgefühl von einer Gemeinschaft, deren Gesetze Anteilnahme, Selbstachtung, Vertrauen und Freundlichkeit wären. Merkmale von Schwesterlichkeit [...]« (LS 2, 209).

Christa Wolf führt die Abwehr, die ihrer Prosa und Essayistik von bestimmter Seite begegnet, auf ihre Auffassung zurück, daß nicht nur die westlichen Industriegesellschaften, sondern auch die sozialistischen Übergangsgesellschaften »Männergesellschaften« sind. »Ich gehe davon aus, daß wir in einer Männergesellschaft leben, daß wir seit Jahrtausenden in einer Männerkultur leben und daß das ungeheure Folgen gehabt hat: letzten Endes die Folge, daß wir alle, die Frauen und die Männer, am Rand der Vernichtung stehen. Solche Feststellungen werden leicht als zu weitgehend, eben als ›weiblich‹ (also überspannt), verstanden und abgewertet.« (Meyer-Gosau/Gespräch, 1982, 127) Der kritische Ansatz, verfestigte Strukturen aufzubrechen und das Bestehende mittels Verfremdung zu attackieren, bewirkt ebenfalls Abwehr, wo beispielsweise mit der Auflösung fester Gegebenheiten literarisch gearbeitet wird, wie sie die Geschlechtsidentität darstellt. Sowohl in »Selbstversuch« als auch in »Kein Ort. Nirgends« läßt Wolf die Grenzen zwischen den Geschlechtern durchlässig werden. Bei manchen Kritikern konstatiert Wolf ein »diffuseres Unbehagen gegen alles Zwitterhafte, gegen die fließenden Übergänge, dagegen, daß es nun einmal nicht nur so oder nur so ist, Freund-Feind, männlich-weiblich, eine Angst, miteinander, nicht gegeneinander leben zu lernen. Nicht in starren Antinomien, sondern in fließenden Übergängen; in produktiven Alternativen, die nicht tödlich sein müßten. Dies hat man nicht glernt; dazu ist man nicht erzogen worden; das in Erwägung ziehen zu sollen, macht Angst.« (Meyer-Gosau/Gespräch, 1982, 127)

Die neue Literatur der Romantikerinnen

Christa Wolf interessiert sich nicht nur für die neuen Lebensformen, an deren Herausarbeitung und Erprobung die Romantik Anteil hatte, sondern vor allem für die Literatur der Frauen. An diesen literarischen Beiträgen beobachtet sie eine Übereinstimmung zwischen Leben und Schreiben; diese Übereinstimmung, die für sie selber immer mehr in den Vordergrund ihrer Reflexionen über ihre eigene Prosa trat, untersucht sie exemplarisch an Bettine von Arnim und Karoline von Günderrode.

Günderrode, »authentisch« im Leben und im Schreiben, bemüht um Selbsterkenntnis und um eine andere Weltsicht, der andere Wörter entsprechen (Seele, Sehnsucht, Neugier, Phantasie), als der Zeitgeist sie favorisiert, ist in vieler Hinsicht gebunden: an ihr Geschlecht, ihren Stand, ihre Armut. In dieser bedrückenden Enge und Begrenztheit ist Bildung ihre Ausflucht, ist Schreiben ihre Möglichkeit, mit sich selbst identisch zu werden. Sie hat die Fähigkeit, »fühlend zu denken, ja zu formen« (LS 2, 242), die Voraussetzung jeder Kunstausübung. Sie kennt aber auch das Gefühl der Selbstentfremdung, der Angst vor dem Nichts. Um sich zu schützen, erprobt sie verschiedene Verstellungen und Maskeraden, dazu dient ihr auch ihre Dichtung. »Sie will ja vereinen, was unvereinbar ist: von einem Mann geliebt werden und ein Werk hervorbringen, das sich an absoluten Maßstäben orientiert« (LS 2, 242). Günderrode zerbricht zwei Konventionen auf einmal: sie will als unabhängige Frau lieben und geliebt werden, und sie will sich ganz ihrer Dichtung widmen. Traum und Schmerz sind Schlüsselworte in ihrer Dichtung.

Bettine ist, ohne weniger empfindsam zu sein, lebenstüchtiger; auch sie verkörpert ein Gegenbild zu den konventionellen Gesellschaftsmenschen ihrer Zeit, kämpferisch, radikal im Denken, ist sie die »Verkörperung einer Utopie« (LS 2, 260).

Mit diesen Frauen beginnt eine neue Ästhetik. »Welche Sprache schlagen sie an, welch beglückende Anmaßung, welch aufsässiger Geist. Welche Herausforderung an unsere verschüttete Fähigkeit, Wörter als Botschafter unserer Sinne, auch unserer Sinnlichkeit aufzunehmen, in Sätzen uns selbst hervorzubringen und unsre Sprache nicht zur Verhinderung von Einsichten, sondern als Instrument der Erkundung zu gebrauchen. Welche Gelegenheit auch, unsre eigne Lage zu begreifen.« (LS 2, 232) Bettines Briefroman »Die Günderrode« dokumentiert in einer leidenschaftlichen, sinnlichen und bildhaften Sprache das Experiment einer Beziehung. Dieser Briefroman erhebt nicht den Anspruch, Kunst zu sein in dem Verständnis, daß Kunst aus dem Lebenszusammenhang, in dem sie entsteht, herausgelöst wird; diese Briefe, in denen sich Authentisches und Erfundenes mischen, sind vielmehr »in ihrer Formlosigkeit eben jene Form, in der sie ihre Erfahrungen überliefern können, ohne sie deformieren zu müssen« (LS 2, 310), wozu keine der etablierten Gattungen ausgereicht hätte. Wolf hebt am Beispiel des Günderrode-Buches der Bettine hervor, was sie hier zum erstenmal ausgebildet findet: »die Aussage, die in der Struktur des Buches liegt, seine Weigerung nämlich, sich einem ästhetischen Kanon zu unterstellen« (LS 2, 310), nämlich dem, der Kunst und Leben trennt: eine Methode, die insbesondere die Kunst der deutschen Klassik charakterisiert. Folgerichtig entdeckt Wolf gerade bei den Romantikerinnen den »Ansatz zu einer anderen Ästhetik, deren Splitter wir sammeln sollten« (LS 2, 318). Charakteristisch für die Literatur der Romantikerinnen ist ihre enge Gebundenheit an den Lebenszusammenhang, aus dem sie entstand; dies ist eine Ästhetik, in deren Mittelpunkt Liebe steht als »Mittel der Erkenntnis«, und die es nicht erfordert, »denkend, erkennend [...] von sich selber absehen zu müssen« (LS 2, 313). In diesem auf Liebe, Sinnlichkeit und Humanität begründeten ästhetischen »Gegen-Entwurf« gegen die »Männerkultur der Aggressionen« sieht Wolf eine »Spielart [...] aufklärerischen Denkens, die geschärfte Ratio und gesteigerte Empfindungsfähigkeit in einer Person zusammenbringen will; die [...] die Einseitigkeit des instrumentalen, sachbezogenen Denkens (eines anderen Irrationalismus!) fürchtet; die eine andre, persönliche Art, der Natur – auch der eigenen – nahezukommen, dem seelenlosen Mechanismus der ›geisttötenden‹ Philosophie entgegensetzt.« (LS 2, 314)

Das Scheitern der romantischen Alternative und das Verlorengehen des ästhetischen Entwurfs der Romantikerinnen erklärt Wolf mit den bekannten Entwicklungen unserer Zivilisation. Dem wäre ergänzend hinzuzufügen, daß die weitgehende Isolation der romantischen Bewegung, ihre Unverbundenheit mit breiten gesellschaftlichen Schichten und insbesondere ihre fehlende Anbindung an fortschrittliche Gruppierungen zu dieser Entwicklung mit beigetragen haben. Andere Voraussetzungen sieht Christa Wolf gegenwärtig für die Frauen in der DDR; die sozialistische Gesellschaft habe ihnen neue Möglichkeiten eröffnet, ihre Persönlichkeit zu entfalten, und diese veränderten Entwicklungspotentiale haben in der Tat eine emanzipatorische Literatur von Frauen hervorgebracht, die sich durch die siebziger Jahre an hervorragenden Beispielen wie Irmtraud Morgners »Leben und Abenteuer der Trobadora Beatriz« (1974), Brigitte Reimanns »Franziska Linkerhand« (1974) und Gerti Tetzners »Karen W.« (1974) verfolgen läßt.

Die Literatur der fünfziger und sechziger Jahre propagiert Frauenbilder, die mit den offiziellen Leitbildern, welche die Gleichberechtigungsstrategie der SED erstellt, weitgehend identisch sind. Obwohl auch zahlreiche weibliche Autoren schreiben, ist diese Literatur kein Medium der Selbstverständigung für Frauen. Dies ändert sich in den siebziger Jahren. Aus der extremen Doppelbelastung der Frauen, aus ihrer Berufsarbeit sowie den weitgehend allein getragenen Pflichten in Kinderpflege, -erziehung und Haushalt, erwachsen Konflikte, für deren Lösung kein gesellschaftliches Diskussionsforum besteht. »Arbeiten wie ein Mann und wie eine Frau dazu« (Morgner) hat für Frauen immer häufiger die Konsequenz, auf Kinder, volle Berufstätigkeit oder Partnerschaft zu verzichten. Literatur, insbesondere Prosaformen im weitesten Sinn, bietet die Möglichkeit eines öffentlichen Diskurses, in den schreibende Frauen ihre Erfahrungen, ihre Kritik und ihre Entwürfe einbringen, um gesamtgesellschaftliche Veränderungen in Richtung auf eine neue Arbeitsteilung zwischen den Geschlechtern und einen humanen Sozialismus überhaupt in die Wege zu leiten. Diese emanzipatorische Frauen-Literatur, zu deren programmatischsten Protagonistinnen Irmtraud Morgner und Christa Wolf gehören, greift im wesentlichen auf zwei Grundlagen zurück. Das ist zum einen der Rückgriff auf besondere literarische Traditionen, die bisher von der offiziellen Erbepflege wenig berücksichtigt wurden wie Romantik und Nachmärz; dieser Literatur entnehmen die Autorinnen der emanzipatorischen Prosa phantastische, märchenhafte und satirische Elemente, die sie gesellschaftskritisch einsetzen. Das ist zum anderen das Experimentieren mit Schreibstrategien, die in programmatischer Weise mit dem weiblichen Lebenszusammenhang in Beziehung gesetzt werden; die Kleinteiligkeit der Formen, die Verwendung subjektiver Genres, ein montierendes, summierendes Verfahren sind hierfür charakteristisch. Für die emanzipatorische Frauen-Literatur sind die drei genannten Romane von Morgner, Reimann und Tetzner, die 1974 erschienen, typisch. Nach 1974 debütierte eine Reihe von Autorinnen wie Helga Schubert, Helga Königsdorf, Angela Stachowa, Brigitte Martin, Christa Müller u. a. mit Erzählungsbänden. Sie führen die von Morgner und Wolf begonnenen programmatischen Tendenzen fort, wählen jedoch keine großangelegten Formen, sondern eher impressionistische Stimmungsbilder und Momentaufnahmen, in denen die Alltäglichkeit dominiert. Selbstverwirklichung suchen die neuen

Frauengestalten dieser Literatur nicht mehr in der Liebe zu einem Mann oder im Beruf, sondern in kreativen Tätigkeiten und im Reisen. (vgl. Hilzinger, 1985)

Christa Wolf stellt im Rückbezug auf schreibende Frauen der Romantik, die mit Tagebuch, Brief, Gedicht und Reisebeschreibung die subjektivsten Literaturgattungen wählten, einen Traditionsbezug her zu den Protokollen Maxie Wanders. Diese Protokolle, »Vorformen von Literatur, deren Gesetzen nicht unterworfen, der Versuchung zur Selbstzensur nicht ausgesetzt« (LS. 2, 213), seien besonders geeignet, neue Tatbestände zu dokumentieren.

Die Bedeutung der romantischen Traditionswahl

Der Nachbemerkung Christa Wolfs zu den Werken Günderrodes, die sie sammelte und herausgab, ist ihre Absicht zu entnehmen, »Gestalt und Lebensgeschichte einer zu Unrecht vergessenen Dichterin hervortreten zu lassen«. (Schatten, 1979, 339) Mit ihrer editorischen Arbeit will Wolf dazu beitragen, Günderrodes Beziehungen, ihre Umgebung, ihren Zeithintergrund zu erhellen. In dem Essay »Schatten eines Traumes« arbeitet sie diese Zeitumstände heraus unter der Fragestellung, inwieweit diese zu dem Entfremdungsgefühl und dem ›Scheitern‹ dieser Generation beitrugen, die doch die Kraft und die Phantasie hatte, in dieser Zwischenzeit neue Lebensmuster hervorzubringen. Die Dissonanz ihrer Seele ist in Wolfs Interpretation der Günderrode eindeutig auf die Unstimmigkeit der Zeit zurückführbar. »Fasziniert durch Verwandtschaft und Nähe« (LS 2, 226) unternimmt Wolf den Versuch, die ›Verurteilung‹ der Generation, der Günderrode angehört, durch die Literaturwissenschaftler in der Tradition von Lukács aufzuheben. Ganz ähnlich argumentierend hat Anna Seghers 1935 in ihrer Rede »Vaterlandsliebe« und 1938/39 in ihrem Briefwechsel mit Lukács das ›Scheitern‹ dieser Generation auf die Krisen- und Umbruchszeit zurückgeführt, in der sie lebte, während Lukács die persönliche Unfähigkeit und individuelle Neurose in den Vordergrund seiner Wertung der Romantiker stellte. Wolfs Berufung auf Anna Seghers liegt die Absicht zugrunde, die eigene Position abzusichern. Wolf stellt fest, Literatur diene den heutigen Schriftstellern wie den Romantikern als »Mittel der Selbstbehauptung, Selbstbestätigung und ebenso als Sehnsuchtsorgan« (Meyer-Gosau/Gespräch, 1982, 126)

In der DDR hat seit den sechziger Jahren, hauptsächlich aber in den siebziger Jahren eine konzeptuelle Wandlung der Rezeption des negativ belasteten romantischen Erbes stattgefunden. Das Besondere an dieser Entwicklung war die Vorreiterrolle, welche die Schriftsteller gegenüber den Literaturtheoretikern einnahmen. Im Vordergrund der veränderten Rezeption steht die romantische Bearbeitung des Desillusionierungsprozesses, der mit der unzureichenden Verwirklichung der Ideale der Französischen Revolution im 19. Jahrhundert begann und bis in die Gegenwart reicht. Beispiele für neue romantische Traditionsbezüge in der Prosa sind Seghers' »Reisebegegnung« (1972), de Bruyns »Das Leben des Jean Paul Fiedrich Richter« (1975), Fühmanns »Spiegelgeschichte« (1977) und Wolfs »Kein Ort. Nirgends« (1979). Die Traditionsaufnahme in der Prosa verfolgt folgende Strategien (die in entsprechener Weise auch für die emanzipatorische Frauenliteratur gelten):

– Infragestellung der Doktrin des sozialistischen Realismus durch den Rückgriff auf phantastische und märchenhaft-legendäre Elemente romantischer Prosa;

– Entwicklung typischer moderner Stilformen (mehrdimensionales Erzählen in Rückblenden, Perspektivenwechsel, Zeitenschichtung, innerer Monolog, ironische Brechung) im Rückbezug auf Phantasie, Ironie und ausgeprägte Subjektivität in der Prosa romantischer Autoren;

– Erkennen des verwandten Zeitgefühls: Leiden an einer erstarrten Realität, Überzeugung von revolutionären Prinzipien und das Erleben der Unmöglichkeit, die Gegenwart als damit im Einklang befindlich zu erleben;

– Freisetzung der Dynamik des Gedächtnisses, die im Zentrum des frühromantischen Romans steht;

– Kritik und Entwertung des prometheischen Weltbezugs (Selbstverwirklichung durch Arbeit) durch Entwurf eines narzißtischen Weltbezugs (Selbstdarstellung des reflektierenden Ich);

– Anknüpfung an Traditionen romantischer Mischformen und Fortsetzung einer vor allem von Frauen bevorzugten subjektiven Schreibweise.

Der Subtilität der Prosa entspricht in der Essayistik, die bei der Romantikrezeption eine wichtige Rolle spielt, eine prägnante Herausarbeitung wesentlicher Momente der Rezeption durch Autoren wie Günter Kunert, Christa Wolf, Günter de Bruyn, Sigrid Damm und Franz Fühmann. Die Verteidigung romantischer Schreibweisen im Hinblick auf die eigene Prosa ist ein charakteristisches Merkmal dieser Essayistik.

Christa Wolf will, unter ausdrücklicher Berufung auf Anna Seghers (vgl. »Fortgesetzter Versuch«, 1974) und ihren noch immer aktuellen Briefwechsel mit Lukács, nicht nur auf inhaltliche Alternativen aufmerksam machen, sondern die bereits in »Lesen und Schreiben« (1968) begonnene Kritik der Widerspiegelungstheorie als dem Kernstück der normativen Poetik des sozialistischen Realismus fortsetzen; dies unternimmt sie, indem sie eine an subjektiver Betroffenheit und gesellschaftlicher Produktivität orientierte Rezeptionsästhetik entwirft.

Sie greift das Lukács'sche Verdikt gegen die Romantiker an, indem sie auf »jene unerwünschten Zeugen erwürgter Sehnsüchte und Ängste« (LS 2, 226) aufmerksam macht, die sie in Prosa und Essayistik erneut hervorbringen will. In »Kein Ort. Nirgends« wendet sie eine Technik an, die mit literarischer Rückerinnerung zu beschreiben wäre. Mittels Erinnerung und Rekonstruktion – d.h. derselben Verfahen, mit denen Wolf im »Geteilten Himmel«, in »Nachdenken über Christa T.« und in »Kindheitsmuster« arbeitete – stellt sie in »Kein Ort. Nirgends« eine fiktive Zeitgenossenschaft zu dieser »Avantgarde ohne Hinterland« (LS 2, 228) her. So kann sie ein Analogiemodell zur Gegenwart aufbauen und die diesem Modell innewohnenden Symptome als heutige Probleme ausweisen. Partielle Identifikation und das Gefühl der Nähe und Verwandtschaft zu Günderrode und Kleist sind Voraussetzungen für ein solches Unternehmen; die subjektive Authentizität hat wesentlichen Anteil an der Aktualisierung des Geschehens, die durch Verschränkung der Perspektiven und der Zeitschichten erreicht wird. Diese historische Versuchsanordnung berührt gegenwärtige Probleme: das Verhältnis Geist und Macht; die Diskrepanz zwischen humanem und ökonomischem Fortschritt; die Verhinderung weiblicher Emanzipation durch soziale Zwänge; durch Geschlechterrollen und politische Repression bedingte Entfremdungserscheinungen; Realitäts- und Sprachzweifel; potentiell positive Funktionen von Sprache und Literatur (vgl. Baab, 1984).

Wesentlichstes Stilmittel, das die Autorin gerade auch unter dem Gesichtspunkt der Öffnung des Textes zum Leser wählt, ist das Montageprinzip. Gemeinsam mit einer multiperspektivischen Erzählweise und wechselnden Zeitschichten wird die Subjektivität der Wahrnehmungs- und Identififakionsvorgänge einerseits durch die Autorin, andererseits durch den Leser, der zu einer selbständigen Deutung kommen soll, hervorgehoben. Die Umwertung romantischer Literatur, auf die sich Wolf in »Kein Ort. Nirgends« bereits beziehen kann, hat nicht nur ermöglicht, daß über sie aktuelle Probleme verdeutlicht werden. Die besondere Strukturierung eines Textes wie »Kein Ort. Nirgends« verweist methodisch auf eine erhebliche Distanzierung von der Widerspiegelungstheorie und damit von der »Steuerungsfunktion von Literatur«, die, »verbunden mit dem Alleinvertretungsanspruch einer einzigen, nach politischen Maximen entwickelten Perspektive und geregelt nach einer kanonisierten Ästhetik« (Baab, 1984, 58) nun notwendig zurücktritt. Ihre Stelle nimmt ein offenes, die individuelle Persönlichkeit des Lesers und seinen Erfahrungshintergrund weitaus stärker berücksichtendes rezeptionsästhetisches Denken ein.

Darstellung des erzählerischen Verfahrens in »Kein Ort. Nirgends«

In dieser sehr lyrisch geprägten Erzählung gestaltet Wolf ihre Vision einer Begegnung zwischen Karoline von Günderrode und Heinrich von Kleist. Im Rahmen einer literarischen Teegesellschaft in Winkel am Rhein treffen sich im Juni 1804 – historisch nicht verbürgt – Günderrode, Kleist, die Geschwister Brentano, Sophie Mereau, Savigny und andere. Aus ihren Gesprächen, Beobachtungen, Gedanken und Empfindungen ergibt sich ein vielgestaltiger Diskurs, der sich immer deutlicher auf Kleist und Günderrode konzentriert. Beide repräsentieren exemplarisch weibliche bzw. männliche Verwirklichungsmöglichkeiten in ihrer Gesellschaft und in der Literaturproduktion. Diese als utopische Berührung, als Vorahnung menschlicher und künstlerischer Ganzheit erfundene Begegnung ist »erwünschte Legende«. (KON 6)

Christa Wolf spricht in ihrem Gespräch mit Meyer-Gosau von ihrer Erfahrung, »daß die Alternativen, in denen wir leben, eine nach der anderen zusammenbrechen und daß immer weniger wirkliche Lebensalternativen übrigbleiben. Das wäre die philosophische Entsprechung zu dem Teil ›Kein Ort. Nirgends‹.« (Meyer-Gosau/Gespräch, 1982, 121) Dieser Titel sowie die Erzählung seien aber nicht als Bestätigung eines momentanen Empfindens, als Identifikationsangebot für einen ausweglosen Zustand gedacht, sondern vielmehr als Herausforderung und als »Arbeitsangebote« (Meyer-Gosau/Gespräch, 1982, 125) an den Leser, der den Bannkreis der Erzählung überschreiten und deren Vision dem Leben aussetzen solle, denn: »›Kein Ort. Nirgends‹ ist auch kein Ort des Bleibens.« (Engler, 1979, 234). »Kein Ort. Nirgends«, strukturiert als ein fortwährender Diskurs, fordert zum Gespräch und zur Diskussion heraus. Günderrode und Kleist, die Protagonisten, stehen für die »Hoffnung auf ein Tätigwerden, das den ganzen Menschen fordert, alle seine Kräfte entfaltet und ihn so bei sich bleiben läßt« (Schlenstedt/Schlenstedt, 1979, 236).

Schlenstedt/Schlenstedt heben unter Betonung des rezeptions-ästhetischen Aspekts der Erzählung hervor, diese sei in der Hoffnung geschrieben, »daß unsere Geschichte das Diktum ›Kein Ort. Nirgends‹ widerlegen wird« (1979, 239); dies hätte zur Voraussetzung, daß die Leser »fähig werden zu gesellschaftlicher Selbstreflexon und –kritik«. (1979, 240).

In »Kein Ort. Nirgends« wendet Wolf ein Verfahren der Montage an, das in hohem Maße die Aufmerksamkeit und Mitarbeit des Lesers erfordert. »Kein Ort. Nirgends« verarbeitet authentisches literarisches, biografisches und historisches Material in einem fiktiven Zusammenhang. Die Einheit dieser Komposition wird durch die Anwesenheit der Autorin im Text, das Moment der subjektiven Authentizität gewährleistet. »Aber es ist meine Stimme, die spricht, eine Anverwandlung findet statt, die ich für legitim halte«, betont Wolf (Meyer-Gosau/Gespräch, 1982, 125). Trotz exakter Angaben über Zeit, Ort und Personen handelt es sich nicht um einen exakten Bericht, der historisch verbürgte Tatsachen enthält; vielmehr wird die Erzählung als »erwünschte Legende« (KON 6) ausgewiesen. In der nicht verbürgten, aber auch nicht unwahrscheinlichen Begegnung Kleists und Günderrodes in Winkel am Rhein realisiert sich ihre innere Zusammengehörigkeit und Verwandtschaft. Die Handlung ist spärlich, im Vordergrund stehen Gespräche und Beobachtungen. Im Zentrum der Handlung steht das gegenseitige Kennenlernen der beiden Protagonisten, ihre innere Anteilnahme an der geistigen Welt des/der anderen und ihr Versuch, eine innere Berührung herzustellen, die ihr Gefühl der Entfremdung überwinden kann. Das Erzählen realisiert eine Bewegung: Kleist und Günderrode gehen aufeinander zu, berühren sich kurz, trennen sich wieder und kehren in ihre jeweils abgeschlossene Welt zurück.

Spannungsvoll erweist sich der stilistische Wechsel zwischen absichtlicher Verwischung und höchster Präzision, der hohe Anforderungen an die Konzentration des Lesers stellt. Die Übergänge zwischen innerem Monolog, erlebter Rede, Gesprächen und Kommentaren der Erzählfigur sind kaum merklich. Die Einverständnis suggerierende Wir-Stimme vollzieht die Überwindung der Vereinzelung und Entfremdung, indem sie Kleist, Günderrode und Erzählerstimme ununterscheidbar verbindet. In deutlichem Gegensatz zu den durch die fließenden Übergänge entstehenden Unklarheiten über das jeweils sprechende Subjekt steht die Präzision der Gespräche, die häufig als Kern wörtliche Zitate, knappe Bilder oder Sentenzen enthalten. Darüber hinaus enthält der Text zahlreiche Anspielungen und Hinweise auf biographisches und geistesgeschichtliches Material, dessen ganze Fülle jedoch erst realisiert werden kann, wenn der Leser es ergänzt. Die Notwendigkeit dieser Ergänzung durch den Leser macht die Funktion der Herausgabe der Werke Günderrodes – Kleists Gesamtwerk ist leicht zugänglich – und der Essays über Günderrode und die Bettine deutlich. Sie stellen ähnliche ›Voraussetzungen einer Erzählung‹ dar wie die späteren Vorlesungen zur Kassandra-Thematik. Authentische Details, wörtliche Zitate und tatsächliche biographische Züge sind den Briefen und Werken des jeweiligen Sprechers entnommen und meist belegt für die Zeit zwischen 1800 und 1804.

Ute Brandes hat über 90 solcher Textstellen nach Quellen belegt. Sie unterscheidet drei Arten von Zitaten:

– allgemeine Zitate, die z.B. Motive wie Einsamkeit, Wanderschaft etc. bezeichnen und häufig aus Liedern oder Sprichwörtern entnommen sind;

– identifizierte Zitate, d.h. solche Zitate, die im Zusammenhang der Erzählung bereits identifiziert werden (v.a. Zitate von Clemens Brentano, Günderrode, Goethe und Shakespeare);
– nicht-identifizierte Selbstzitate; hier dient das Zitat als Beleg für Authentizität und wird so zum charakteristischen Strukturelement der Erzählung. Hierbei handelt es sich v.a. um prägnante Wendungen aus eigenen Briefen, Tagebüchern oder Werken der Dichter, die diese im Gespräch einfließen lassen. Wolf folgt dabei z.B. Kleists Gewohnheit, der gleiche Wendungen in Briefen an verschiedene Personen gebrauchte, so daß also selbst die Struktur der Zitierweise Wolfs im Fall Kleists auf eine biographisch wahre Tatsache gegründet ist. (Brandes, 1984)

Die Absicht dieser »Zitattechnik der poetischen Authentizität« (Brandes, 1984, 72) ist es, im Vorgang des Zitierens das Wesentliche, den Kern gewissermaßen, herauszustellen und somit ein dokumentarisches Wirklichkeitsgerüst zugrunde zu legen. Dazu benutzt Wolf Zitatsplitter, einzelne Worte oder komplette Zitate, gelegentlich auch geklitterte. Die Konzentrierung verschiedener Zitatstellen zu einer einzigen intensiviert deren Aussage. Diese betrifft vor allem Wolfs Interpretation der Günderrode, die sich von der Günderrode des Essays »Schatten eines Traumes« dadurch unterscheidet, daß sie bestimmter und konsequenter geworden und perspektivisch weiterentwickelt worden ist.

Die Verdichtung des Zitatmaterials und seine poetische Anverwandlung ermöglichen eine gegenseitige Durchdringung der romantischen und der aktuellen Zeit. Der Juninachmittag des Jahres 1804 kann als das Kondensat einer ganzen Epoche aufgefaßt werden, in ihm verdichtet sich Zitatmaterial aus vier Jahren. Eine Verbindung zwischen zwei Zeitaltern entsteht durch die Doppeldeutigkeit des Verfahrens, das einerseits – um die vergangene Epoche authentisch zu erfassen – diese in ›typischen‹ Äußerungen zitiert, das andererseits, indem es zitiert, dem Vergangenen eine Bedeutung für die Gegenwart zuschreibt. An Unerledigtes aus der Vergangenheit soll erinnert, den zu Unrecht vergessenen Dichter soll ein beunruhigendes Denkmal gesetzt werden. Dies geschieht mittels einer Haltung der Erzählerfigur, die Anteilnahme, Indentifikation und Wiedererkennen verrät. Das Auseinanderdriften der Bereiche von Geist und Macht und die daraus erwachsende, zu Selbstverlust führende Handlungshemmung gehört zu den Erfahrungen Günderrodes und Kleists, aber auch von Sozialisten in der DDR. Der Widerstand gegen die Verfestigung solcher problematischer Strukturen liegt in der Suche nach Alternativen, und diese ihre Suche macht Günderrode und Kleist zu Vorläufern, deren Nachfolge die Erzählerfigur antritt, indem sie sie erneut hervorbringt, daß man sie sieht.

Günderrode und Kleist werden jeweils charakterisiert durch ihre Träume, in denen ihre Problematik symbolisch entfaltet wird, durch die Art ihrer Zusammenstöße mit der Gesellschaft und durch Momente der Selbstentfremdung und der Identität mit sich selber.

Am Beispiel der Günderrode gestaltet Wolf das Motiv der Selbstentfremdung u. a. durch den Einsatz von Körpersprache, beschränkt auf den symptomatischen Ausdruck von Krankheit und Konflikten. Der von Krankheit gezeichnete Körper Günderrodes wird zum Symbol innerer und äußerer Gefangenschaft, Beschränkung und Fremdheit. »Die Günderrode sieht sich in dem schwarzen Ordenskleid mit dem hohen steifen Kragen als Jüngste an der langen Tafel stehn, bis die Oberin das Zeichen zum Gebet und zum Beginn der Mahlzeit gibt. Die Erstarrung, die Angst davor. Sie hat den Ton im Ohr, der sie von allen gewöhnlichen Geräuschen abschirmt und ihr anzeigt, daß es Zeit ist, sich zurückzuziehen, die Vorhänge zu schließen und sich langzulegen auf das harte schmale Bett. Hinter geschlossenen Lidern dem Kopfschmerz die Herrschaft überlassen. Kälte der Gliedmaßen, schalltoter Raum. Rückzug des verschmähten Körpers auf sich selbst.« (KON 130)

Kleist erlebt einem Moment der Identität mit sich selbst, erfahrbar in einer Empfindung, bevor sie sich zu Worten verdichtet. In einer klaren Nacht geht Kleist durch ein »flachwelliges Gelände«, wo er den »Herzschlag der Erde unter seinen Fußsohlen« spürte und sich vergaß, »ohne sich aufzugeben«. Diese Erfahrung kommentiert die Erzählerfigur: »Er streckte sich aus und hatte an Leib und Gliedern erfahren, was Freiheit ist, ohne daß das Wort ihm ein einziges Mal in den Sinn gekommen war.« (KON 125)

Der erwünschten und zugleich problematisch erlebten inneren Androgynität Günderrodes steht die reduzierte und gehemmte Persönlichkeit Kleists gegenüber. Günderrode repräsentiert in dieser Versuchsanordnung die Idee, den Wunsch, der zuviel will und deshalb keine Erfüllung finden wird. Kleist steht für die Unmöglichkeit wirksamen politischen Handelns, für die zum Scheitern verurteilte Tat und die Verlockung durch Macht. Als Strategie, der Entfremdung zu begegnen, verfolgen beide die Aufhebung von Trennungen: zwischen Phantasie und Wirklichkeit, zwischen Kunst und Wissenschaft, zwischen den Menschen, zwischen den Geschlechtern. Die Selbstentfremdung beider hat ihre Ursachen in dem inneren Zustand der Bindungslosigkeit und dem äußeren Zustand der Heimatlosigkeit.

Kleist sieht sich in einer in jeder Hinsicht ausweglosen Situation. Er fühlt sich unfähig, »sich in irgendein konventionelles Verhältnis dieser Welt einzupassen« (KON 87). Er empfindet sich unter dem inneren Zwang stehend, entweder seine unbewußten Triebe und innersten Gefühle zu verdrängen oder sich ihnen auszuliefern bis in den Wahnsinn.

In ihrer Interpretation der »Penthesilea« Kleists (1982) geht Wolf der Frage nach, wieso Kleist sein innerstes Wesen durch das Schicksal der Amazone Penthesilea ausdrückt, die den Griechenheros Achill liebt und ihn deshalb zerreißen muß. Wolf deutet die »Penthesilea« sowohl als »Metapher für die hoffnungslose Trennung von Mann und Frau« (T+K 46, 1985, 9) als auch als Angst Kleists vor dem Ausbruch des Wahnsinns in sich selbst.

Seine Situation als Künstler in der preußischen Gesellschaft beschreibt Kleist mit den Worten: »Jemand fühle, ob nun zu Recht oder zu Unrecht, den Zwang in sich, einer Bestimmung zu folgen; seine Vermögensverhältnisse gestatten es ihm nicht, im Ausland zu leben und frei seinen Intentionen nachzugehen, noch in seinem Vaterland zu existieren, ohne ein Amt anzunehmen. Dieses Amt aber, zu dessen Erlangung er sich unerträglich erniedrigen müßte, würde in jedem Sinn seiner Bestimmung zuwiderlaufen.« (KON 80/81) Seine künsterische Produktion steht insofern in Beziehung zu seinem Leben, als sie Ersatz ist, denn Kleist kann »wahres Leben nur fühlen, indem man schreibt« (KON 24). Das wirkliche Leben, Schmerz und Verzweiflung, ist für ihn nicht ausdrückbar. Erinnerungen bewahrt er sich in einer »durch Worte befestigt[en]« (KON 23) Form auf; Erleben, Empfinden und Denken erstarren ihm unter den Hand zum Zitat. Der Grund dafür: seine Sinne taugen nicht, sie reichen nicht bis hin zur Wirklichkeit, er erkennt nur, was er kennt, seine wichtigste Blickrichtung ist die nach innen.

»Kleist verfällt in Schweigen, steht jetzt allein am Fenster, man möchte wetten, er sieht die Landschaft nicht, auf die er zu blicken scheint und die ihm, sähe er sie, wohl einen Ausruf, Freude oder Anerkennung, entlocken dürfte. Es soll vorkommen, daß einer sein Lebtag das Land seiner Geburt vor Augen hat, nichts anderes wahrnimmt als Kiefernwald, flache grüne Seen, Roggen-, Rüben- und Kartoffelfelder.« (KON 64)

Landschaften als mögliche Orte seiner Sehnsucht erlebt Kleist als Bestandteile der Außenwelt, die sich nicht widersetzen, sondern seiner sich beengt fühlenden Persönlichkeit eine befreiende Ausweitung ermöglichen.

»Die Nacht, denkt Kleist, es war im Dezember, da ich in die Schweiz kam, den Boden meines neuen Vaterlands betrat. Ein stiller Landregen fiel. Ich suchte Sterne in den Wolken. Nahes und Fernes, alles war so dunkel. Mir war's wie ein Eintritt in ein andres Leben.« (KON 85)

Günderrodes und Kleists Annäherung findet im Freien statt, bei einem Spaziergang am Rheinufer. »Soll eine Frau so blicken?«

(KON 12) fragt sich Kleist. Den geraden, offenen Blick der Günderrode deutet er als männliche Eigenschaft; daß sie sich außerdem durch weibliche Schönheit und Sanftmut auszeichnet, verwirrt ihn. Dichten hält Kleist für eine Frau für unpassend; er wertet es als Indiz für ihr Versagen als Geliebte und Mutter. Seine Ambivalenzen Günderrode gegenüber finden ihren Ausdruck in einer Haltung, die zwischen Bewunderung ihrer ›männlichen‹ Stärke und Vertrauen in ihre ›weibliche‹ Sensibilität schwankt – eine Kombination, wie sie Kleist durch seine Schwester Ulrike vertraut ist.

Günderrode riskiert beständig, verletzt zu werden, wenn sie ihr Eigenstes preisgibt in ihren Gedichten und in ihrer Beziehung zu ihrem Freund, dem Rechtsgelehrten Savigny, der die Bedingungen dieser Beziehung diktiert. Von sich selbst fordert Günderrode, daß Empfinden und Schreiben sich entsprechen. Zugleich spürt sie, daß dieser Anspruch solange unerfüllbar bleibt, wie sie mit sich selbst nicht identisch sein kann. Ihre Verwirklichung sucht sie gleichermaßen und mit dem völligen Einsatz ihrer Person im Dichten und im Lieben. Zwar verständigt sie sich mit ihrer Freundin, der Dichterin Sophie Mereau, darüber, »wie kindisch Männer sind« (KON 32); aber trotzdem erfüllt es sie mit tiefer Traurigkeit, »daß wir nicht darauf rechnen können, gekannt zu werden« (KON 35). Sie zweifelt an der Liebesfähigkeit der Männer, an die sie selber ihre Liebe verausgabt.

In einer Auseinandersetzung mit Savigny, in der Günderrode republikanische Gesinnung vertritt – denn ohne die französische Revolution hätte keine Frau begehren können, frei zu sein – und nicht trennt zwischen der revolutionären Idee und der Tat, die aus ihr folgt, vertritt Savigny das Gesetz der Trennung: »Daß man die Philosophie nicht beim Wort nehmen, das Leben am Ideal nicht messen soll – das ist Gesetz.« (KON 63)

Bei diesem Disput ergreift die Erzählerfigur Günderrodes Partei, indem sie zu bedenken gibt, daß die Ausschaltung der Spannung zwischen Anspruch und Wirklichkeit die Ausschaltung der Utopie bedeute, die doch nötig sei, um ungerechte Verhältnisse umzustürzen und bessere Lebensbedingungen zu schaffen. Daß Savigny für alle Probleme nur ein »entweder – oder« habe und nur die Neugier auf das, was »unanfechtbar, folgerichtig und lösbar« sei, erklärt Günderrode als das Produkt eines »männlichen Kopfes« (KON 102). Von Clemens Brentano, der eifersüchtig Günderrodes Gespräche mit Savigny überwacht, distanziert sie sich, da er sie behandle, »als sei ich sein Eigentum« (KON 102). Daß ihr Freund Savigny nur Frauen lieben kann, die sich keine Ebenbürtigkeit anmaßen, sondern »das rechte Verhältnis von Selbständigkeit und

Hingabe« (KON 74) haben, deutet Günderrode als männlichen Narzismuß: »Daß ihr immer nur euch seht.« (KON 76). Mit Kleist spricht sie gern über dessen Schwester Ulrike, die ihren Bruder in Männerkleidern nach Paris begleitete. Günderrodes Beobachtung nach gehöre »zum Leben der Frauen mehr Mut als zu dem der Männer. Wenn sie von einer Frau höre, die diesen Mut aufbringe, verlange es sie danach, mit ihr bekannt zu sein. Es sei nämlich dahin gekommen, daß die Frauen, auch über Entfernungen hinweg, einander stützen müßten, da die Männer nicht mehr dazu imstande seien. [...] Weil die Männer, die für uns in Frage kämen, selbst in auswegloser Verstrickung sind. Ihr werdet durch den Gang der Geschäfte, die euch obliegen, in Stücke zerteilt, die kaum miteinander zusammenhängen. Wir sind auf den ganzen Menschen aus und können ihn nicht finden.« (KON 118/19)

Diese Vorstellung vom ganzen Menschen beziehen Kleist und Günderrode auch auf eine Verbindung von weiblichen und männlichen Elementen. Kleist spricht aus, daß es ihm unerträglich sei, »daß die Natur den Menschen in Mann und Frau aufgespalten« (KON 133) habe. Darauf erwidert Günderrode: »Sie meinen, daß in ihnen selbst Mann und Frau einander feindlich gegenüberstehn.« (KON 133) Über solche Offenheit und Sensibilität ist Kleist nicht nur verwundert; sie wecken in ihm die Hoffnung, daß es Liebe geben könnte, in der diese Ganzheit möglich wäre. Günderrode, so denkt er, könnte vielleicht diejenige sei, »vor deren Liebe man keine Angst haben müßte« (KON 134), der er sich nicht ausgeliefert fühlen müßte wie seiner Schwester Ulrike und nicht überlegen wie seiner Braut Wilhelmine von Zenge. Liebe ohne Herrschaftsstrukturen wünscht sich auch Günderrode; aber sie weiß, »daß die bürgerlichen Verhältnisse eine Frau unglücklich machen müssen« (KON 91), sie kennt die »niedergehaltenen Leidenschaften« (KON 91) der Frauen, die nicht ausgelebt werden dürfen, kennt das »Schicksal, das der Mann ist« (KON 143). Trotzdem läßt sie sich immer wieder auf Liebeserfahrungen ein, die sie verletzen müssen; trotzdem wünscht sie sich, sie könnte einem Mann begegnen, »von dem sie nichts erfahren kann, außer sie erfährt sich selber bis auf den Grund, bis an ihre Grenzen und darüber hinaus« (KON 134). Sie selber, glaubt sie, »brächte die Glut auf, die Wand zwischen sich und den anderen einzuschmelzen. Ein Vorgefühl des Lebens, das diesen Namen verdient, ist in ihr.« (KON 135f.) Kleist, der spürt, daß Günderrode an der Unerfüllbarkeit solcher Wünsche leidet, bemerkt lakonisch, »aber die Frauen sind das leidende Geschlecht« (KON 136). In der für die Frau bestehenden Möglichkeit des Rückzugs in die Privatheit des weiblichen Lebenszusammenhangs sieht er die Garantie der Erfüllung, die ihm als Mann nicht erreichbar ist.

»Die Ideen, die folgenlos bleiben. So wirken auch wir mit an der Aufteilung der Menschheit in Tätige und Denkende. Merken wir nicht, daß die Taten derer, die das Handeln an sich reißen, immer unbedenklicher werden? Wie die Poesie der Tatenlosen den Zwekken der Handelnden immer mehr entspricht?« (KON 143) Mit diesen Sätzen führt die Erzählerfigur die Überlegungen Kleists und Günderrodes über die Bestimmungen des Weiblichen und des Männlichen in der entstehenden bürgerlichen Gesellschaft weiter und stellt sie in den Zusammenhang von Herrschaftsstrukturen und politischer Macht. Die Sehnsucht Kleists und Günderrodes, als gesellschaftlich handelnder Mensch die Vision von sich zu verwirklichen, deutet die Erzählerfigur als einen Anspruch, »den auf Erden keiner je erfüllen kann: Tätig zu werden und dabei wir selber zu bleiben« (KON 143f.). Obwohl als Utopie gedeutet, bleibt der Wunsch bestehen, die Trennung in ein handelndes männliches und ein empfindendes weibliches Prinzip, die im patriarchalen Herrschaftsinteresse entstanden sind und erhalten werden, möge aufzuheben sein. Diese utopische Berührung, die noch zu erfinden sein wird, ist gleichsam der Knoten, an dem die Fäden der Erzählung zusammen laufen.

»Sie bleiben stehen, drehn sich einander zu. Jeder sieht den Himmel hinter dem Kopf des andern. Das blasse, spätnachmittagliche Blau, kleine Wolkenzüge. Sie mustern sich unverhohlen. Nackte Blicke. Preisgabe, versuchsweise. Das Lächeln, zuerst bei ihr, dann bei ihm, spöttisch. Nehmen wir es als Spiel, auch wenn es ernst ist. Du weißt es, ich weiß es auch. Komm nicht zu nah. Bleib nicht zu fern. Verbirg dich. Enthülle dich. Vergiß, was du weißt. Behalt es. Maskierungen fallen ab, Verkrustungen, Schorf, Polituren. Die blanke Haut. Unverstellte Züge. Mein Gesicht, das wäre es. Dies das deine. Bis auf den Grund verschieden. Vom Grund her einander ähnlich. Frau. Mann. Unbrauchbare Wörter. Wir, jeder gefangen in seinem Geschlecht. Die Berührung, nach der es uns so unendlich verlangt, es gibt sie nicht. Sie wurde mit uns entleibt. In Träumen bietet sie sich uns an, entstellt, schrecklich, fratzenhaft. Die Angst, im Morgengrauen, nach dem frühen Erwachen. Unkenntlich bleiben wir uns, unnahbar, nach Verkleidungen süchtig. Fremde Namen, die wir uns zulegen. Die Klage in den Hals zurückgestoßen. Trauer verbietet sich, denn wo sind die Verluste? Ich bin nicht ich. Du bist nicht du. Wer ist wir?« (KON 137/38)

Die mit dieser Berührung vorgestellte Aufhebung der Grenzen des Geschlechts ist die Erfindung der Erzählerfigur, ihre ›Vision‹. In die Gestaltung dieser Berührung gehen keinerlei Zitate, d.h. nichts bereits Formuliertes, ein, sondern dies ist die eigene und authentische Erfindung der Erzählerfigur, ihr Entwurf einer herrschaftsfreien Beziehung zwischen zwei Menschen verschiedenen Geschlechts.

Der Pessimismus der Setzung »Kein Ort. Nirgends« gilt für die historischen Personen Kleist und Günderrode, deren Entscheidung zum Tod in der Erzählung vorweggenommen wird. Kleist und Günderrode stehen jedoch, so wie die Erzählerfigur sie entwirft, für die Sehnsucht nach Menschwerdung, nach neuen Beziehungen zwischen Mann und Frau und für den Mut, die Maskerade abzulegen und Offenheit zu riskieren. Die Aufforderung an den Leser liegt im Begreifen des Entwurfcharakters der Figuren und der Erzählung.

Die Funktion der Erzählerfigur

»Kein Ort. Nirgends« ist wie »Nachdenken über Christa T.«, »Kindheitsmuster« und »Kassandra« lesbar als ein großer Autorenmonolog, in den Erinnerung und anverwandelte fiktionalisierte Zitate eingelagert sind. Eine mystische Beschwörung, eine Vision wird gestaltet, organisiert durch die Erzählerfigur, die mit der Autorin identisch sein dürfte. In der wiederkehrenden Wendung »Wer spricht?« besinnt sich die Erzählerfigur auf ihre Funktion. Das Nachdenken über gegenwärtige Probleme führt die Erzählerin zu deren vermuteten Ursprüngen zurück; das Zitat gibt dabei den Anstoß zur Erinnerung. Im Rückgriff auf diese Technik, Erfundenes und Erinnertes zu montieren, knüpft Christa Wolf an die Mischformen romantischer Autoren an.

Wolf beschreibt die Arbeit der Bettine an ihrem Günderrode-Buch in »Schatten eines Traumes« folgendermaßen: »Dieses Buch hatte das Unglück, in die Hände staubtrockener Textkritik zu fallen, deren Instrumenten es ein leichtes ist, es als ›Fälschung‹ zu entlarven. Daß die Bettine mit ihrem Material frei umgegangen ist, Briefe zusammengezogen, Stücke aus anderen Briefwechseln hineingenommen, manches erfunden hat, ist ihr angekreidet worden. Authentisch ist dies Buch dennoch, in einem poetischen Sinn: als Zeugnis für eine Freundschaft zwischen zwei Frauen, ein Beleg aber auch für Lebensformen und Sitten einer Zeit und für eine Kritik an diesen Sitten, die sich nicht scheut, an die Wurzeln zu gehn [...].« (LS 2, 255)

Auch in »Nachdenken über Christa T.« und in »Kindheitsmuster« hatten solche ›Beziehungen‹ im Mittelpunkt gestanden, die zwischen der Erzählerin und der literarischen Figur bzw. die zwischen verschiedenen Identitäten der Erzählerin.

Kleist und Günderrode sind Kunstfiguren, an deren Beispiel darüber nachgedacht werden kann, ob das androgyne Menschenbild der Frühromantik in der Gegenwart Gültigkeit haben kann und als

Entwurf vor die heutigen Menschen hinzustellen ist. In lebenden Bildern, in Tableaus, von der Erzählerin inszeniert, treten Kleist und Günderrode auf, um sich in der Vision der Erzählerin als Entwurf zu begreifen – »vielleicht, um verworfen, vielleicht um wieder aufgegriffen zu werden« (KON 150).

7 »Literatur heute muss Friedensforschung sein« Voraussetzungen einer Erzählung: Kassandra

Der Rückgriff auf den Mythos

Im Mai 1982 hält Christa Wolf im Rahmen der Poetik-Dozentur der Universität Frankfurt/Main fünf Vorlesungen unter dem Titel »Voraussetzungen einer Erzählung: Kassandra«. In diesen Vorlesungen, in denen Wolf ihre subjektive Herangehensweise an Stoff und Figur der trojanischen Seherin Kassandra offenlegt, arbeitet sie den Widerspruch zwischen dem »lebendigen Material« (V 8) und den vorhandenen ästhetischen Formen heraus, in die es gebracht werden soll, um ›Kunst‹ zu werden. Dabei variiert sie verschiedene literarische Gattungen: Reisebericht, Arbeitstagebuch, Brief und Erzählung. Diese Bewegungen ihrer ästhetischen Formensuche kreisen um ein Bild, ohne es letztlich fixieren zu können: Kassandra, auf dem Beutewagen des Agamemnon vor dem Löwentor von Mykene sitzend.

In einem ersten Entwurf zur Figur der trojanischen Seherin Kassandra geht Wolf davon aus, daß Kassandras Grundkonflikt ihr »Ringen um Autonomie« (V 118) sei, ihre Grunderfahrung, von den eigenen Leuten zum Objekt für deren Zwecke, die Sicherung ihrer Macht, mißbraucht zu werden. In Kassandra sei – wo Wolfs Annahme – »eine der ersten Frauengestalten überliefert, deren Schicksal vorformt, was dann, dreitausend Jahre lang, den Frauen geschehen soll: daß sie zum Objekt gemacht werden« (V 86). In diesem ersten Entwurf bringt Wolf Kassandras versuchsweise rekonstruierte, modellhaft aufgefaßte Situation in unmittelbare Beziehung zur aktuellen politischen Lage, die sie deutet als eine Vor-Kriegszeit, als eine Zeit der Rüstung in bisher nicht dagewesenem Ausmaß der Bedrohung. Wolf sucht angesichts des atomaren Vernichtungspotentials nach Möglichkeiten, das »hierarchisch-männliche Realitätsprinzip« (V 112), dessen Realitätsverständnis sie nicht mehr mitträgt, außer Kraft zu setzen. Sie will Alternativen ins Gespräch bringen, und wie bereits in »Kein Ort. Nirgends« sucht sie nach solchen Alternativen in der Geschichte.

Wolfs Abkehr vom prometheischen Weltbezug ist ihre Antwort auf die zutiefst inhumane und selbstzerstörerische Entwicklung in den modernen Industriegesellschaften. Der Überzeugung, daß die fortgeschrittene Entfesselung prometheischer Kräfte die Aufhebung jenes Hoffnungsprinzips bewirke, für die des Prometheus Name stehe, hatte Wolf bereits in ihrer Büchner-Preisrede Ausdruck verliehen: »Wir, ernüchtert bis auf die Knochen, stehn entgeistert vor den vergegenständlichten Träumen jenes instrumentalen Denkens, das sich immer noch Vernunft nennt, aber dem aufklärerischen Ansatz auf Emanzipation, auf Mündigkeit hin, längst entglitt und als blanker Nützlichkeitswahn in das Industriezeitalter eingetreten ist.«

Der Vernunftbegriff der klassischen Ästhetik und der Realitätsbegriff, welcher Geschichte, Politik und Literatur zugrunde liegt, erscheint Wolf grundsätzlich in Frage gestellt. Angesichts der unübersehbaren Hoffnungslosigkeit versagen der Literatur die Worte. »Wenn wir zu hoffen aufhören, kommt, was wir befürchten, bestimmt« (KON 148), formuliert die Erzählerin in »Kein Ort. Nirgends«. »Was geschehen soll, geschieht. Wir sind nicht dazu da, es zu verhindern« (K 123), heißt es in »Kassandra«. Dennoch ist Wolf von einer humanisierenden Wirkung von Literatur überzeugt.

»Erzählen ist human und bewirkt Humanes, Gedächtnis, Anteilnahme, Verständnis – auch dann, wenn die Erzählung teilweise eine Klage ist über die Zerstörung des Vaterhauses, den Verlust des Gedächtnisses, das Abreißen von Anteilnahme, das Fehlen von Verständnis.« (V 36)

Christa Wolfs Situation mag derjenigen Anna Seghers' vergleichbar sein, die es als ihre Aufgabe erkannte, die Kriegshetze der Nationalsozialisten als Ausdruck menschenverachtender Machtpolitik zu entlarven (vgl. ihre Rede »Vaterlandsliebe«, Paris 1935). Als das Verdienst der Seghers'schen Prosa aus der Zeit ihres antifaschistischen Kampfes hat Wolf nachdrücklich hervorgehoben, daß es Seghers gelungen ist, mit ihrem Werk den »Glauben an Irdisches« in den Menschen zu befestigen, den Glauben an die »irdische Vernunft, die denkende, mitfühlende, verstehende und handelnde Vernunft« (LS 2, 138). Diese heute ebenso notwendige Hoffnung will Wolf durch ihre Prosa und Essayistik stärken. Diese Vernunft erneut hervorzubringen, wendet sich Wolf dem Mythos zu; der Rekurs auf den Mythos erscheint ihr notwendig, um »aufklärerisch gegen die Aufklärung anzutreten« (Engelhardt/Rohrwasser, 1985, 49). Die Umdeutung des Mythos, wie Wolf sie am Beispiel des Trojanischen Krieges und der Seherin Kassandra erprobt, soll die Heutigen vom Fatalismus zu emanzipieren helfen. Christa Wolf humanisiert den Mythos: anstelle eines unabwendbaren Schicksals stellt sie menschliche Verantwortung und Handlungsmöglichkeiten zur Diskussion.

Wolf greift bei der Gestaltung des Trojanischen Krieges und der Geschichte der Kassandra u.a. auf die »Illias« des Homer zurück, welche das zehnte Jahr der Belagerung Trojas durch die Griechen und den Untergang Trojas überliefert. Am Beispiel der »Ilias« soll der Schicksalsbegriff der

Griechen kurz erläutert werden, um die These der Humanisierung des Mythos durch Wolf zu veranschaulichen.

Die Griechen haben den Kampf gegen die Trojer, an deren Seite die Amazonen kämpften, mithilfe des Schicksals für sich entschieden. Das Schicksal, Moira, beherrscht auch die Götter. Diese haben den Menschen voraus, daß sie das Schicksal, das Vorherbestimmte und unausweichlich Eintreffende, kennen. Dieses Wissen geben die Götter über die Seher an die Menschen weiter. Schicksal ist das »schlechthin Unabwendbare in Disparatheit« (Bloch, 1980, 1513), es macht jegliches menschliche Handeln absolut sinnlos. Der »passiv-verzweifelten Vision« (Bloch, 1980, 1514) der Kassandra vom Untergang Trojas kann deshalb nicht nur keine Tat, sondern auch kein Trost begegnen. »Der Untergang Trojas war der Kassandra, die mit den Göttern die Gabe des Schicksalwissens teilte, als vollendete Tatsache bekannt. Er war bereits ausgemacht, bevor Paris geboren war, bevor Helena von ihm geraubt war, bevor der Krieg nur begonnen hatte; keine Buße der Trojaner, der ohnehin völlig Schuldlosen, konnte den Untergang abwenden.« (Bloch, 1980, 1513)

Wolf wendet sich der mythologischen Figur der Kassandra zu, die an der Nahtstelle einer Zeitenwende steht, von der keine nach wissenschaftlichen Kriterien gesicherten Daten und Fakten berichten: die für die abendländische Geschichte grundlegende Wende, den vermutlich nach längeren kriegerischen Auseinandersetzungen erreichten Sieg des Patriarchats über die bestehende materiarchale Gesellschaft. Wolfs Anliegen ist die Rückführung der Kassandra-Figur in die »(gedachten) sozialen und historischen Koordinaten« (V 111) dieser Zeitenwende, von der keine Geschichtsschreibung berichtet, aber Mythen und deren frühe literarische Gestaltung überliefert sind. Dieses Unternehmen fördert eine Geschichtsschreibung von unten und eine widerständige Poetik zutage, die von den Frauen, welche seit dieser Zeitenwende zu den Unterdrückten und Ausgesperrten gehören, getragen werden.

Den Mythos vom Trojanischen Krieg aufgreifend, arbeitet Wolf nach zwei Richtungen hin entmythologisierend:

– Sie deckt die patriarchale Geschichtsschreibung als eine von patrikulären Interessen geleitete, die Unterdrückung anderer Werte und Lebenshaltungen befestigende Verfälschung tatsächlicher historischer Entwicklung auf. Sie entheroisiert Krieg und Gewalt als die Herrschaftsmittel einiger weniger und zeigt historische Beispiele für Lebensformen auf, die von Vertrauen, Freundlichkeit und Solidarität, d.h. von lebensbewahrenden Momenten geprägt sind. Ihre Umwertung wird an der Figur des Griechen Achill besonders deutlich; Achill, der »größte Held der griechischen Sage« (Friedrich Engels) steht in Wolfs Deutung für die mörderische Zerstörungslust des Patriarchats.

– Sie deckt die ideologische Legitimation dieser Herrschaft einiger weniger auf, indem sie deren Mechanismen offenlegt und analysiert (Repression, Anpassungsdruck, Sprachregelungen, Zensur etc.). Ideologische Legitimation liefert auch das von den Göttern inspirierte, die Macht der Herrschenden unantastbar machende Sehertum. Was zunächst als ideologie- und religionskritisches Moment erscheint, ist jedoch auch auf die mögliche Funktion von Literatur, Herrschaft zu stützen und zu legitimieren, beziehbar. Wolfs Arbeit am Mythos zielt auf eine Befreiung »von allem Glauben« (V 90).

Der Entheroisierung und Entidealisierung werden alternative Entwürfe entgegengestellt, deren Grenzen innerhalb der Erzählung »Kassandra« deutlich werden. Gerade die offensichtliche Begrenztheit dieser Entwürfe legt es nahe, daß es weniger um inhaltliche Alternativen geht, sondern hauptsächlich um die radikale Infragestellung der herrschenden Verabredungen darüber, was Wirklichkeit sei: um die Veränderung des bekannten »Seh-Rasters« (V 131).

In konsequenter Fortsetzung ihrer am Beispiel der Günderrode und der Bettine erarbeiteten Entwürfe einer anderen Ästhetik und einer »andere[n], nichttötenden[n] Art, auf der Welt zu sein« (LS 2, 318) sucht Wolf nach Alternativen zum abendländischen Denken und dessen männlichem Realitätsprinzip, wie sie es nennt, das an einem Punkt seiner Entwicklung angelangt ist, wo die Vernichtung Europas machbar und möglich scheint. Wolf wählt Kassandra, die sterben wird, und die im Angesicht des sicheren Todes spricht. Kassandras absolute Ausweglosigkeit ist der dringliche Appell, heute nach Alternativen zu suchen und nicht dem Fatalismus anheimzufallen.

Christa Wolfs Rückgriff auf den Mythos steht innerhalb der DDR-Literatur nicht isoliert. Der Mythos gewinnt zunehmend Aktualität und Bedeutung als Kritik an der als seine Gegenkraft verstandenen Aufklärung, als Fixierung von Strukturen, die zugleich der Gegenwart und deren Vorgeschichte zugrunde liegen oder als Pluralisierung von Erkenntnismöglichkeiten. Wolf interessiert sich vorrangig für die Funktion des Mythos, von der herrschenden Definition abweichende Erfahrungsmuster von Sein und Wirklichkeit und andere Begriffe von Vernunft zuzulassen, als sie das instrumentelle Denken zu imaginieren vermag. »Den Mythos lesen lernen ist ein Abenteuer eigener Art; eine allmähliche eigene Verwandlung setzt diese Kunst voraus, eine Bereitschaft [...] einem anderen Inhalt des Begriffs ›Wirklichkeit‹ sich hinzugeben.« (V 57) Das Lesenlernen des Mythos und seine Aktualisierung kann aber weder die Wiederholung des patriarchalen Diskurses noch die Regression zur archaischen Mutter bedeuten, sondern führt zur Umwertung und Neuinterpretation, also zu etwas Neuem.

Die Wertschätzung der antiken Heroen durch Marx und Engels blieb für die Literatur der DDR nicht ohne Einfluß. So wurde das Schicksal deutscher Emigranten mit dem des Odysseus verglichen; mit Prometheus verband sich die Vorstellung vom sozialistischen Schöpfertum, Herakles stand für die schnelle Verwirklichung gestellter Aufgaben. Besonders zentrale Begriffe des Aufbaus in der DDR, wie »Produktionsschlacht« oder »Held der Arbeit«, verweisen auf einen affirmativen Gebrauch der Kriegsmetaphorik antiker Mythen. Wolfs Arbeit mit dem Mythos steht in der DDR-Literatur in einer anderen Tradition. Der Dramatiker Heiner Müller nutzte beispielsweise schon in den sechziger Jahren das kritische Potential einer Umwertung des Mythos, die auf die Gegenwart zielt, in seinen Bearbeitungen des Herakles, des Ödipus und des Prometheus. In jüngster Zeit geraten in der DDR-Literatur Sisyphus und seine endlose Arbeit ins Blickfeld. Vor allem für jüngere Autoren wird dieser Mythos zur Metapher für ihre Erfahrung, daß die gesellschaftliche Entwicklung ein langwieriger und komplizierter Prozeß ist.

Vereinzelte mythologische Stoffe und Motive werden, seit sie durch Anna Seghers (»Sagen von Artemis«, 1937, »Argonautenschiff«, 1948 u.a.m.) Aufnahme in die Literatur des sozialistischen Realismus fanden, vor allem in der Prosa intensiv genutzt.

Die Umdeutung der Kassandra-Figur

Die Erzählung »Kassandra« ist gestaltet als ein langer Monolog der Seherin Kassandra, die angesichts des nahen Todes den Erinnerungen an ihre mit Trojas Kampf und Untergang eng verknüpfte Geschichte freien Lauf läßt.

Kassandras Geschichte, wie die Erzählerfigur sie entwirft, steht nicht nur der bisherigen Geschichtsschreibung entgegen, welche die ›Heldentaten‹ der Männer, ihre Machtkämpfe, Siege und Niederlagen aneinanderreiht, sondern sie vollzieht eine Entwertung dieses Heroenkultus. Grundlage für die Umwertung des Mythos vom Trojanischen Krieg ist die Neuinterpretation der Sehergabe Kassandras. Teil dieser Umwertung ist das Erzählen selbst aus der Sicht einer Frau.

›Sicht der Frau‹ meint hier umfassend die »Perspektive derjenigen, die unterdrückt werden und derjenigen, die jeweils die Verlierer sind« (Documentation, 1984, 106). Christa Wolf hat in einer Diskussion nach einer Lesung aus »Kassandra« hervorgehoben, daß gerade die gemeinsame Grundlegung der Klassengesellschaft und des Patriarchats sowie deren gegenseitige Stabilisierung die Momente seien, die sie bei der Bearbeitung des Kassandra-Stoffes sehr interessiert haben. Diese – an Engels‹ Schrift »Der Ursprung der Familie, des Privateigentums und des Staats« (1884) anknüpfende – These macht verstehbar, daß Wolf den »Schock«, »daß Frauen seit dreitausend Jahren keine Stimme haben« (Documentation, 106), der sie während der

Beschäftigung mit der Geschichte der Frauen überkam, der Erschütterung vergleicht, die sie durch die Begegnung mit der marxistischen Philosophie erfuhr.

Die Stadt Troja wird vorgeführt als eine Festung des noch jungen Patriarchats, die sich zunächst in Vorbereitung des Krieges, dann in zehnjährigem Kriegs- und Belagerungszustand befindet. Die Frauen in dieser Stadt leben in politischer Ohnmacht, sie sind ausgeschlossen aus entscheidenden politischen Funktionen, werden erniedrigt zum Tauschobjekt mit dem Feind, instrumentalisiert als Preis für politische Bündnisse, Opfer der Rache der Feinde, versklavt, vergewaltigt, ermordet. Die Erzählung benennt die Mechanismen, mit denen Männer in Troja Politik machen, als solche der Realitätsverdrängung, Realitätsverfälschung, der Heuchelei, der Intrige, des Verrats und letztlich der Mißachtung der Unversehrtheit des Lebendigen zugunsten einer Fiktion von Stärke und Macht, die sich ausschließlich im Töten und Siegen verwirklicht.

In den Griechen, die Troja zehn Jahre lang belagern, vor allem aber in Achill, einem ihrer Führer, verkörpert sich in den Augen Kassandras ›die‹ kriegerische Gewalt, die nur Sieg oder Tod kennt.

In der Erzählung erhält Achill den Beinahmen »das Vieh«. Diese Konnotation ist nicht neu; auch in Shakespeares »Troilus und Cressida« werden Achills Taten »viehisch« genannt und die Sympathie der Darstellung wird zu den Troern hin verlagert.

An der Figur des Achill wird die männliche Zerstörungslust psychologisch als Todestrieb, als Verbindung von Lust und Tod gedeutet. Kassandra wird Zeugin, als Achill ihren Bruder Troilos vergewaltigt und ermordet: »Ja gab es das denn: Mörderlust und Liebeslust in einem Mann? Durfte unter Menschen das geduldet werden? [...] Die nackte gräßliche männliche Lust. Wenn es das gibt, ist alles möglich.« (K 85) Wiederum ist Kassandra Zeugin, als Achill die Amazone Penthesilea erst im Kampf tötet und dann schändet. »Der Mann, unfähig, die Lebendige zu lieben, wirft sich, weiter tötend, auf das Opfer [...] Die Männer, schwach, zu Siegern hochgeputscht, brauchen, um sich überhaupt noch zu empfinden, uns als Opfer. Was soll da werden.« (K 137)

Die Umdeutung des Achill von strahlenden Heros zum patriarchalen Todesengel geschieht durch die Psychologisierung mythologischer Motive. Die Analyse psychischer Antriebe menschlichen Handelns als Teil der objektiven Realität gelingt Wolf jedoch vor allem bei den aggressiven männlichen Figuren, den ›Feindbildern‹; die wenigen positiven männlichen Figuren wie etwa Aineias werden idealisiert. Eine solche Psychologisierung ist nicht unproblematisch, da sie moderne psychologische Kriterien auf homerische Helden überträgt. Auch erscheinen die Ergebnisse dieses Verfahrens – die männliche Unfähigkeit zu lieben wird als die Ursache für männliche Gewalt überhaupt und für die Gewalt gegen Frauen im besonderen gedeutet – als nicht ausreichend, um einen so komplexen Sachverhalt wie die männliche Dominanz in Geschichte und Politik zu begründen.

Zwischen diesem Extremen vernichten die Männer beider Lager »das Dritte, das es nach ihrer Meinung überhaupt nicht gibt, das lächelnde Lebendige, das imstande ist, sich immer wieder aus sich selbst hervorzubringen, das Ungetrennte, Geist im Leben, Leben im Geist« (K 121f.). Die trojanischen Männer werden den Griechen immer ähnlicher. Mit der Erkenntnis, daß die ›Ihren‹ nicht die Ihren sind, beginnt für die trojanische Königstochter Kassandra ein schmerzhafter Bewußtwerdungsprozeß, in dessen Verlauf sie sich von der Klasse ihrer Herkunft löst.

»Wann Krieg beginnt, das kann man wissen, aber wann beginnt der Vorkrieg. Falls es da Regeln gäbe, müßte man sie weitersagen. In Ton, in Stein eingraben, überliefern. Was stünde da. Da stünde, unter anderen Sätzen: Laßt euch nicht von den Eignen täuschen.« (K 76f.)

Außerhalb der Stadt Troja, in den Höhlen am Fluß Skamandros, lebt eine immer größer werdende Gruppe von Frauen und einigen wenige Männer. In ihrer von Solidarität, Freundlichkeit und Ablehnung jeglicher Gewalt geprägten Gemeinschaft setzen sie eine wachsende Hoffnung gegen die kriegerische Vernichtung: »Zwischen Töten und Sterben ist ein Drittes: Leben« (K 134). Kassandra, lange Zeit hinundhergerissen zwischen ihrem »Hang zur Übereinstimmung mit den Herrschenden« (K 72) und ihrer »Gier nach Erkenntnis« (K 72) solidarisiert sich schließlich mit den Frauen am Skamandros und wird eine von ihnen.

Die Erzählung »Kassandra« greift verschiedentlich Momente des Widerstands gegen patriarchale Gewalt und weibliche Rollenzuweisungen auf. Das Erzählen selbst ist insofern als Widerstandsmoment zu verstehen, als Kassandra – entgegen der patriarchalen Verdrängung des Weiblichen – Kontur und Stimme gewinnt und den Prozeß einer Bewußtwerdung erfährt. Kassandra reflektiert angesichts des Todes ihre Entwicklung zur Seherin, die von der am Begriff der Autonomie orientierten Subjektwerdung begleitet wird. Die Wirklichkeit unverstellt zu sehen und mit sich selbst identisch zu sein, bedingen sich nach Kassandras Erfahrung gegenseitig. Kassandras Sehergabe wird in der Erzählung ihres mythologischen Schleiers entkleidet. Verkündet sie im Mythos das Schicksal und die Stimme der Götter, so sind es in der Erzählung ihre natürlichen Fähigkeiten der Sinne und des Intellekts, die sie zu differenzierter Wahrnehmung und Erkenntnis befähigen. Kassandra ist eine klar denkende, genau beobachtende, sensible Frau. Sie sieht und erkennt die Gräßlichkeit des Sieges, die Erbärmlichkeit der Sieger. Ihr Widerstand gegen die herrschende Definition der Situation besteht darin, daß sie die tatsächlichen Machtinteressen benennt und deren Vertuschung nicht länger unterstützt. Der Raub Helenas war beispielsweise nur ein Vorwand für diesen Krieg, in dem Macht- und Handelsinteressen die eigentliche Rolle spielten.

Kassandra lernt nicht nur, den eigenen Sinnen zu trauen, sondern auch, auf die Sprache ihres Körpers zu hören. Angst und Anpassungsdruck haben sie lange gezwungen, ihre von der offiziellen Darstellung der Lage abweichende Wahrheit für sich zu behalten. Diese rigide Selbstunterdrückung bewirkt einen zunehmenden Identitätsverlust; schließlich erfährt Kassandra den Ausbruch des »Wahn-Sinn[s] als Ende der Verstellungsqual« (K 69) und somit als einen hilflosen Versuch, sich zu retten. Wolf verändert nicht nur die Funktion der Sehergabe Kassandras, sondern auch ihre Motivation. Das antike Sehertum geht auf die Auserwähltheit durch die Götter zurück; im Falle Kassandras hingegen handelt es sich um eine sozial und psychologisch motivierte Wahl. Wolf interpretiert Kassandra als die »erste berufstätige Frau in der Literatur« (V 38). Kassandra, lebhaft, sozial und politisch engagiert, will nicht wie Mutter und Schwestern das Haus hüten, sondern »etwas lernen«, und für eine Frau von Stand ist Priesterin und Seherin der einzig mögliche Beruf, zudem ein Privileg (vgl. V 96). Ein weiteres Motiv für Kassandra, das Priesteramt zu wählen, ist ihre »Abneigung gegen die Annäherung irdischer Männer« (K 32). Die Tempelprostitution, der sie als junges Mädchen ausgesetzt ist, bestärkt sie in ihrem Widerstand gegen die weibliche Rolle des Sexualobjekts, in der sich alle Erniedrigung und Ohnmacht des Objekt-Seins konzentrieren. Das Amt der Priesterin distanziert Kassandra von anderen Frauen, insbesondere von Polyxena, der Schwester, und der Amazone Penthesilea. Diese beiden Frauen verkörpern auf verschiedene Art eine Triebhaftigkeit, die Kassandra ängstigt: die eine, Polyxena, indem sie ihren masochistischen Unterwerfungswünschen, die andere, Penthesilea, indem sie ihren aggressiven Vernichtungswünschen in bezug auf Männer ausgeliefert sind und beide durch die Hand von Männern sterben. Zwischen Polyxena und Penthesilea nimmt sich Kassandra körperlos, entsinnlicht und entsexualisiert aus. Ihr Begehren ist beschränkt auf innere Dimensionen – auf die Sucht, zu sehen und zu durchschauen; auf die absolute Wahrheit; auf Macht und Einfluß –, ihre Leidenschaft impliziert mehr Leiden als Lust.

Liebe realisiert sich für Kassandra anders als für Polyxena und Penthesilea: sie liebt einerseits die Amazone Myrine, andererseits den Trojaner Aineias. Kassandras Liebe ist eine doppelte, gilt sowohl der Frau als dem Mann, in diesem Sinne auf eine menschliche

Ganzheit hoffend. Das Modell dieser Liebesbeziehungen ist eine Liebe auf der Basis von Ebenbürtigkeit, von Anerkenntnis des Anderen als anders und Bewahrung eigener Autonomie. Beide Beziehungen haben jedoch keine Zukunft. Schon nach der ersten Umarmung des Aineias träumt Kassandra »von einem Schiff, das den Aineias über glattes blaues Wasser von unsrer Küste wegführte, und von einem ungeheuren Feuer, das sich [...] zwischen die Wegfahrenden und uns, die Daheimgebliebenen, legte.« (K 22) Dieser das Schicksal Trojas vorwegnehmende Traum enthält die Gewißheit, daß Aineias als einer von wenigen die Zerstörung Trojas überleben wird. Die Liebe zu ihm wird für Kassandra jedoch unlebbar, weil er notwendigerweise ein Held werden wird, einer, der die Geschichte der Sieger weiterträgt. Kassandras Weigerung, ihn zu begleiten, ist in ihrer Angst begründet vor der Wiederholung dessen, was sie erlebt hat: Angst vor neuen Kämpfen und Siegen, vor neuen Helden und Heldentaten. »Einen Helden kann ich nicht lieben. Deine Verwandlung in ein Standbild will ich nicht erleben.« (K 156) Das ist ihr Abschied von Aineias.

Die Amazone Myrine erscheint Kassandra als eine zugleich zarte und mutige Frau, die Eigenschaften herkömmlich weiblicher und männlicher Zuschreibung in sich vereint. Ihrer Leidenschaft und Sensibilität steht ein unbedingter Wille zum Kampf gegenüber. Mit Myrine verbindet Kassandra eine Beziehung, die persönliche Autonomie bei gleichzeitiger Hingabe möglich macht.

Gegen die aufkommende Geschichte der Sieger haben diese beiden Liebesbeziehungen keinen Bestand; die Frau, Myrine, wird Opfer der kriegerischen Gewalt, der Mann, Aineias, wird zu den Siegern gehören. Dennoch enthalten diese beiden Liebesgeschichten Momente von Utopie, die vor dem Vergessen bewahrt bleiben sollen, solange sie noch darauf drängen, gelebt zu werden.

Daß Kassandra sterben wird, ist insofern konsequent, als es in dieser Erzählung nicht um individuelle Überlebensmöglichkeiten, sondern um eine gesamtgesellschaftliche Humanisierung geht, welche die Bedingungen des Lebens qualitativ verändert. Kassandras Prozeß der Subjektwerdung mit dem Ziel der Autonomie findet mit ihrem Tod seinen Abschluß. Die Gestaltung dieser Subjektwerdung stößt auf eine durch die vorgegebene historische Situation vorgeprägte Problematik. Die patriarchale Geschichte, die von der Zeitenwende an beginnt, die der Trojanische Krieg markiert, hat ein Konzept von Subjektivität hervorgebracht, das sich weitgehend als Natur- und Selbstzerstörung erwiesen hat. Am Beispiel der Kassandra versucht Wolf, einen vergleichbaren Prozeß für das Subjekt Frau zu entwerfen, der jedoch bestimmte Grenzen patriarchaler Setzungen von Weiblichkeit nicht zu überschreiten vermag. Aus Kassandra wird eine »neue Heldin, eine Heldin der inneren Entwicklung« (Weigel, 1985, 76), deren objektives Scheitern durch ihre moralische Überlegenheit gegenüber dem männlichen Vernichtungswahn versöhnt werden soll.

Weibliche Utopie?

In den »Voraussetzungen einer Erzählung« arbeitet Christa Wolf unter anderen Fragestellungen auch die Rolle der Frau in der Geschichte und für eine gesamtgesellschaftliche Humanisierung heraus. Dabei greift sie auf Überlegungen zurück, die sie – bezugnehmend auf Frauen in der DDR – bereits in dem Essay »Berührung« thematisierte. Ausgeprägtes soziales Verhalten, die Fähigkeit zu Kooperation, zu produktiven Konfliktlösungen und egalitären Beziehungen hält Wolf für wesentliche Qualitäten von Frauen, die diese für eine gesamtgesellschaftliche Humanisierung einzusetzen hätten. Als wesentliche Voraussetzung für diese Befähigung von Frauen sieht Wolf das Insistieren auf dem Eros, die Fähigkeit zur Liebe in umfassendem Sinn. Diese Fähigkeiten zu erlernen und gesamtgesellschaftlich zu verbreiten, wäre Sinn und Funktion einer Emanzipation von Männern.

In den »Voraussetzungen einer Erzählung« geht Wolf zunächst, die abendländische Geschichte verfolgend, einem in Politik und Kultur gleichermaßen wirksamen Ausschluß des weiblichen Geschlechts nach; ihr Fazit: »Die Frau, einst Ausführende, ist entweder ausgeschlossen oder zum Objekt geworden.« (V 144) Nach Wolfs Auffassung sind die kulturellen und wissenschaftlichen Fortschritte der abendländischen Zivilisation durch das Gewaltmonopol des männlichen Geschlechts über das weibliche und eine daraus resultierende Arbeitsteilung zwischen den Geschlechtern erreicht worden. Das abendländische Denken ist, so Wolf, bei seiner Festigung und schließlichen Etablierung den »Weg der Sonderung [gegangen], der Analyse, des Verzichts auf die Mannigfaltigkeit der Erscheinungen zugunsten des Dualismus, des Monismus, zugunsten der Geschlossenheit von Weltbildern und Systemen; des Verzichts auf Subjektivität zugunsten gesicherter ›Objektivität‹« (V 139). In der Tendenz zur Objektivierung, zum »Objektmachen« (V 144), dem gerade auch die Frau, das ›andere‹ Geschlecht, unterworfen wurde, erkennt Wolf die »Hauptquelle von Gewalt« (V 144) im privaten wie im gesellschaftlichen Bereich. Der Ausschluß der Frauen von der Teilnahme an der weiteren Entwicklung der Menschheit erscheint Wolf als »diejenige Schwachstelle der Kultur, aus der heraus sie selbstzerstörerisch wird, nämlich ihre Unfähigkeit zur Reife.« (V 155)

Wolf fährt fort: »Jedoch bringt es der Fähigkeit zur Reife nicht näher, wenn an die Stelle des Männlichkeitswahns der Weiblichkeitswahn gesetzt wird und wenn die Errungenschaften vernünftigen Denkens, nur weil Männer sie hervorgebracht haben, von Frauen zugunsten einer Idealisierung vorrationaler Menschheitsetappen über Bord geworfen werden. [...] Es gibt keinen Weg vorbei an der Persönlichkeitsbildung, an rationaleren Modellen der Konfliktlösung, das heißt auch an der Auseinandersetzung und Zusammenarbeit mit Andersdenkenden und, selbstverständlich, Andersgeschlechtlichen. Autonomie ist eine Aufgabe für jedermann [...].« (V 115f.)

Es fällt auf, daß Wolfs Überlegungen und Argumentation sich ausschließlich auf der Ebene individualpsychologischer Ansätze bewegen. Die Bildung des autonomen Subjets entwirft Wolf am Beispiel einer Frau, der Kassandra der Erzählung, und stellt damit das einzelne Individuum in den Mittelpunkt gesellschaftlicher Veränderung. Kassandras individuelle Entwicklung zu einer autonomen Persönlichkeit enthält ein Moment des Widerstands gegen Funktionalisierung und Fremdbestimmung, letztlich gegen die patriarchale Politik der Vernichtung. Die Erzählung »Kassandra« zeigt jedoch noch weitere Widerstandsmöglichkeiten gegen dieser Herrschaft des Schreckens in ihren Möglichkeiten und Begrenzungen auf.

Am Beispiel des Aineias und der mit ihm ziehenden Schar Trojaner wird deutlich, daß Flucht und Emigration zwar das Leben sichern, aber das Prinzip, Held oder Opfer sein zu müssen, nicht durchbrechen können. Ein anderes Moment des Widerstands repräsentieren die Amazonen; wie es scheint, machen sie sich das patriarchale Prinzip zu eigen und ziehen Töten oder Sterben dem Leben unter männlicher Herrschaft vor. Diese militante Form von Widerstand interpretiert Wolf in den »Voraussetzungen« als »ausweglose Linie des Matriarchats« (V 188) und ordnet sie somit als historisch unterlegene politische Strategie ein.

Die Frauen des besetzten Troja wählen den Weg einer gewaltlosen Verweigerung. Sie realisieren ihren Ausschluß aus der Politik und dem öffentlichen Leben aktiv, indem sie sich einen Ort ausserhalb der Gesellschaft – hier: vor den Toren der Stadt – schaffen und gemeinschaftlich mit griechischen Sklavinnen und einigen wenigen Männern auf der Grundlage lebensbejahender Werte leben. Zwar ermöglicht ihnen diese konsequente Fortführung ihres Ausschlusses ein relativ freies, selbstbestimmtes Leben. Es bedeutet jedoch zugleich Verzicht, in die wichtigen Ereignisse bestimmend und handelnd einzugreifen, und endet notwendig in Flucht, Versklavung oder Ermordung.

Die Strategien, die den verschiedenen Momenten des Widerstands zugrunde liegen, spielt die Autorin durch, zugespitzt auf die Frage nicht des praktischen Überlebens, sondern der Moralität. Soll man werden wie die Feinde, um zu überleben? Ist es wichtiger, an den eigenen Vorstellungen von einem menschenwürdigen Leben festzuhalten, als überhaupt zu leben? Oder soll man das »Gesicht des Feindes annehmen« (K 117) und wird trotzdem untergehn? Die Erzählung gestaltet diese Strategien beispielhaft aus. Aineias wird überleben, aber er trägt die Geschichte der Sieger weiter; Kassandra gelingt die Entwicklung innerer Autonomie, aber sie stirbt als Opfer; Penthesilea verteidigt die frauenbestimmte amazonische Lebensweise, aber sie fällt im Kampf. Die Form der Verweigerung, wie sie die Frauen am Skamandros praktizieren, entspricht einem Austritt aus der Geschichte, wie Wolf es am Beispiel der Rosetta aus Büchners »Leonce und Lena« bereits als mögliche Reaktion auf den herrschenden Wahnsinn gezeigt hat (Büchner-Preisrede, 1980). Die Verweigerung einer Einmischung in den Gang der Dinge ermöglicht jedoch auch den Fall in eines der »Zeitenlöcher« (V 141), die für nichts anderes als für Experimente zu nutzen sind.

Das Motiv des »Zeitenlochs« oder des »Riß der Zeit« findet sich in Wolfs Prosa und Essayistik (TE 64, Schiller-Preisrede) mehrfach, schließlich auch in ihrer Hinwendung zur Generation von Kleist, Büchner, Günderrode, Gemeint ist eine Situation des Umbruchs und der Krisen, der Zertrümmerung des Bestehenden und der Suche nach Alternativen.

Das Leben in den Höhlen am Skamandros ist ein von vornherein begrenztes Experiment, das der Entwicklung solidarischer zwischenmenschlicher Beziehungen und persönlicher Autonomie absolute Priorität gibt gegenüber Handlungsalternativen, die nur zur Vernichtung führen können. Ausweglosigkeit und Resignation können die Intensität, mit der das Leben bejaht wird, nicht schmälern. Im Wissen, nur noch wenig Zeit zu haben, und im Bewußtsein, etwas neues zu erproben, lernen die Frauen »ohne Vorbehalt, ohne Trauer und Bedenken«, »wie man mit beiden Beinen auf der Erde träumt« (K 152). Selbst angesichts des sicheren Todes ist es dafür nicht zu spät. Kassandras Erinnerungen an ihr Leben in dieser Gemeinschaft (K 149f.) wecken Assoziationen an ein in die Natur integriertes, an kommunistischen Werten orientiertes Leben, das »Legende und Utopie zugleich« (Bock, 1984, 1358) bedeutet.

Die Zeitlosigkeit und Aktualität zugleich eines solchen Entwurfs steht dem Bloch'schen »Prinzip Hoffnung« nahe, das mit den Worten schließt:

»Der Mensch lebt noch überall in der Vorgeschichte, ja alles und jedes steht noch vor Erschaffung der Welt als einer rechten. Die wirkliche Genesis ist nicht am Anfang, sondern am Ende, und sie beginnt erst anzufangen, wenn Gesellschaft und Dasein radikal werden, das heißt sich an der Wurzel fassen. Die Wurzel der Geschichte aber ist der arbeitende, schaffende, die Gegebenheiten umbildende und überholende Mensch. Hat er sich erfaßt und das Seine ohne Entäußerung und Entfremdung in realer Demokratie begründet, so entsteht in der Welt etwas, das allen in die Kindheit scheint und worin noch niemand war: Heimat.« (Bloch, 1980, 1628)

Die Position der Verweigerung und der Gewaltlosigkeit, wie sie die Frauen in den Höhlen am Skamandros als (auch moralisches) Prinzip vertreten, bleibt im Rahmen der Erzählung nicht unangefochten. In einem Gespräch zwischen Arisbe, der Hebamme, und der Amazone Penthesilea geben beider Position in knappen Worten die jeweilige Haltung der Gruppe von Frauen, für die sie sprechen, zum Ausdruck. »Die bewohnte Welt, soweit sie uns bekannt war, hatte sich immer grausamer, immer schneller gegen uns gekehrt. Gegen uns Frauen, sagte Penthesilea. Gegen uns Menschen, hielt Arisbe ihr entgegen.« (K 134) Penthesilea sieht im Kampf »nicht nur gegen die Griechen: gegen alle Männer« (K 133) und deren psychischer Vernichtung die einzige Möglichkeit, dem männlichen Vernichtungswahn Einheit zu gebieten. Zutiefst erfüllt von dieser Überzeugung, kann das Angebot der trojanischen und griechischen Frauen – »Komm zu uns [...] Ins Gebirge. In den Wald. In die Höhlen am Skamander. Zwischen Töten und Sterben ist ein Drittes: Leben« (K 134) – sie nicht verführen.

Die Gestaltung Penthesileas und der Amazonen durch Wolf legt deren Interpretation als, modern gesprochen, »aussichtslose Variante des Feminismus« (Kaufmann, 1984, 654) nahe. Tatsächlich erscheint jedoch die Gestaltung der Penthesilea als eindimensional und typisiert, vor allem was ihre Motivation betrifft. Hoffnungslosigkeit und Todesverachtung erscheinen als vereinfachende Motive, welche letztlich die Strategie der Amazonen als ›männliche‹ denunzieren. Damit favorisiert die Erzählung die Position der Gewaltlosigkeit gegenüber der des Kampfes und begründet dies mit deren moralischer Überlegenheit.

Bei der Übergabe der Briseis an die Griechen durch einen kleinen Trupp unbewaffneter Trojaner ist die Rede von der »Macht des Zaubers, der in einem waffenlosen Krieger« (K 92) stecke. Diesem Zauber kann Penthesilea nicht vertrauen; die Ablehnung gewaltsamen Widerstands oder Eingreifens – »auf der Seite der Wurfspeere« gibt es nur »Unrecht« (K 122) – fällt auch das Urteil über Penthesilea. Jedoch weist die Versklavung und Ermordung der Frauen am

Skamandros darauf hin, daß die Bewahrung von Humanität in einem unbewaffneten Frieden nicht dauerhaft sein kann, solange keine gesamtgesellschaftliche Humanisierung die Bedingungen menschlichen Lebens grundlegend verändert hat. »Also kein Ausweg, keine Möglichkeit, keine Hoffnung? So ist es: Nichts davon. Trauer,« schreibt Wolf über Kleists »Penthesilea« (1982) und trifft damit sehr genau die Stimmung der Erzählung »Kassandra«. (T+K 46, 1985, 10)

Weibliches Schreiben?

Mit ihren Poetik-Vorlesungen will Christa Wolf, das wurde schon betont, keine klassische Poetik anbieten. Sie gibt vielmehr Beobachtungen zur Entstehung eines Kunstwerks und legt dessen Einbettung in ihren Lebens- und Arbeitszusammenhang offen, in einen Prozeß von Lesen und Schreiben, den Wolf in ihrem Essay über Ingeborg Bachmann mit den korrespondierenden Begriffen »sehend werden« – »sehend machen« umschreibt (LS 2 174). Auf der Suche nach den Quellen der abendländischen Kultur und nach Alternativen in der Geschichte zur gegenwärtig drohenden Selbstvernichtung der Menschheit stößt Wolf auf den engen Zusammenhang zwischen patriarchaler Geschichte und ebenfalls männlich dominierter Kultur und Ästhetik. Der Ausschluß der Frau und ihre Fremdbestimmung ist, so Wolf, für beide Bereiche charakteristisch. Das auf dem »Objektmachen« (V 144) beruhende Denken interpretiert Wolf in den »Voraussetzungen einer Erzählung« – ausgehend von Ingeborg Bachmanns Gedicht »Erklär mir Liebe« – als eines, das vor allem dadurch gekennzeichnet ist, daß es Liebe ausschließt: Liebe, Eros, Humanität. Daher ist es kein Zufall, daß Wolf sich mit dem Motto der »Kassandra«, einer Anrufung des »gliederlösende[n] Eros« (Sappho), ausdrücklich in eine davon verschiedene Tradition stellt.

Ästhetik als Ausdruck einer aus einer besonderen Wahrnehmung von Wirklichkeit resultierenden Gestaltung derselben, hat, so Wolf, neben anderen auch geschlechtsspezifische Varianten. Ästhetik könne sowohl dazu gebraucht werden, sich die Wirklichkeit, auch die der eigenen Person, vom Leib zu halten (dies die vermutete männliche Variante), als auch (dies die weibliche) ihr nahe und näher zu kommen, ihr schließlich ausgeliefert zu sein.

In den »Voraussetzungen einer Erzählung« setzt Wolf männliches Realitätsprinzip und männliche Ästhetik weitgehend gleich. Diese Verkürzung mag im Rahmen der Untersuchung, die auf die Frage nach den Implikationen weiblichen Schreibens hin konzipiert ist, zulässig erscheinen, wenn man bedenkt, daß Wolf sich bei der Darstellung ihres eigenen erzählerischen Ansatzes auch auf maännliche Autoren stützt (Büchner, Dostojewski, Kleist u.a.). Deren ästhetische Praxis beschreibt sie aber (vgl. z.B. »Lesen und Schreiben«) als von der herrschenden unterschieden und deshalb von dieser ausgegrenzt.

So sei Ingeborg Bachmann identisch mit der namenlosen Frau in ihrem Roman »Malina«, sei auch identisch mit Franza aus dem gleichnamigen Romanfragment, die »ihre Geschichte einfach nicht in den Griff, nicht in die Form kriegt. Die es einfach nicht fertigbringt, aus ihrer Erfahrung eine präsentable Geschichte zu machen, sie als Kunstgebilde aus sich herauszustellen.« (V 151) Mit dieser Problematik – die Authentizität ihrer Erfahrung und Empfindung in den traditionellen, vorgegebenen Formen zu bewahren – waren und sind schreibende Frauen vertraut. Da sie nicht an Vorhandenes anknüpfen können, müssen sie authentische Muster suchen. Die Romantikerinnen, bei denen Wolf den ersten »Ansatz zu einer Ästhetik, deren Splitter wir sammeln sollten« (LS 2, 318), fand, wählten deshalb aus den vorhandenen überwiegend diejenigen Gattungen, die, auf Selbstaussage, Anrede und Dialog gegründet, zu den subjektivsten Literaturformen gehören: Tagebuch, Reisebeschreibung, Brief, Gedicht. Dies sind, wenn man den durchaus jambischen Rhythmus der Erzählung »Kassandra« bedenkt, auch die Formen, die Wolf für ihre Vorlesungen wählte. Von einer durch psychologische, soziale und historische Voraussetzungen bestimmten besonderen Beziehung von Frauen zur Wirklichkeit ausgehend, versucht Wolf, den Begriff weibliches Schreibens zu fassen:

»Inwieweit gibt es wirklich ›weibliches Schreiben‹? Insoweit Frauen aus historischen und biologischen Gründen eine andere Wirklichkeit erleben als Männer, und dies ausdrücken. Insoweit Frauen nicht zu den Herrschenden, sondern zu den Beherrschten gehören, jahrhundertelang, zu den Objekten der Objekte [...]; insoweit sie aufhören, sich an dem Versuch abzuarbeiten, sich in die herrschenden Wahnsysteme zu integrieren. Insoweit sie, schreibend und lesend, auf Autonomie aus sind.« (V 144f.)

Diese Begründung weiblicher Schreibpraxis im weiblichen Lebenszusammenhang, der als ein historisch gewordener vorausgesetzt ist, begreift weibliches Schreiben als den Versuch einer Befreiung von Unterdrückung und als Widerstand gegen permanente Fremdbestimmung. Weibliches Schreiben in dem Sinn, daß es die Genauigkeit der Wahrnehmung mit der Authentizität der Erfahrung verbindet und seinen Stoff im »kostbaren Alltag« (V 125) findet, beschreibt Wolf als den Versuch, »sich in jedem Sinn ›von unten‹ an sein Material heranzuarbeiten, das, wenn man es durch ein anderes Raster ansähe als bisher, doch noch bisher unerkannte Möglichkeiten offenbaren mag« (V 125). Es handelt sich bei den »Voraussetzungen einer Erzählung« also um den Versuch, der abendländischen Ästhetik der Herrschaft, des Schreckens und der Vernichtung den Entwurf einer Ästhetik des Widerstands entgegenzusetzen. Die Reisebeschreibungen, das Arbeitstagebuch, der Brief und die Erzählung arbeiten auf verschiedene Weise aus Mythologie und Dichtung die Figur der Kassandra heraus, die Zeugnis ablegt von der weiblichen Anwesenheit in der Geschichte nicht allein in der Rolle des Opfers und Objekts, sondern auch von weiblicher Bewußtheit, Autonomie und von Widerstand.

Wolf hat in den »Voraussetzungen einer Erzählung« davon gesprochen, mit welchen Schwierigkeiten es für Frauen verbunden ist, wenn in ihr ›Bild‹, das Männer sich von ihnen machen, wieder Leben kommen, es die Sprache wieder finden will. Diesen Prozeß gestaltet sie in der Erzählung aus. Kassandra, auf dem Beutewagen des Agamemnon sitzend, vor sich das Löwentor von Mykene, hinter dem sie der Tod erwartet – dies ist das ›Bild‹, in das Leben kommt, das spricht, dessen Stimme uns heute erreicht. Kassandras Stimme bricht das Schweigen, das über der vergessenen und verdrängten Geschichte der Frauen liegt. Ihre Stimme wird es auch sein, die weibliche Geschichte weiterträgt, außerhalb der patriarchalen Geschichtsschreibung. Kassandra bittet Klytaimnestra um die Erlaubnis, einer Sklavin weitersagen zu dürfen, was sie erfahren und gesehen hat. Diese solle dieses Wissen an ihre Tochter und diese wiederum an ihre Tochter weitersagen, »so daß neben dem Strom der Heldenlieder dies winzige Rinnsal, mühsam, jene fernen, vielleicht glücklicheren Menschen, die einst leben werden, auch erreichte« (K 93). Der Überlieferung durch die lebendige weibliche Stimme trägt Wolf Rechnung in ihrer Konzeption der Erzählung als Monolog.

Wolf sieht ihren Entwurf der Kassandra als Beitrag zu einer weiblichen Geschichtsüberlieferung. »In der Beschäftigung mit den frühen Kulturen ist ein Schock auf mich gekommen, daß Frauen seit dreitausend Jahren keine Stimme haben. Jetzt habe ich an die erste Stimme angeknüpft, die uns überliefert ist, und habe versucht, die ganze männliche Überlieferung, die auf diese Stimme gelegt wurde, abzukratzen. Nämlich: Seherin, und man glaubt ihr nicht, weil der Gott Apoll ihr die Glaubwürdigkeit genommen hat. Ich fragte mich, wie kann es wirklich gewesen sein unter den sozialen Bedingungen, unter denen eine solche Frau gelebt haben kann und sicherlich gelebt hat. Das war mein Prozeß der Entmythologisierung: die Entfremdungssyndrome aufzulösen, die das Patriarchat auf jede weibliche Stimme dieser Kultur gelegt hat. So konstituiere ich selbst wieder eine Figur aus meiner Erfahrung, daß in der heutigen Zivilisation jede Frau, wenn sie versucht, in den gegebenen Institutionen tätig zu werden, zum Objekt gemacht wird.« (Documentation, 1984, 100)

Wolfs »Voraussetzungen einer Erzählung« sind als Reihe von Vorlesungen entworfen. Erzählen heute, könnte man daraus entnehmen, bedeutet öffentlich reden, das Gespräch, die Diskussion suchen. Trotz der formalen Konzeption als Monolog ist die Grundstruktur der Erzählung »Kassandra« das Gespräch: das Gespräch mit sich selbst, das Gespräch mit dem Leser.

Die Erzählung »Kassandra« war ursprünglich als Gespräch zwischen Kassandra und ihrer Tochter angelegt; Wolf wählte schließlich jedoch die Form des Monologs, weil ihr dies »eine größere Intensität und eine stärkere Identifikation mit der Figur brachte, die sich vielleicht auf den Leser überträgt« (Documentation, 1984, 108). Wie »Kein Ort. Nirgends« ist auch »Kassandra« als Hörspiel eingerichtet worden, was in beiden Fällen der Autorenintention voll entsprechen dürfte.

Gesprächsweise werden Alternativen zum scheinbar zwangsläufigen Gang der Dinge erörtert, wichtige Sätze bleiben offen, mit dem Fragesatz wird variierend gearbeitet. Antworten werden aus der Erzählung heraus verlagert. Die Erzählung weist, wo sie das Gespräch mit dem Leser sucht, in dessen Gegenwart und Zukunft, als Selbstgespräch hingegen in die erinnerte Vergangenheit. »In irgendeiner Form werde ich immer wieder dazu gedrängt, mich zu erinnern, oder eine Figur, die mit mir in einer Verbindung steht, sich erinnern zu lassen. Nur das kann ich für realistisch halten; das ist meine Art, Realismus zu produzieren. [...] Die Erfahrung in meinen Sätzen ist im Grunde meine eigene Erfahrung, eine Gestalt oder innere Erlebnisse zu sehen«, sagt Wolf in einer Diskussion im Anschluß an eine Lesung aus »Kassandra« (Documentation, 1984, 109). Der Realismus der Darstellung erweist sich im Entwurf der Kassandra darin, daß deren innere Entwicklung zu persönlicher Autonomie Erfahrungen der Autorin korrespondiert. Ihrem Tod wird durch das Erzählen ihrer Geschichte ein Sinn gegeben, sie selbst wird durch das Erzählen erneut hervorgebracht, daß man sie sieht: »denn es scheint, wir brauchen sie« (N 8).

Abkürzungsverzeichnis

der zitierten Buchausgaben

G	Sarah Kirsch/Irmtraud Morgner/Christa Wolf, Geschlechtertausch. Drei Geschichten über die Umwandlung der Verhältnisse. Darmstadt 1980 (= SL 315)
GE	Christa Wolf, Gesammelte Erzählungen. Darmstadt 1980
H	Christa Wolf, Der geteilte Himmel. München 1973 (= dtv 915)
K	Christa Wolf, Kassandra. Darmstadt 1983
KM	Christa Wolf, Kindheitsmuster. Darmstadt 1979 (= SL 277)
KON	Christa Wolf, Kein Ort. Nirgends. Darmstadt 1979
LS 1	Christa Wolf, Lesen und Schreiben. Aufsätze und Prosastücke. Darmstadt 1972 (= SL 90)
LS 2	Christa Wolf, Lesen und Schreiben. Neue Sammlung. Darmstadt 1980 (= SL 295)
MN	Christa Wolf, Moskauer Novelle. Halle (Mitteldeutscher Verlag) 2. 1962
N	Christa Wolf, Nachdenken über Christa T. Neuwied 1971 (= SL 31)
TE	Christa Wolf/Gerhard Wolf, Till Eulenspiegel. Hamburg 1976 (= fi 1718)
UdL	Christa Wolf, Unter den Linden. Darmstadt 1977 (= SL 249)
V	Christa Wolf, Voraussetzungen einer Erzählung: Kassandra. Darmstadt 1983 (= SL 456)

der zitierten Zeitschriften

ND	Neues Deutschland/DDR
NdL	Neue deutsche Literatur/DDR
SuF	Sinn und Form/DDR
T+K	Text + Kritik/BRD
WB	Weimarer Beiträge/DDR

Bibliographie

Primärliteratur

1. Selbständige Buchveröffentlichungen

Moskauer Novelle.
Halle (Mitteldeutscher Verlag) 1961

Der geteilte Himmel. Erzählung.
Halle (Mitteldeutscher Verlag) 1963; München 1973 (= dtv 915)

Nachdenken über Christa T.
Halle (Mitteldeutscher Verlag) 1968; Darmstadt 1971 (= SL 31)

Lesen und Schreiben. Aufsätze und Betrachtungen. Mit einer Nachbemerkung von Hans Stubbe. Berlin/Weimar (Aufbau) 1972.
(Enthält: Deutsch sprechen / Eine Rede / Fünfundzwanzig Jahre / Probe Vietnam / Blickwechsel / Zu einem Datum / Brecht und andere / Der Sinn einer neuen Sache [Vera Inber] / Tagebuch: Arbeitsmittel und Gedächtnis / Glauben an Irdisches / Bei Anna Seghers / Ein Besuch / Lesen und Schreiben / Hans Stubbe: Begegnung mit Christa Wolf)

Lesen und Schreiben. Aufsätze und Prosastücke.
Darmstadt 1972 (= SL 90)
(Enthält: Deutsch sprechen / Eine Rede / Fünfundzwanzig Jahre / Probe Vietnam / Blickwechsel / Zu einem Datum / Brecht und andere / Der Sinn einer neuen Sache [Vera Inber] / Tagebuch: Arbeitsmittel und Gedächtnis / Selbstinterview / Glauben an Irdisches / Bei Anna Seghers / Die zumutbare Wahrheit [Ingeborg Bachmann] / Gedächtnis und Gedenken [Fred Wander] / Ein Besuch / Lesen und Schreiben)

(zusammen mit Gerhard Wolf:) *Till Eulenspiegel.* Erzählung für den Film.
Berlin/Weimar (Aufbau) 1972; Darmstadt 1973 (= SL 430)
Theaterspiel: Niedersächsisches Staatstheater, Hannover, 1982.
Regie: Alexander May.

Unter den Linden. Drei unwahrscheinliche Geschichten.
Berlin/Weimar (Aufbau) 1974; Darmstadt 1977 (nur »Unter den Linden«) (= SL 249)
(Enthält: Unter den Linden / Neue Lebensansichten eines Katers / Selbstversuch)

Kindheitsmuster. Berlin/Weimar (Aufbau) 1976; Darmstadt 1979 (= SL 277)

Kein Ort. Nirgends. Erzählung.
Berlin/Weimar (Aufbau) 1979; Darmstadt 1981 (= SL 325)
Hörspiel (eingerichtet von Gerhard Wolf): WDR u. SDR 9. 3. 1982

Fortgesetzter Versuch. Aufsätze, Gespräche, Essays.
Leipzig (Reclam) 1979 (= rub 773); 3., erw. A. 1982

(Enthält: Lesen und Schreiben / Selbstinterview / Über Sinn und Unsinn von Naivität / Unruhe und Betroffenheit [Gespräch mit J. Walther] / Die Dimension des Autors [Gespräch mit H. Kaufmann] / Erfahrungsmuster [Diskussion zu »Kindheitsmuster«, 1975] / Ein Satz [Bremer Rede, 1978] / Fragen an Konstantin Simonow / Gespräch mit Elke Erb / Das siebte Kreuz / Glauben an Irdisches / Begegnungen mit Anna Seghers / Brecht und andere / Der Sinn einer neuen Sache [Vera Inber] / Das Eigene [Jurij Kasakow] / Die zumutbare Wahrheit [Ingeborg Bachmann] / Gedächtnis und Gedenken [Fred Wander] / Sinnwandel [Thomas Mann] / Max Frisch, beim Wiederlesen / biblioteca universalis / Berührung [Maxie Wander] / Der Schatten eines Traumes [Karoline von Günderrode] / Beispiel ohne Nutzanwendung [Stockholmer Rede, 1977] / Von Büchner sprechen [Darmstädter Rede, 1980] / Vorwort zu: Nelly Reiling, Jude und Judentum im Werk Rembrandts / Preisverleihung [Günter de Bruyn] / Nun ja! Das nächste Leben geht aber heute an [Bettine von Arnim])

Lesen und Schreiben. Neue Sammlung.
Darmstadt 1980, 2. erw. A. 1981 (= SL 295)
(Enthält: Lesen und Schreiben / Selbstinterview / Über Sinn und Unsinn der Naivität / Die Dimension des Autors [Gespräch mit H. Kaufmann] / Ein Satz [Bremer Rede] / Beispiel ohne Nutzanwendung [Stockholmer Rede] / Glauben an Irdisches / Bei Anna Seghers / Fortgesetzter Versuch / Brecht und andere / Der Sinn einer neuen Sache [Vera Inber] / Das Eigene [Jurij Kasakow] / Die zumutbare Wahrheit [Ingeborg Bachmann] / Gedächtnis und Gedenken [Fred Wander] / Sinnwandel [Thomas Mann] / Max Frisch, beim Wiederlesen / Berührung [Maxie Wander] / Der Schatten eines Traumes [Karoline von Günderrode] / Nun ja! Das nächste Leben geht aber heute an [Bettine von Arnim] / Büchner-Preisrede 1980)

Gesammelte Erzählungen.
Darmstadt 1980, 1981 (= SL 361)
(Enthält: Blickwechsel [1970] / Dienstag, der 27. September [1960] / Juninachmittag [1965] / Unter den Linden [1969] / Neue Lebensansichten eines Katers [1970] / Kleiner Ausflug nach H. [1971] / Selbstversuch [1972])

Kassandra. Erzählung.
Darmstadt 1983
Hörspiel: WDR 1985

Voraussetzungen einer Erzählung: Kassandra.
Darmstadt 1983 (= SL 456)

Kassandra. Vier Vorlesungen. Eine Erzählung.
Berlin/Weimar (Aufbau) 1983

Kassandra. Erzählung. Mit Reproduktionen nach 11 Radierungen von Nuria Quevedo.
Leipzig (Reclam) 1984

Erzählungen. Berlin/Weimar (Aufbau) 1985
(Enthält: Blickwechsel / Dienstag, der 27. September 1960 / Juninachmit-

tag / Unter den Linden / Neue Lebensansichten eines Katers / Selbstversuch)

2. Herausgaben

In diesen Jahren. Erzähler der Gegenwart, hrsg. von Christa Wolf. Leipzig (Reclam) 1959 (= rub 8301–05)

Wir, unsere Zeit. Prosa und Gedichte aus zehn Jahren, hrsg. u. eingel. v. Christa und Gerhard Wolf. Berlin/Weimar (Aufbau) 1959

Proben junger Erzähler, hrsg. v. Christa Wolf. Leipzig (Reclam) 1959 (= rub 8307–10)

Anna Seghers, Glauben an Irdisches. Essays aus vier Jahrzehnten, hrsg. v. Christa Wolf. Leipzig (Reclam) 1969 (= rub 469)

Karoline von Gründerrode, Der Schatten eines Traumes. Gedichte, Prosa, Briefe, Zeugnisse von Zeitgenossen, hrsg. u. m. einem Essay von Christa Wolf. Berlin/DDR (Buchverlag Der Morgen) 1979; Darmstadt 1981 (= SL 348)

Anna Seghers, Ausgewählte Erzählungen, hrsg. u. m. einem Nachwort von Christa Wolf. Darmstadt 1983

3. Drehbücher

Der geteilte Himmel. DDR 1964. Regie: Konrad Wolf. Drehbuch: Christa und Gerhard Wolf

Fräulein Schmetterling. DDR 1965/66 (nicht durchgeführt)
Regie: Kurt Barthel. Drehbuch: Christa und Gerhard Wolf

Die Toten bleiben Jung (nach dem Roman von Anna Seghers). DDR 1968. Regie: Joachim Kunert. Drehbuch: Christa Wolf, Joachim Kunert, Gerhard Helwig

Till Eulenspiegel. DDR 1975 (nach Motiven des Deutschen Volksbuches und der Filmerzählung von Christa und Gerhard Wolf). Regie: Rainer Simon. Drehbuch: Rainer Simon, Jürgen Klauß

*4. Veröffentlichungen in Zeitschriften, Zeitungen, Sammelbänden etc.**

Popularität oder Volkstümlichkeit?
in: NdL 1/1956, 115–24

* Auf die bibliographischen Nachweise der zahlreichen frühen Literaturkritiken Wolfs wurde verzichtet, lediglich die wichtigsten sind nachgewiesen.

Kann man eigentlich über alles schreiben?
in: NdL 6/1958, 3–16

Eine Lektion über Wahrheit und Objektivität
in: NdL 7/1958, 120–123

Literatur und Zeitgenossenschaft
in: NdL 3/1959, 7–11

Anna Seghers über ihre Schaffensmethode. Ein Gespräch
in: NdL 8/1959, 52–57

Deutschland unserer Tage (Rez. von A. Seghers, Die Entscheidung)
in: ND 77/1961

Land, in dem wir leben. Die deutsche Frage in Roman ›Die Entscheidung‹ von Anna Seghers
in: NdL 5/1961, 49–65

Diskussionsbeitrag auf der »Konferenz junger Schriftsteller in Halle«
in: NdL 8/1962, 132–35

Rede auf der Zweiten Bitterfelder Konferenz.
in: Protokoll der von der Ideologischen Kommission beim Politbüro des ZK der SED und dem Ministerium für Kultur am 24. und 25. April im Kulturpalast des Elektrochemischen Kombinats Bitterfeld abgehaltenen Konferenz. Berlin (Dietz) 1964, 224–34

Einiges über meine Arbeit als Schriftsteller.
in: W. Paulick (Hg.), Junge Schriftsteller der Deutschen Demokratischen Republik in Selbstdarstellungen. Leipzig (Bibl. Institut) 1965, 11–16

Notwendiges Streitgespräch. Bemerkungen zu einem internationalen Kolloquium
in: NdL 3/1965, 97–104

Christa Wolf spricht mit Anna Seghers
in: NdL 6/1965, 7–18

Gute Bücher – und was weiter? (Diskussionsbeitrag auf dem 11. Plenum des ZK der SED, 16.–18. 12. 1965)
in: ND. 19. 12. 1965
(Nachdruck in: E. Schubbe [Hg.], Dokumente zur Kunst-, Literatur- und Kulturpolitik der SED. Stuttgart 1972, 1098–99)

Juninachmittag.
in: Neue Texte 6. Almanach für deutsche Literatur. Berlin/Weimar (Aufbau) 1967, 166–84

Auf den Grund der Erfahrungen kommen. Eduard Zak sprach mit Christa Wolf
in: Sonntag, 18. 2. 1968, 6f.

Nachdenken über Christa T. – ein Selbstinterview
in: Kürbiskern 4/1968, 555ff.

Nur die Lösung: Sozialismus.
in: ND, 4. 9. 1968

Ein Besuch. Reportage über einen Besuch bei Prof. Hans Stubbe;
in: SuF 5/1969, 1091 ff.

Blickwechsel
in: NdL 5/1970, 34–45

Zu einem Datum
in: SuF 1/1971, 239–43

Der Autor ist ein wichtiger Mensch.
in: Stuttgarter Zeitung, 6. 11. 1971

Gedächtnis und Gedenken (Fred Wander, Der siebente Brunnen)
in: SuF 4/1972, 860–66

Die zumutbare Wahrheit. Prosa der Ingeborg Bachmann
in: Frankfurter Hefte 10/1972, 744 ff.

Zaubern (über Anna Seghers)
in: A. Voigtländer (Hg.), Liebes- und andere Erklärungen. Schriftsteller über Schriftsteller. Berlin/Weimar (Aufbau) 1972, 350–357

Christa und Gerhard Wolf: Till Eulenspiegel. Wir sprachen mit den Autoren über die Filmerzählung, die im Aufbauverlag erscheinen wird;
in: Sonntag, 14. 1. 1973, 6

Selbstversuch. Traktat zu einem Protokoll;
in: SuF 2/1973, 301–23

Autoren-Werkstatt: Christa Wolf. Gespräch mit Joachim Walther;
in: J. Walther (Hg.), Meinetwegen Schmetterlinge. Gespräche mit Schriftstellern. Berlin (Buchverlag Der Morgen) 1973, 114–34

Über Sinn und Unsinn der Naivität
in: G. Schneider (Hg.), Eröffnungen. Schriftsteller über ihr Erstlingswerk. Berlin/Weimar (Aufbau) 1974, 164–74

Hans Kaufmann: Gespräch mit Christa Wolf
in: WB 6/1974, 90–112

Dienstag, der 27. September 1960
in: NdL 7/1974, 11–22

Das wird man bei uns anders verstehen. UZ-Gespräch mit der bekannten DDR-Autorin Christa Wolf
in: UZ, 2. 11. 1974

Gespräch mit Karl Corino.
Hess. Rundfunk, 27. 11. 1974

Diskussionsbeitrag in Arbeitsgruppe II;
in: VII. Schriftstellerkongreß der Deutschen Demokratischen Republik. Protokoll (Arbeitsgruppen) Berlin (Aufbau) o. J. (1974), 147–52

Max Frisch, beim Wiederlesen oder: Vom Schreiben in Ich-Form;
in: T+K 47/48, 1975, 7–12

Briefwechsel Gerti Tetzner – Christa Wolf
in: Was zählt, ist die Wahrheit. Briefe von Schriftstellern der DDR. Halle (Mitteldeutscher Verlag) 1975
(Teilabdrucke in: NdL 8/1975, 121–26; K. Sauer [Hg.], 2. erw. A. 1983, 39–56)

Diese Lektion wollen wir gründlich lernen. In: Chile – Gesang und Bericht;
in: NdL 2/1975, 53
Diskussion zu »Kindheitsmuster« (8. 10. u. 3. 12. 1975)
in: SuF 4/1976, 861 ff.

(Mitautorin) Der unveröffentlichte Brief an das Neue Deutschland;
in: Zeit, 3. 12. 1976

Dornröschen und der Küchenjunge
in: B. Hauspack/F. Rodrian, Die Räuber gehen baden. Berlin (Kinderbuchverlag) 1977

Web-Muster einer Kindheit (Gespräch mit Heinz Ludwig Arnold);
in: Deutsches Allg. Sonntagsblatt, 2. 1. 1977

Der Versuch, deutsch-deutsche Klischees zu meiden (Gespräch mit Heidi Kloeber)
in: Tages-Anzeiger, 5. 8. 1977

Christa Wolf über Maxie Wander (Trauerrede)
in: Mitteilungen der Akademie der Künste der DDR 6/1977, 6–9

Danksagung nach Empfang des Bremer Literaturpreises 1977;
in: Südd. Zeitung, 11./12. 2. 1978

Christa Wolf in Edinburg. An Interview (mit Karin Mc Pherson);
in: GDR Monitor 1/1979, 1–12

»Ich bin schon für eine gewisse Maßlosigkeit.« Christa Wolf im Gespräch mit Wilfried F. Schoeller;
in: Südd. Zeitung, 10./11. 3. 1979
(Nachdruck in: K. Sauer [Hg.], 1979, 53–63)

Antifa '79
in: Sonntag, 20. 5. 1979

Nun ja! Das nächste Leben geht aber heute an. Ein Brief über die Bettine;
in: SuF 2/1980, 392–418

Vorwort zu: Nelly Reiling, Jude und Judentum im Werke Rembrandts. Leipzig (Reclam) 1981; vorabgedruckt in: SuF 5/1980, 976 ff.

Rosetta unter ihren vielen Namen (Büchner-Preisrede 1980);
in: Südd. Zeitung 18./19. 10. 1980

Ein Brief;
in: I. Krüger (Hg.), Mut zur Angst. Schriftsteller für den Frieden. Darmstadt 1982 (= SL 415), 152–9

»Kultur ist, was gelebt wird.« (Gespräch mit Frauke Meyer-Gosau);
in: alternative 143/144, 1982, 118–27
(Nackdruck in: K. Sauer [Hg.], 2. erw. A. 1983, 67–81)

(Diskussionsbeiträge); in: Berliner Begegnung zur Friedensförderung. Protokoll des Schriftstellertreffens am 13./14. 12. 1981. Darmstadt 1982, 72. 93, 116–19

Laudatio auf Günter de Bruyn;
in: Mitteilungen der Akademie der Künste der DDR 1/1982, 12–14

(Diskussionsbeitrag. Haager Treffen);
in: Kürbiskern 4/1982, 22f.

Kleists ›Penthesilea›.
in: H. v. Kleist, Penthesilea. Ein Trauerspiel. Berlin (Buchverlag Der Morgen) 1983, 157–76
(Nachdruck in: T+K 46, 1985, 1–11)

Zeitschichten;
in: NdL 10/1983

Zur Information (Antwort auf Beitrag von W. Girnus);
in: SuF 4/1983, 863–66

Die Besten springen in den Riß der Zeit (Schiller-Preisrede 1983);
in: Stuttgarter Zeitung, 18. 11. 1983

Documentation: Christa Wolf (Gespräche mit Christa Wolf über »Kindheitsmuster«, »Kassandra« u. a. 1983);
in: German Quarterly 1/1984, 91–115

A Dialogue with Christa Wolf (Gespräch mit Grace Paley);
in: Newsletter. PEN-American-Center 53, 1984, 8–13

Das starke Gefühl, gebraucht zu werden (Gespräch);
in: Wochenpost 6/1984, 15

Schriftsteller sind keine Außenseiter (Gespräch mit Uli Diethard und Rüdiger Wischenbart);
in: Die Presse, 17./18. 3. 1984

Worte des Gedenkens (Nachruf auf Franz Fühmann)
in: SuF 5/1984, 1017–22

Der wahnhafte Irrtum;
in: Tintenfisch 23, 1984, 51/52

Preisrede aus Anlaß der Verleihung des Österreichischen Staatspreises für europäische Literatur;
in: Der Falter 6/1985, 25/26

Aus den zahlreichen Rezensionen zu einzelnen Buchveröffentlichungen wurde eine sinnvolle Auswahl getroffen.
Umfangreiches Rezensionsmaterial ist erhältlich bei der Zeitungsausschnitt-Sammlung der Stadtbibliothek Dortmund.
Auf die Aufnahme von unveröffentlichten Hochschulschriften wurde verzichtet. Sie sind zu bibliographieren für die DDR in der seit 1968 monatlich erscheinenden Reihe C (Dissertationen und Habilitationsschriften) der Deutschen Nationalbibliographie, Leipzig; für die BRD in dem seit 1972 monatlich erscheinenden Hochschulschriftenverzeichnis (Dissertationen und Habilitationen deutscher Hochschulen) der Deutschen Bibliographie, Frankfurt.

Mehrfachnennungen kommen vor, da die Bibliographie der Sekundärliteratur nach dem Aufbau des Bandes gegliedert ist; in den Kapiteln zitierte Titel sind durch Kursivdruck gekennzeichnet.

1 Christa Wolfs Weg von der Kritikerin zur Prosaautorin

»Moskauer Novelle«

St. Bock, Das Beispiel Christa Wolf; in: St. B., Literatur. Gesellschaft. Nation. Materielle und ideelle Rahmenbedingungen der frühen DDR-Literatur (1949–1956). Stuttgart 1980, 168–71

L. Fürnberg, Brief an Christa Wolf (15. 6. 1956);
in: H. Böhm (Hg.), Fürnberg. Ein Lesebuch für unsere Zeit. Berlin (Aufbau) 1974, 420f.

Ch. Funke, Besprechung der »Moskauer Novelle«;
in: Der Morgen, 29. 10. 1961

M. *Jäger,* Die Literaturkritikerin Christa Wolf;
in: T+K 46, *1975*, 42–49

M. *Jäger,* Auf dem langen Weg zur Wahrheit. Fragen, Antworten und neue Fragen in den Erzählungen, Aufsätzen und Reden Christa Wolfs;
in: M. J., Sozialliteraten. Funktion und Selbstverständnis der Schriftsteller in der DDR. Düsseldorf *1973*, 11–101

M. *Jurgensen,* Christa Wolf: Moskauer Novelle;
in: M. J. (Hg.), Wolf. Darstellung. Deutung. Diskussion. Bern *1984*, 11–22

P. *Gugisch,* Christa Wolf.
in: H. J. Geerdts (Hg.), Literatur der DDR in Einzeldarstellungen. Stuttgart *1972*, 395–415

G. Mieth, Komposition, Erzählperspektive, Gattungsproblematik;
in: Deutschunterricht (DDR) 4/1966

M. Reso, Eine Kritikerin stellt sich der Kritik.
in: Berliner Zeitung Nr. 220, 1961

M. Reso, Unser Porträt: Christa Wolf.
in: Börsenblatt für den deutschen Buchhandel (Leipzig), 5. 1. 1965

K. Sauer, Der lange Weg zu sich selbst. Christa Wolfs Frühwerk;
in: K. Sauer (Hg.), Christa Wolf Materialienbuch. Darmstadt 1979, 64–80

J. Scharfschwerdt, Der exemplarische Weg Christa Wolfs;
in: J. S., Literatur und Literaturwissenschaft in der DDR. Stuttgart 1982, 164–74

G. Schultz, Ein überraschender Erstling. Christa Wolfs »Moskauer Novelle«;
in: NdL 7/1961, 128–31

Ch. Wolf, Einiges über meine *Arbeit* als Schriftsteller
in: W. Paulick (Hg.), Junge Schriftsteller der DDR in Selbstdarstellungen. Leipzig (Bibl. Institut) *1965*, 11–16

Autoren-Werkstatt: Christa Wolf. *Gespräch* mit J. *Walther;*
in: J. Walther (Hg.), Meinetwegen Schmetterlinge. Gespräche mit Schriftstellern. Berlin (Buchverlag Der Morgen) *1973*, 114–34

»Der geteilte Himmel«

H. P. Anderle, Christa Wolf.
in: Mitteldeutsche Erzähler. Eine Studie mit Proben und Porträts. Köln 1965, 210–213

S. Beinssen-Hesse, Zum Realismus in Christa Wolfs »Der geteilte Himmel«;
in: M. Jurgensen (Hg.), Wolf. Darstellung, Deutung, Diskussion. Bern 1984, 23–50

J. Bonk, Christa Wolf: »Der geteilte Himmel«;
in: W. Bredel/J. Bonk, Junge Prosa der DDR. Berlin (Volk und Wissen) 1964, 272–85

G. de Bruyn, Christa Wolf. »Rita und die Freiheit«;
in: G. de Bruyn, Maskeraden. Parodien. Halle (Mitteldeutscher Verlag) 1966, 9–13

H. *Bunge,* Im politischen Drehpunkt;
in: alternative, 4/*1964*, 13–15

Ch. Cosentino, Eine Untersuchung des sozialistischen Realismus im Werke Christa Wolfs;
in: German Quarterley 2/1974, 245–61

G. Dahlke, »Geteilter Himmel« und geteilte Kritik. Über die Dialektik von Glück und Unglück und einige andere Fragen.
in: SuF 2/1964, 307–17

Diskussion »Der geteilte Himmel«;
in: Sonntag 18. 10. und 8. 11. 1964

M. *Durzak*, Ein exemplarisches Gegenbeispiel. Die Romane von Christa Wolf; in: M. D., Der deutsche Roman der Gegenwart. Entwicklungsvoraussetzungen und Tendenzen. 3. erw. A., Stuttgart *1979*, 184–221

G. Dittmann, Auseinandersetzung mit der Gegenwart. »Der geteilte Himmel« im Literaturunterricht;
in: Deutschunterricht (DDR) 1/1966, 86–96

H. Eckert, Wem nützt das?
in: Forum 18/1963

B. *Einhorn*, Zweimal Deutschland: Die Entscheidung;
in: B. E., Der Roman in der DDR 1949–1969. Die Gestaltung des Verhältnisses von Individuum und Gesellschaft. Eine Analyse der Erzählstruktur. Kronberg/Ts. *1978*, 368–448

H. J. Geisthardt, Das Thema der Nation und zwei Literaturen. Nachweis an Christa Wolf und Uwe Johnson.
in: NdL 6/1966, 48–69

H. J. Geisthardt, Weltanschauung und Romanaufbau.
in: Konturen und Perspektiven. Zum Menschenbild in der Gegenwartsliteratur der Sowjetunion und der DDR. Berlin (Akademie) 1969, 167–89

I. Gerlach, Bitterfeld. Arbeiterliteratur und Literatur der Arbeitswelt in der DDR. Kronberg/Ts. 1974, 124–33

B. Greiner, Von der Allegorie zur Idylle: Die Literatur der Arbeitswelt in der DDR. Heidelberg 1974, 144–149

H. Haase, Wie äußert sich die Parteilichkeit des Schriftstellers?
in: ND 15. 2. 1964

K. Hammer, Probleme der Klassik-Rezeption im sozialistischen Roman der DDR;
in: Goethe-Almanach auf das Jahr 1970. Berlin/Weimar (Aufbau) 1969, 286ff.

W. *Hartinger*, Die Fragen und die Antworten unserer Literatur. Resultate und Probleme ihrer wissenschaftlichen Erforschung;
in: M. Diersch/W. Hartinger (Hg.), Literatur und Geschichtsbewußtsein. Entwicklungstendenzen der DDR-Literatur in den sechziger und siebziger Jahren. Berlin/Weimar (Aufbau) *1976*, 5–50

R. Heise, Das große Thema. Christa Wolf, »Der geteilte Himmel«;
in: NdL 6/1963, 148–53

H. Hillmann, Subjektivität in der Prosa;
in: H. J. Schmitt (Hg.), Hansers Sozialgeschichte der deutschen Literatur. Band 11: Die Literatur der DDR. München 1983 (= dtv 4353), 395–399

»Der geteilte Himmel«. Probleme des sozialistischen Realismus in der darstellenden Kunst, behandelt am Beispiel des DEFA-Films;
in: Referate und Diskussionsbeiträge der 2. Plenartagung der Deutschen Akademie der Künste zu Berlin vom 30. 6. 1964. Berlin (Akademie-Publikation) 1965

H. G. *Hölsken,* Zwei Romane: Christa Wolf »Der geteilte Himmel« und Hermann Kant »Die Aula«. Voraussetzungen und Deutung;
in: Deutschunterricht (BRD) 5/*1969*, 61–99

A. Hochmuth, Gestaltung der Perspektive im Menschenbild. Zu Christa Wolf »Der geteilte Himmel«;
in: A. H. (Hg.), Literatur im Blickpunkt. Zum Menschenbild in der Literatur der beiden deutschen Staaten. 2. erw. A. Berlin (Dietz) 1967, 195–211

W. Illberg, Von der wahren Parteilichkeit des Kritikers;
in: Sonntag 40/1963

M. *Jurgensen,* (Christa Wolf) Der geteilte Himmel;
in: M. J., Deutsche Frauenautoren der Gegenwart. Bern *1983*, 83–88

G. Karl, Dialektische Dramaturgie. Ein Versuch zu Gestaltungsproblemen des Films »Der geteilte Himmel«;
in: Filmspiegel, Berlin/DDR 4/1964

G. Karl, Experiment im Streitgespräch.
in: ND 5. 9. 1964

U. Klingmann, Zum Versuch, Moral in die Welt zu bringen. Christa Wolfs »Der geteilte Himmel« im Rückblick;
in: Acta Germanica 14, 1981, 131–46

E. Kloehn, Christa Wolf: »Der geteilte Himmel«. Roman zwischen sozialistischem Realismus und kritischem Realismus;
in: Deutschunterricht (BRD) 1/1968, 43–56

H. Koch, Sicher auf dem neuen Ufer. Wahrheit und Qualität in der Literatur.
in: Sonntag 8/1963

Ch. Koerner, »Divided Heaven« – by Christa Wolf. A Sacrifice of Message and Meaning in Translation;
in: German Quarterley 2/1984, 213–30

E. Langer, Literaturpolitik und Literaturdiskussion in der SBZ, dargestellt an drei sowjetzonalen Bestsellern;
in: Orientierung, 7. Beiheft 1966

K. Lau (Hg.), Christa Wolf, Der geteilte Himmel. Materialien. Stuttgart 1981

E. Neutsch, Einige Bemerkungen zur Literaturdiskussion.
in: Freiheit 28. 9. 1963

Ch. Reinig, Der ungeteilte Hades;
in: Spiegel 13. 1. 1965, 70–71

M. *Reso,* Nachwort;
in: M. R. (Hg.), »Der geteilte Himmel« und seine Kritiker. Dokumentation. Halle (Mitteldeutscher Verlag) *1965*, 256–98

M. *Reso* (Hg.), »Der geteilte Himmel« und seine Kritiker. Dokumentation. Halle (Mitteldeutscher Verlag) 1965

M. v. Salisch, Zwischen Selbstaufgabe und Selbstverwirklichung. Zum Problem der Persönlichkeitsstruktur im Werk Christa Wolfs. Stuttgart 1976

K. *Sauer,* Der lange Weg zu sich selbst. Christa Wolfs Frühwerk;
in: K. Sauer (Hg.), Christa Wolf Materialienbuch. Darmstadt *1979*, 64–80

J. *Scharfschwerdt,* Der exemplarische Weg Christa Wolfs;
in: J. S., Literatur und Literaturwissenschaft in der DDR. Stuttgart *1982*, 164–74

D. *Schlenstedt,* Motive und Symbole in Christa Wolfs Erzählung »Der geteilte Himmel«,
in: WB 1/*1964*, 77–104; zit. nach: H. Kaufmann (Hg.), Positionen der DDR-Literaturwissenschaft. Auswahl aus den Weimarer Beiträgen (1955–1970), 2 Bde., Kronberg/Ts. 1974, Bd. 1, 141–66

F. Schonauer, ›Parteilichkeit‹ oder ›Tendenz‹ – »Der geteilte Himmel«;
in: Deutschunterricht (BRD) 26/1966

M. W. Schulz, Prüfung unserer Menschlichkeit;
in: M. Reso (Hg.), »Der geteilte Himmel« und seine Kritiker. Dokumentation. Halle (Mitteldeutscher Verlag) 1965, 227–35

D. Sevin, Der geteilte Himmel;
in: D. S., Christa Wolf. Der geteilte Himmel. Nachdenken über Christa T. Interpretationen. München 1982, 14–60

A. *Stephan,* Der geteilte Himmel;
in: A. S., Christa Wolf. München, 2. erw. A. *1979*, 32–58

A. *Stephan,* Christa Wolf. Forschungsberichte zur DDR-Literatur 1. Amsterdam (Rodopi) *1980*

K. Stern, »Wenn ich nicht brenne. . .« Gedanken zu Christa Wolfs Buch;
in: Sonntag 2. 6. 1963

Nützlicher Streit. Schlußbemerkung der Redaktion der ›Freiheit‹ zur Diskussion über die Erzählung »Der geteilte Himmel« von Christa Wolf;
in: Freiheit 30. 11. 1963

M. Tippkötter, Die Forderung individueller Lektüre und Christa Wolfs Erzählung »Der geteilte Himmel«;
in: Deutschunterricht (DDR) 2/1964

F. Trommler, Prosaentwicklung und Bitterfelder Weg;
in: H. J. Schmitt (Hg.), Einführung in Theorie, Geschichte und Funktion der DDR-Literatur. Stuttgart 1975, 293–323

F. Trommler, DDR-Erzählung und Bitterfelder Weg;
in: Basis 3, 1973, 61–97

H. G. Werner/D. Heinemann, Konflikt und Motiv;
in: Freiheit 19. 10. 1963

W. Werth, Die neue Stimme von drüben. Bemerkungen zu Christa Wolfs »Der geteilte Himmel«;
in: Deutsche Zeitung und Wirtschaftszeitung, 5./6. 10. 1963

R. *Wiegenstein*, Verweigerung der Zustimmung?
in: Merkur 8/*1969*, *779–782*

K. Wolf über die Verfilmung des »Geteilten Himmel«;
in: Märkische Volksstimme 24. 10. 1963

K. Wolf, Gibt es ein ›Pauschalpublikum‹?
in: Sonntag 19. 7. 1964

K. Wolf, ... das ist hier die Frage. Regisseur Konrad Wolf nimmt Stellung;
in: Sonntag 6/1965, 9f.

E. *Zak*, Tragische Erlebnisse in optimistischer Sicht. Zu Christa Wolfs Erzählung »Der geteilte Himmel«;
in: Sonntag 19. 5. *1963*

Zirkel schreibender Arbeiter des VEB Waggonbau Ammendorf;
in: Freiheit 12. 10. 1963

2 *Christa Wolfs neues erzählerisches Selbstverständnis*

»Juninachmittag«

W. *Emmerich*, Der verlorene Faden. Probleme des Erzählens in den siebziger Jahren;
in: P. Hohendahl/P. Herminghouse (Hg.), Literatur der DDR in den siebziger Jahren. Frankfurt *1983* (= NF 174), 153–192

E. Frey, Gesellschaftliche Vieldeutigkeit in Christa Wolfs Erzählung »Juninachmittag«;
in: E. F., Stil und Leser. Theoretische und praktische Ansätze zur wissenschaftlichen Stilanalyse. Bern 1975, 101–12

A. *Giesecke*, Zum Leistungsvermögen einer Prosaform. Analysen zu »Der Schmied von Kosewalk« von Sarah Kirsch und »Juninachmittag« von Christa Wolf;
in: WB 8/*1977*, 110–39

H. *Fehervary*, Christa Wolf's Prose: A Landscape of Masks;
in: New German Critique 27, *1982*, 57–88; revidierter Wiederabdruck in: M. S. Fries (Hg.), Critical Perspectives on Christa Wolf (in Vorber.)

P. Gugisch, Christa Wolf;
in: H. J. Geerdts (Hg.), Literatur der DDR in Einzeldarstellungen. Stuttgart 1972, 395–415

A. Hollis, Timelessness and the Game: Christa Wolf's »Juninachmittag« and Joachim Walther's »Wochenende im Grünen«;
in: New German Studies 7, 1979, 145–67

M. Posor, Christa Wolfs »Juninachmittag«. Versuch einer Konfrontation;
in: Filologia Germánska. Acta Universitatis Nicolai Copernici, 2. Torún 1976, 56–69

A. Tanner, Wendepunkt: Christa Wolfs »Juninachmittag«;
in: M. Jurgensen (Hg.), Wolf. Darstellung. Deutung. Diskussion. Bern 1984, 51–76

H. J. Schmitt, Nachwort;
in: Christa Wolf, Neue Lebensansichten eines Katers. Juninachmittag. Stuttgart 1981 (= rub 7686), 62–68

W. Zimmermann, Juninachmittag (1967);
in: W. Z., Deutsche Prosadichtungen unseres Jahrhunderts. Interpretationen für Lehrende und Lernende. Düsseldorf 3. A. 1974, 351–72

»Nachdenken über Christa T.«

(Autorenkollektiv), Charakterdarstellung und das Problem der Selbstverwirklichung des Menschen in Christa Wolfs Erzählung »Nachdenken über Christa T.«;
in: Parteilichkeit und Volksverbundenheit. Zu theoretischen Grundfragen unserer Literaturentwicklung. Berlin (Dietz) 1972, 226–237

J. R. *Becher*, Auf andere Art so große Hoffnung. Tagebuch 1950. Eintragungen 1951. Berlin/Weimar (Aufbau) *1969*

M. Behn, Einleitung;
in: M. Behn (Hg.), Wirkungsgeschichte von Christa Wolfs »Nachdenken über Christa T.«. Königstein 1978 (= AT 2140), 1–24

M. Behn (Hg.), Wirkungsgeschichte von Christa Wolfs »Nachdenken über Christa T.« Königstein 1978 (= AT 2140)

E. *Bloch*, das Prinzip Hoffnung. Frankfurt/M. 7. A. *1980*

M. Cicora, Language, Identy and the Woman in »Nachdenken über Christa T.«: a Post-Structuralist Approach;
in: German Review 1/1982, 16–22

K. Franke, Ihrer Generation voraus;
in: Frankfurter Hefte 7/1970, 524f.

M. *Gerhardt*, Emma Bovarys Unbehagen;
in: M. G., Kein bürgerlicher Stern, nichts, nichts konnte mich je beschwichtigen. Essays zur Kränkung der Frau. Darmstadt *1982* (= SL 393), 40–57

H. *Haase*, Nachdenken über ein Buch;
in: NdL 4/*1969*, 174–85

J.-P. Hammer, L'individu dans la société socialiste;
in: Allemagne d'aujourd'hui 21, 1970, 61–70

L. Hill, Loyalism in Christa Wolf's »Nachdenken über Christa T.«;
in: Michigan Germanic Studies 2/1981, 249–61

A. *Huyssen*, Auf den Spuren Ernst Blochs. Nachdenken über Christa Wolf;
in: Basis 5, 1975, 100–116; zit. nach: K. Sauer (Hg.), Christa Wolf Materialienbuch. Darmstadt *1979*, 81–96

H. Kähler, Christa Wolfs Elegie;
in: SuF 1/1969, 251–61

H. Kaiser, Christa Wolfs »Nachdenken über Christa T.« – Erzählen als Modell geschichtlichen Interpretierens;
in: Literatur für Leser, 371978, 200–13

H. Kersten, Christa Wolfs »Nachdenken über Christa T.« Zu einem literarischen und einem kulturpolitischen Ereignis;
in: FR 21. 6. 1969

H. Kinder, Nachdenken über Rita S., Christa T., Christa W. und Marcel R. R. Christa Wolf und die westdeutsche Literaturkritik;
in: Hefte. Zeitschrift für deutsche Sprache und Literatur, 6, 1970, 14–23

W. Knipp, Wirklichkeitsaneignung in der Spannung zwischen ›Anpassung‹ und ›Sich-Verlieren‹: Christa Wolfs »Nachdenken über Christa T.«;
in: W. K., Zum Verhältnis von Individualität und Gesellschaft in ausgewählten Romanen der DDR. Literarische Anmerkungen zum sozialistischen Menschenbild. Köln 1980, 358–96

L. Köhn, Nachdenken über Christa T.;
in: P. M. Lützeler (Hg.), Deutsche Romane des 20. Jahrhunderts. Neue Interpretationen. Königstein 1983, 340–55

F. McGauran, Gebrochene Generationen: Christa Wolf und Theodor Storm;
in: German Life and Letters 31, 1978, 328–35

H. *Mayer*, Christa Wolf, »Nachdenken über Christa T.«;
in: Neue Rundschau 1/*1970*, 180–86

F. Meyer, Zur Rezeption von Christa Wolfs »Nachdenken über Christa T.«;
in: alternative 100, 1975, 26–31

R. Michaelis, Der doppelte Himmel. Christa Wolfs zweites Buch »Nachdenken über Christa T.« Der umstrittene Roman aus der DDR;
in: FAZ 28. 5. 1969

H. *Mohr*, Produktive Sehnsucht. Struktur, Thematik und politische Relvanz von Christa Wolfs »Nachdenken über Christa T.«;
in: Basis 2, *1971*, 191–233

H. Orlowski, »Nachdenken über Christa T.«;
in: M. Diersch/H. Orlowski (Hg.), Annäherung und Distanz. DDR-Literatur in der polnischen Literaturkritik. Halle (Mitteldeutscher Verlag) 1983, 480–87

M. Posor, Zur ethischen Problematik und zur Komposition des Romans »Nachdenken über Christa T.« von Christa Wolf;
in: Filologia Germánska. Acta Universitatis Nicolai Copernici, 5. Torún 1978, 21–34

H. *Richter*, Zur Rezeption deutschsprachiger Erzähler der zweiten Hälfte des 19. Jahrhunderts in der Epik der sechziger Jahre;
in: M. Diersch/W. Hartinger (Hg.), Entwicklungstendenzen der DDR-Literatur in den sechziger und siebziger Jahren. Berlin/Weimar *1976*, 248–274

H. Sachs, Verleger sein, heißt ideologisch kämpfen;
in: ND 14. 5. 1969

H. J. Schmitt, Von den »Mutmaßungen« zu den »Neuen Leiden«. Zur Wirkungsgeschichte der DDR-Literatur;
in: H. J. Schmitt (Hg.), Hansers Sozialgeschichte der deutschen Literatur, Bd. 11: Die Literatur der DDR. München 1983 (= dtv 4353), 15–77

M. W. Schulz, Das Neue und das Bleibende in unserer Literatur;
in: VI. Deutscher Schriftstellerkongreß. 28.–30. 5. 1969. Protokoll. Berlin/Weimar (Aufbau) 1969, 23–59

K. Schuster, Christa Wolf: »Nachdenken über Christa T.« Rezeptionsprobleme mit einem DDR-Roman;
in: J. Lehmann (Hg.), Deutsche Romane von Grimmelshausen bis Walser. Interpretationen für den Literaturunterricht. Königstein 1982, Bd. 2, 469–88

B. W. *Seiler*, Nachdenken über Theodor S.: ›Innerlichkeit‹ bei Storm und Christa Wolf;
in: Schriften der Theodor Storm-Gesellschaft 27, *1978*, 9–25

D. *Sevin*, Nachdenken über Christa T.;
in: D. S., Christa Wolf. Der geteilte Himmel. Nachdenken über Christa T. Interpretationen. München *1982*, 61–112

E. Simons, Das Anders-Machen, von Grund auf. Die Hauptrichtungen der jüngsten erzählenden DDR-Literatur;
in: WB. Sonderheft zum 20. Jahrestag der Gründung der DDR, 1969, 183–204

A. *Stephan*, Nachdenken über Christa T.;
in: A. S., Christa Wolf. München 2. erw. A. *1979*, 59–91

Z. Swiatlowski, »Nachdenken über Christa T.« von Christa Wolf. Versuch einer literaturgeschichtlichen Standortbestimmung;
in: Germanica Wratislaviensia 32, 1978, 13–26

Ch. *Thomassen*, Der lange Weg zu uns selbst. Christa Wolfs Roman »Nachdenken über Christa T.« als Erfahrungs- und Handlungsmuster. Kronberg *1977*

R. Wiegenstein, Verweigerung der Zustimmung?
in: Merkur 8, 1969, 779–82

Ch. Wolf, Einiges über meine *Arbeit* als Schriftsteller;
in: W. Paulick (Hg.), Junge Schriftsteller der DDR in Selbstdarstellungen. Leipzig (Bibl. Institut) *1965*, 11–16

Ch. Wolf, *Gespräch* mit Karl *Corino;*
in: Hess. Rundfunk, 27. 11. 1974

Ch. Wolf, *Gespräch* mit Joachim *Walhter;*
in: J. Walther (Hg.), Meinetwegen Schmetterlinge. Gespräche mit Schriftstellern. Berlin (Buchverlag Der Morgen) *1973*, 114–34

Ch. Wolf, *Gespräch* mit Eduard *Zak;*
in: Sonntag 18. 2. 1968, 6 f.

»Lesen und Schreiben«

P. Beicken/R. Goebel, Erzählerische Selbstverständigung: Christa Wolf zwischen Moderne und Tradition;
in: Monatshefte 74, 1982, 59–71

P. *Beicken*, Nachfolge, nicht Nachahmung: Zur Beziehung Anna Seghers – Christa Wolf;
in: W. Elfe/J. Hardin/G. Holst, Deutsche Exilliteratur. Literatur in der Nachkriegszeit. Bern *1981*, 114–132

J. B. Bilke, Zumutbare Wahrheiten;
in: Basis 4, 1973, 192–200

S. Bock, Neuer Gegenstand – neues Erzählen;
in: WB 10/1973, 106–108

Ch. Cosentino, Rezension von Christa Wolf, »The Reader and the Writer: Essays, Sketches, Memories«, New York 1977;
in: German Quarterley 4/1978, 578 ff.

G. Cwojdrak, Nachdenken über Prosa;
in: SuF 6/1972, 1293–1299

V. *Hammerschmidt*/A. *Oettel*, Christa Wolf;
in: Kritisches Lexikon zur deutschsprachigen Gegenwartsliteratur (= *KLG*), München 1978 ff.; hier: *1984*

K. Hirdina, Genau, zupackend, veränderlich;
in: Sonntag 20. 8. 1972

M. Jäger, Lesen und Schreiben in der DDR;
in: Deutsches Allgemeines Sonntagsblatt, 11. 2. 1973

L. *Köhn,* Erinnerung und Erfahrung. Christa Wolfs Begründung der Literatur;
in: T+K 46, *1975,* 14–24

W. *Krogmann,* Moralischer Realismus – ein Versuch über Christa Wolf;
in: G. Labroisse (Hg.), Zur Literatur und Literaturwissenschaft der DDR. Amsterdam (Rodopi) *1978* (= Amsterdamer Beiträge zur Neueren Germanistik 6), 233–61

E. Mannack, Zur Erzähltheorie: Alain Robbe-Grillet – Uwe Johnson – Christa Wolf;
in: E. M., Zwei deutsche Literaturen? Kronberg/Ts. 1977 (= AT 2123), 50–65

M. Posoř, Christa Wolfs Essayband »Lesen und Schreiben«;
in: Filologia Germánska. Acta Universitatis Nicolai Copernici, 3. Torún 1977, 107–14

D. Sevin, The Plea for Artistic Freedom in Christa Wolfs »Lesen und Schreiben« and »Nachdenken über Christa T.«: Essay and Fiction as Mutually Supportive Genre Forms;
in: Studies in GDR Culture and Society 2, 1982, 31–42

A. Stephan, Die ›subjektive Authentizität‹ des Autors. Zur ästhetischen Position von Christa Wolf;
in: T+K 46, 1975, 33–41

W. *Werth,* Verbotene Früchte gezüchtet;
in: *Zeit 9. 3. 1973*

Ch. Wolf (Hg.), Anna Seghers. *Glauben an Irdisches.* Essays aus vier Jahrzehnten. Leipzig (Reclam) *1974*

3 Unwahrscheinliche Geschichten

»Unter den Linden«, »Neue Lebensansichten eines Katers«, »Kleiner Ausflug nach H.« und *»Selbstversuch«*

G. Eh *Bahr,* Blitz aus heiterem Himmel. Ein Versuch zur Emanzipation in der DDR;
in: W. Paulsen (Hg.), Die Frau als Heldin und Autorin. Neue kritische Ansätze zur deutschen Literatur. Bern *1979,* 223–236

B. *Bradley,* Christa Wolfs Erzählung »Unter den Linden«: Unerwünschtes und erwünschtes Glück;
in: German Quarterley 2/*1984,* 231–49

H. Castein, Christa Wolfs »Neue Lebensansichten eines Katers«. Ein Beitrag zur Hoffmann-Rezeption in der DDR;
in: Monatshefte 86, 1983

S. *Damm*/J. *Engler*, Notate des Zwiespalts und Allegorien der Vollendung; in: WB 7/*1975*, 37–69

I. Dölling, Zur kulturtheoretischen Analyse von Geschlechterbeziehungen; in: WB 1/1980, 59–88

W. Emmerich, Identität und Geschlechtertausch. Notizen zur Sellbstdarstellung der Frau in der neueren DDR-Literatur; in: Basis 8, 1978, 128–154

W. *Emmerich*, Nachwort; in: Sarah Kirsch/Irmtraut Morgner/Christa Wolf, Geschlechtertausch. Drei Geschichten über die Umwandlung der Verhältnisse. Darmstadt *1980* (= SL 315), 101–27

Ch. Funke, »Unter den Linden« von Christa Wolf; in: Der Morgen 4. 10. 1974

K. M. Hinz, Der bürgerliche Kater. Neue Erzählungen von Christa Wolf; in: Stuttgarter Zeitung 29. 3. 1975

M. *Jäger*, Brisante Signale aus der Geschichte; in: Deutsches Allgemeines Sonntagsblatt 13. 4. *1980*

K. Jarmatz, Handeln, indem man erkennt; in: Berliner Zeitung 1. 12. 1974

H. *Kaufmann*, Zu Christa Wolfs poetischem Prinzip. Nachbemerkung zum Gespräch; in: WB 6/*1974*, 113–25

L. Krenzlin, Unter den Linden; in: Sonntag 19. 1. 1975

W. *Krogmann*, Moralischer Realismus – ein Versuch über Christa Wolf; in: G. Labroisse (Hg.), Zur Literatur und Literaturwissenschaft der DDR. Amsterdam (Rodopi) *1978* (= Amsterdamer Beiträge zur Neuren Germanistik 6), 233–61

B. Lermen, Das Menschenbild in Christa Wolfs Erzählung »Neue Lebensansichten eines Katers«; in: G. Michels (Hg.), Festschrift für Friedrich Kienecker zum 60. Geburtstag. Heidelberg 1980, 97–116

B. Lermen/A. Haase (Hg.), Christa Wolf. Unter den Linden. Mit Materialien. Stuttgart 1981

Ph. Manger, Auf der Suche nach dem ungelebten Leben. Christa Wolf, »Unter den Linden«; in: A. v. Bormann (Hg.), Wissen aus Erfahrung. Werkbegriff und Interpretation heute. Festschrift für Hermann Meyer zum 65. Geburtstag. Tübingen 1976, 439–46

I. Meidinger-Greise, Wendekreis des Zorns; in: Frankfurter Hefte 3/1981, 70–72

R. *Melchert*, Erfindungen als Wahrheit;
in: SuF 2/*1975*, 439–46

R. Michaelis, Recht auf Trauer;
in: Zeit 27. 12. 1974

A. Pegoraro, ›Mann‹ versus ›Mensch‹. Zu Christa Wolfs Erzählung »Selbstversuch«;
in: Colloquia Germanica 3/1982, 239–52

H. Plavius, Mutmaßungswut;
in: NdL 10/1974, 154–58

U. *Prokop*, Die Formulierung der sich bildenden Subjektivität in der frühen Romantik;
in: U. P., Weiblicher Lebenszusammenhang. Von der Beschränktheit der Strategien und der Unangemessenheit der Wünsche. Frankfurt *1977* (= es 808)

A. Stephan, Christa Wolf: »Unter den Linden«;
in: Neue deutsche Hefte 1/1975, 144–47

A. Stephan, Die wissenschaftlich-technische Revolution in der Literatur der DDR;
in: Deutschunterricht (BRD) 2/1978, 18–34

I. Stephan, »Daß ich eins und doppelt bin. . .« Geschlechtertausch als literarisches Thema;
in: I. Stephan/S. Weigel, Die verborgene Frau. Sechs Beiträge zu einer feministischen Literaturwissenschaft. Berlin 1983 (= AS 96), 153–75

S. Svensson, Gesellschaftliche Utopie in der DDR-Literatur. Christa Wolfs »Neue Lebensansichten eines Katers«;
in: Monderna språk 77, 1983, 223–27

A. Szymańska-Orlikowska, Zur Problematik des Phantastischen in den Erzählungen von Christa Wolf: »Unter den Linden«;
in: Acta Universitatis Lodziensis, Ser. 1, Nr. 59, 1975, 91–98

H. G. *Werner*, Zum Traditionsbezug der Erzählungen in Christa Wolfs »Unter den Linden«;
in: WB 4/*1976*, 36–64

M. Zelger-Vogt, ». . . daß Menschen reif und frei sein könnten«;
in: Neue Zürcher Zeitung 11. 4. 1980

4 Die Filmerzählung »Till Eulenspiegel«

A. Brunkhorst, Christa und Gerhard Wolfs »Till Eulenspiegel«: Modell zur Einführung rezeptionsgeschichtlicher Arbeitsweisen auf der Sekundarstufe II;
in: Deutschunterricht (BRD) 3/1977, 68–82

A. Brunkhorst, Till Eulenspiegel – zur Rezeptionsgeschichte einer literarischen Figur;
in: Universitas 7/1983, 717–24

M. von der Grün, Till Eulenspiegels Vermächtnis;
in: Nürnberger Nachrichten 22. 3. 1974

B. Heimberger, Die List der Schwachen zu Christa und Gerhard Wolfs Filmerzählung »Till Eulenspiegel«;
in: Neue Zeit 28. 4. 1974

W. Heise, Nachbemerkung;
in: Christa Wolf/Gerhard Wolf. Till Eulenspiegel. Erzählung für den Film. Berlin/Weimar (Aufbau) 1972, 217–23

A. Herzberg, Christa und Gerhard Wolf: »Till Eulenspiegel«;
in: Sonntag, 14. 1. 1973

H. Hirsch, Klugheit als Aktion;
in: NdL 8/1974, 136–39

H. Kähler, Panorama der Zeit des Bauernkrieges;
in: ND 13. 2. 1974

E. Lämmert, Zum Sehen geschrieben;
in: FAZ 6. 4. 1974

B. *Lersch*/F. J. *Lersch*, Die Eulenspiegel-Bearbeitung von Christa und Gerhard Wolf. Bedeutung und Funktion im Entwicklungszusammenhang der DDR-Literatur;
in: Th. Cramer (Hg.), Till Eulenspiegel in Geschichte und Gegenwart. Bern *1978*, 119–48

R. Melchert, Vergeßt den Knoten nicht!
in: Junge Welt 4. 1. 1974

D. *Meyer*/W. *Wulff*, Die engagierte Neugestaltung einer mittelalterlichen Volksbuchfigur. »Dil Ulenspiegel« (1515) als Vorlage für »Till Eulenspiegel« (1972) von Christa und Gerhard Wolf;
in: Th. Cramer (Hg.), Till Eulenspiegel in Geschichte und Gegenwart. Bern *1978*, 93–118

W. Schoeller, Die List der Schwachen;
in: FR 8. 6. 1974

S. Töpelmann, »Till Eulenspiegel«;
in: Sonntag 10. 2. 1974

W. Werth, Der Narr als Systemkritiker;
in: Süddeutsche Zeitung 3. 4. 1974

5 Die Aufarbeitung von Zeitgeschichte am Beispiel der persönlichen Biographie

»Kindheitsmuster«

A. Adler, Scham und Schuld. Barrieren des Erinnerns in Christa Wolfs und Peter Härtlings Kindheitsmustern und im psychoanalytischen Prozeß;
in: Deutschunterricht (BRD) 5/1983, 5–20

A. Auer, Gegenerinnerung;
in: SuF 4/1977, 847–878

M. *Behn,* Neuere antifaschistische Prosa in der DDR;
in: Sammlung 1, *1978,* 61–70

P. *Beicken,* Nachfolge, nicht Nachahmung: Zur Beziehung Anna Seghers – Christa Wolf;
in: W. Elfe/J. Hardin/G. Holst, Deutsche Exilliteratur. Literatur in der Nachkriegszeit. Bern *1981,* 114–132

W. Bialik, Christa Wolfs Abrechnung mit der Abrechnung (1979);
in: M. Diersch/H. Orlowski (Hg.), Annäherung und Distanz. DDR-Literatur in der polnischen Literaturkritik. Halle (Mitteldeutscher Verlag) 1983, 207–19

S. *Bock,* »Kindheitsmuster«;
in: WB 9/*1977,* 102–30

K. Böhnisch, Vorläufige Bemerkungen zu den Romanen »Kindheitsmuster« von Christa Wolf und »Der Aufenthalt« von Hermann Kant;
in: E. Połzyńska (Hg.), Der Weg zum Nachbarn. Beiträge zur Thematisierung deutsch-polnischer Beziehungen in der Literatur des 20. Jahrhunderts. Poznań 1982, 91–100

H. Böll, Wo habt ihr bloß gelebt?
in: K. Sauer (Hg.), Christa Wolf Materialienbuch. Darmstadt 1979 (= SL 265), 7–14

W. Brettschneider, »Kindheitsmuster«. Kindheit als Thema autobiographischer Dichtung. Berlin 1982, 123–49

Breife an Annemarie Auer;
in: SuF 6/1977, 1311–22

A. Brutter, Um Klarheit über die Rolle jedes einzelnen. Christa Wolf las aus ihrem neuen Romanmanuskript;
in: ND 11. 10. 1975

K. Corino, Die Todsünde dieser Zeit;
in: Deutsche Zeitung 25. 3. 1977

J. Crick, ›Dichtung und Wahrheit‹: Aspects of Christa Wolf's »Kindheitsmuster«;
in: London German Studies 2, 1983, 168–83

G. Cwojdrak, »Kindheitsmuster« – ein Probestück;
in: Weltbühne 3. 5. 1977, 550ff.

Diskussion über »Kindheitsmuster« nach Lesungen im Oktober und Dezember 1975 in der Akademie der Künste der DDR;
in: SuF 4/*1976*, 861–88

Eine Diskussion über »Kindheitsmuster« im Mai 1983 an der Ohio State University;
in: Documentation: Christa Wolf; in: German Quarterley, 1/1984, 91–95

I. Drewitz, Christa Wolf: »Kindheitsmuster«;
in: I. D., Zeitverdichtung. Essays, Kritiken, Porträts. Wien 1980, 346–49

I. Drewitz, Stil und Existenz gehören zusammen. Christa Wolfs »Kindheitsmuster« und »Kein Ort. Nirgends«;
in: T+K 46, 3. A. 1985, 60–66

W. *Emmerich*, Der Kampf um die Erinnerung. Laudatio auf Christa Wolf anläßlich der Verleihung des Bremer Literaturpreises 1977;
in: K. Sauer (Hg.), Christa Wolf Materialienbuch. Darmstadt *1979*, 111–16

S. Frieden, »In eigener Sache«: Christa Wolf's »Kindheitsmuster«;
in: German Quarterley 4/1981, 473–87

H. J. Geerdts, Zur Thematik des Antifaschismus in der Geschichte der DDR-Prosa;
in: Zeitschrift für Germanistik, 1/1980, 71–81

V. Hammerschmidt/U. Naumann, ». . . das Vergessen schwieriger machen«;
in: Die Tat 17. 6. 1977

M. *Helmecke*, »Kindheitsmuster«;
in: SuF 3/*1977*, 678–81

P. Herminghouse, Vergangenheit als Problem der Gegenwart: Zur Darstellung des Faschismus in der neueren DDR-Literatur;
in: P. Hohendahl/P. Herminghouse (Hg.), Literatur der DDR in den siebziger Jahren. Frankfurt 1983 (= NF 174), 259–93

U. Hille, Review of »Kindheitsmuster«;
in: Arbeiten zur deutschen Philologie 12, 1978, 141–49

Th. Hörnigk, Das Thema Krieg und Faschismus in der Geschichte der DDR-Literatur;
in: WB 5/1978, 73–105

N. Jackson/B. Saunders, Christa Wolf's »Kindheitsmuster«. An East German Experiment in Political Autobiography;
in: German Life & Letters 4/1980, 319–29

M. Jäger, Wo habt ihr bloß alle gelebt?
in: Deutsches Allgemeines Sonntagsblatt 5. 4. 1977

M. *Jäger,* Die Grenzen des Sagbaren. Sprachzweifel im Werk von Christa Wolf;
in: K. Sauer (Hg.), Christa Wolf. Materialienbuch. Darmstadt *1979,* 130–145

K. Jarmatz, »Kindheitsmuster«;
in: ND 5. 3. 1977

M. Jurgensen, »Die Suche nach dem verlorenen Ich«. Christa Wolf: »Kindheitsmuster«;
in: M. J., Erzählformen des fiktionalen Ich. Beiträge zum deutschen Gegenwartsroman. Bern 1980, 58–94

H. Kant, »Kindheitsmuster«;
in: Sonntag 12. 2. 1977

L. Klawohn, Kollektives Bewußtsein und Literatur in der DDR. Christa Wolfs neue Art zu schreiben;
in: Beiträge zum wissenschaftlichen Sozialismus, 1/1978, 135–46

K. Konjetzky, Der Versuch einer Bewältigung;
in: DVZ 10. 3. 1977

G. Krieger, Ein Buch im Streit der Meinungen;
in: SuF 1/1985, 56–76

H. Küntzel, Der Faschismus: seine Theorie, seine Darstellung in der Literatur;
in: H. J. Schmitt (Hg.), Hansers Sozialgeschichte der deutschen Literatur. Bd. 11: Die Literatur der DDR. München 1983 (= dtv 4353), 453–67

M.-L. Linn, Doppelte Kindheit – Zur Interpretation von Christa Wolfs »Kindheitsmuster«;
in: Deutschunterricht (BRD) 2/1978, 52–66

Ch. Linsmayer, Die wiedergefundene Fähigkeit zu trauern;
in: Neue Rundschau 3/1977, 472–78

K. Mc Pherson, Christa Wolf (»Kindheitsmuster«);
in: The Writer and Society in the GDR, Tayport (Hutton Press), 1983

H. Mayer, Der Mut zur Unaufrichtigkeit;
in: Spiegel 11. 4. 1977

M. Melchert, Epischer Spielraum im Roman. Am Beispiel von Christa Wolfs »Kindheitsmuster«;
in: WB 7/1982, 102–16

M. Mitscherlich, Die Frage der Selbstdarstellung. Überlegungen zu den Autobiographien von Helene Deutsch, Margaret Mead und Christa Wolf;
in: Neue Rundschau 2–3/1980, 291–316

H. Plavius, Gewissenserforschung;
in: NdL 1/1977, 139–51

H. Richter, Moralität als poetische Energie;
in: SuF 3/1977, 667–78

N. *Schachtsiek-Freitag*, Vom Versagen der Kritik. Die Aufnahme von »Kindheitsmuster« in beiden deutschen Staaten;
in: K. Sauer (Hg.), Christa Wolf Materialienbuch. Darmstadt *1979*, 117–130

K. Scherpe, »Dieses Gefühl einer Lücke.« Neue Romane von Christa Wolf, Alfred Andersch und Peter Weiss als Muster antifaschistischer Literatur für die Gegenwart;
in: L. Winckler (Hg.), Antifaschistische Literatur. Bd. 3, Königstein 1979, 227–53

B. Schick, Brief eines Nachgeborenen. Zu Christa Wolf und Annemarie Auer;
in: SuF 2/1978, 422–26

K. H. Schoeps, Wandel und Erinnerung: Christa Wolfs Erzählung »Blickwechsel« als Paradigma ihrer Erzählstruktur;
in: German Quarterley 4/1979, 518–24

A. *Seghers*, Für Christa Wolf;
in: SuF 2/*1979*, 282f.

U. Siefken-Schule, Utopie und Ästhetik der Gegenwartsliteratur. Christa Wolfs »Kindheitsmuster«: Roman gewordene Zeit;
in: die horen 124, 1981, 100–108

St. Spender, Review of A Model Childhood by Christa Wolf;
in: The New York Times Book Review 10/12, 1980, 11–34

A. Stephan, »Kindheitsmuster« (Rezension);
in: New German Critique 11/1977, 178–82

A. Stephan, Von Aufenthalten, Hosenknöpfen und Kindheitsmustern. Das Dritte Reich in der jüngsten Prosa der DDR;
in: H. Rupp/H. Roloff (Hg.), Akten des VI. Internationalen Germanisten-Kongresses (Basel 1980), Bd. 4. Bern 1980, 552–58

A. Stephens, Vom Nutzen der zeitgenössischen Metafiktion. Christa Wolfs »Kindheitsmuster«;
in: R. Kloepfer/G. Janetzke-Dillner (Hg.), Erzählung und Erzählforschung im 20. Jahrhundert. Tagungsbeiträge eines Symposiums der Alexander von Humboldt-Stiftung Bonn-Bad Godesberg. Stuttgart 1981, 359–70

A. Stephens, »Die Verführung der Worte« – von »Kindheitsmuster« zu »Kassandra«;
in: M. Jurgensen (Hg.), Wolf. Darstellung. Deutung. Diskussion. Bern 1984, 127–148

R. H. Wiegenstein, Kassandra hat viele Gesichter;
in: Merkur 10/1977

Ch. Zahlmann, Kindheitsmuster: Schreiben an der Grenze des Bewußtseins; in: W. Mauser (Hg.), Erinnerte Zukunft. 11 Studien zum Werk Christa Wolfs. Würzburg 1985, 141–60

6 *Erneuerung romantischer Traditionsbezüge*

»Kein Ort. Nirgends«, »Der Schatten eines Traumes«

P. *Baab*, Die Mitwelt hat Anspruch auf Auskunft. Konzeptuelle Wandlung der Rezeption des »negativen« romantischen Erbes in der DDR am Beispiel von Christa Wolf;
in: die horen 136, *1984*, 49–62

R. Baumgart, Das Lahand ist still – noch!
in: Zeit 18. 11. 1977

S. Bock, Christa Wolf: »Kein Ort. Nirgends«;
in: WB 5/1980, 145–57

D. Borchmeyer, Werthers romantische Schwester;
in: Süddeutsche Zeitung 10. 10. 1979

U. *Brandes*, Das Zitat als Beleg. Christa Wolf: Kein Ort. Nirgends;
in: U. B., Zitat und Montage in der neueren DDR-Prosa. Frankfurt/M. *1984*, 61–100

U. Brandes, Quotations as Authentication: »No Place on Earth«;
in: M. S. Fries (Hg.), Critical Perspectives on Christa Wolf. Detroit (Wayne State University Press) [in Vorber.]

G. de Bruyn, »Sie, Kleist, nehmen das Leben gefährlich ernst«;
in: K. Sauer (Hg.), Christa Wolf Materialienbuch. Darmstadt 1979, 21–23

S. Cramer, Eine unendliche Geschichte des Widerstands. Zu Christa Wolfs Erzählungen »Kein Ort. Nirgends« und »Kassandra«;
in: K. Sauer (Hg.), Christa Wolf Materialienbuch. Darmstadt 2. erw. A. 1983, 121–42

M. Eifler, Christa Wolf: Materialistische Blickpunkte ihrer Romantikdarstellung;
in: M. Jurgensen (Hg.), Wolf. Darstellung. Deutung. Diskussion. Bern 1984, 89–106

J. *Engler*, Herrschaft der Analogie;
in: NdL *7/1979*, 128–33; zit. nach: Kritik 79. Rezensionen zur DDR-Literatur. Halle /Leipzig (Mitteldeutscher Verlag) 1980, 227–34

H. Fehervary, Autorschaft, Geschlechtsbewußtsein und Öffentlichkeit. Versuch über Heiner Müllers »Die Hamletmaschine« und Christa Wolfs »Kein Ort. Nirgends«;
in: I. von der Lühe (Hg.), Entwürfe von Frauen in der Literatur des 20. Jahrhunderts. Berlin 1982 (= AS 92), 132–53

B. Gentikow/K. Søholm, Christa Wolfs »Kein Ort. Nirgends« u. »Kassandra« oder Lebensbedingungen des Utopischen in der Literatur u. ästhetischen Theorie der DDR;
in: Text + Kontext 12/1984, 387–409

H. Gidion, Wer spricht? Beobachtungen zum Zitieren und zum Sprechen mit der eigenen Stimme an Christa Wolfs Gründerrode- und Kassandra-Projekt;
in: T+K 46, 3. A. 1985, 93–101

B. Greiner, »Sentimentaler Stoff und fantastische Form«. Zur Erneuerung frühromantischer Tradition im Roman der DDR;
in: J. Hoogeveen/G. Labroisse (Hg.), DDR-Roman und Literaturgesellschaft. Amsterdam (Rodopi) 1981 (= Amsterdamer Beiträge 11/12), 249–320

R. Grimm, Eiszeit und Untergang. Zu einem Motivkomplex in der deutschen Gegenwartsliteratur;
in: Monatshefte 2/1981

P. Herminghouse, Die Wiederentdeckung der Romantik: Zur Funktion der Dichterfiguren in der neueren DDR-Literatur;
in: J. Hoogeveen/G. Labroisse (Hg.), DDR – Roman und Literaturgesellschaft. Amsterdam (Ropodi) 1981 (= Amsterdamer Beiträge 11/12), 217–48

R. Hillmann, A »gesteigerter Tasso«? Christa Wolf: »Kein Ort. Nirgends«;
in: GDR Monitor 3, 1980, 17–24

S. Hilzinger, Der Wunsch nach »Berührung«. Über das Schreiben von Frauen am Beispiel der DDR-Autorin Christa Wolf;
in: S. H., Kassandra. Über Christa Wolf. Frankfurt 2. erw. A. 1984, 49–104

S. *Hilzinger,* »Als ganzer Mensch zu leben. . .« Emanzipatorische Tendenden in der neueren Frauen-Literatur der DDR. Frankfurt *1985*

K. Hirdina, Begegnung zwischen den Zeiten;
in: SuF 5/1979, 1099–1104

M. Jäger, Verzweifelte Utopie, lockere Ironie;
in: Deutsches Allgemeines Sonntagsblatt 15. 4. 1979

K. Jarmatz, Die Geschichte und die Literatur;
in: ND 14. 5. 1980

R. Knoll, Das »innerste Innere«. Christa Wolf und die Tradition des 18. Jahrhunderts. Eine phänomenologische Skizze;
in: Themaheft zur Neueren DDR-Literatur. München 1979, 146–65 (= Text + Kontext 7.1)

W. Krogmann, »Das dritte Leben«. Bemerkungen zu einem Brief Christa Wolfs über Bettina von Arnim;
in: Deutschland-Archiv 4/1981, 419–25

G. Kunert, Zweige vom selben Stamm;
in: K. Sauer (Hg.), Christa Wolf Materialienbuch. Darmstadt 1979, 15–20

S. Lennox, Christa Wolf and the Woman Romantics;
in: Studies in GDR Culture and Society 2/1982, 31–44

G. Lindner, Natürlich geht das nächste Leben heute an. Wortmeldung zu Christa Wolfs Brief über die Bettine;
in: WV 9/1982, 166–71

H. Nalewski, Monologisches Sprechen;
in: H. Nalewski/K. Schumann (Hg.), Selbsterfahrung als Welterfahrung. DDR-Literatur in den siebziger Jahren. Berlin/Weimar (Aufbau) 1981, 149–62

L. Pickle, »Unreserved Subjectivity« as a Force for Social Change: Christa Wolf and Maxie Wander;
in: Studies in GDR Culture and Society 2/1982, 241–54

M. Posor/H. Koch, Zur Sprachverwendung in Christa Wolfs Erzählung »Kein Ort. Nirgends«;
in: W. Steinberg (Hg.), Funktion der Sprachgestaltung im literarischen Text. Halle 1981 (= Wissenschaftl. Beiträge der Martin Luther-Universität Halle-Wittenberg 52), 298–311

U. Püschel, Zutrauen kein Unding, Liebe kein Phantom;
in: NdL 7/1979, 134–9; auch in: U. P., Mit allen Sinnen. Frauen in der Literatur. Halle (Mitteldeutscher Verlag) 1980, 163–70

N. Schachtsiek-Freitag, Gestern auf der Suche nach der Welt von heute (Hörspiel-Fassung von »Kein Ort. Nirgends«);
in: Deutsches Allgemeines Sonntagsblatt 7. 3. 1982

D. *Schlenstedt*/S. *Schlenstedt*, Elegische Provokation;
in: Sonntag 12. 8. *1979;* zit. nach: Kritik 79. Rezensionen zur DDR-Literatur. Halle (Mitteldeutscher Verlag) 1980, 235–40

A. Seghers, Vaterlandsliebe (1935);
in: Ch. Wolf (Hg.), Anna Seghers. Glauben an Irdisches. Essays aus vier Jahrzehnten. Leipzig (Reclam) 1974, 9–13

U. Seibt, Christa Wolf. Auf der Suche nach Ganzheit;
in: Buchhändler heute, 1/1980

S. Streller, Christa Wolf: »Kein Ort. Nirgends«;
in: WB 2/1983, 359–62

M. Totten, Zur Aktualität der Romantik in der DDR. Christa Wolf und ihre Vorläufer(innen);
in: Zeitschrift für deutsche Philologie 2/1982, 244–62

H. G. Werner, Romantische Traditionen in epischen Werken der neueren DDR-Literatur. Franz Fühmann und Christa Wolf;
in: Zeitschrift für Germanistik 4/1980, 398–416

W. *Werth*, Die Alternative. Zur Kulturpolitik der DDR. Eine Chronik;
in: Tintenfisch 14. Berlin *1978*, 92–100

S. Wirsing, Christa Wolf: »Kein Ort. Nirgends«;
in: Deutschlandfunk 4. 3. 1979

S. Wirsing, Das Malheur zu allem Unglück;
in: FAZ 24. 3. 1979

S. Wirsing, Karoline von Gründerrode – ein Seelenfragment der Romantik;
in: FAZ 24. 11. 1979

E.-L. Zacharias, Auf der Suche nach Identität. Bemerkungen zur Romantik-Rezeption in Christa Wolfs Erzählung »Kein Ort. Nirgends«;
in: H. Hartmann (Hg.), Zu einigen Positionen der Romantik-Forschung in der DDR und zur Rezeption in der DDR-Literatur. Potsam 1979 (Pädagogische Hochschule Potsdam, Gesellschaftswissenschaftl. Reihe Heft 39), 167–174

Ch. Wolf, *Gespräch* mit *Meyer-Gosau;*
in: alternative 143/144, *1982*, 118–27

Ch. Wolf, Kleists Penthesilea;
in: *T+K 46, 1985*, 1–11

Ch. Wolf, *Gespräch* mit *Schoeller;*
in: K. Sauer (Hg.), Christa Wolf Materialienbuch. Darmstadt *1979*, 53–63

Ch. Wolf (Hg.), Der *Schatten* eines Traumes. Berlin (Buchverlag Der Morgen) *1979*

7 »Voraussetzungen einer Erzählung: Kassandra«

M. Altenburg, Keiner muß Kassandra sein. Christa Wolfs neues Werk ist ein Lichtblick in all der zweifelhaften Friedensliteratur;
in: Konkret 6/1983

F. Benseler, »Kassandra« oder die Bedingungen des Friedens;
in: DVZ 14. 7. 1983

R. Bernhardt, Odysseus' Tod – Prometheus' Leben. Antike Mythen in der Literatur der DDR. Halle/Leipzig (Mitteldeutscher Verlag) 1983

E. *Bloch*, Unabwendbares und wendbares Schicksal oder Kassandra und Jessajas;
in: E. B., Das Prinzip Hoffnung (1959). Frankfurt 7. A. *1980*, 1511–15

B. Bondy, Im letzten Licht. Christa Wolfs Kassandra-Monolog;
in: Südd. Zeitung 30. 3. 1983

C. Carsten, Christa Wolf: »Kassandra«;
in: Neue deutsche Hefte 3/1983, 591 f.

A. Chiarloni, Zu Christa Wolfs »Kassandra«;
in: I. Wallace (Hg.), The GDR in the 1980s. Dundee 1984 (= GDR Monitor Special Series 4), 89–100

S. Cramer, Kassandra. Eine weibliche Widerstandsfigur. Christa Wolfs episches Antikenprojekt;
in: FR 22./23. 5. 1983

S. Cramer, Eine unendliche Geschichte des Widerstands. Zu Christa Wolfs Erzählungen »Kein Ort. Nirgends« und »Kassandra«;
in: K. Sauer (Hg.), Christa Wolf Materialienbuch. Darmstadt 2. erw. A. 1983, 121–42

Documentation: Christa Wolf;
in: German Quarterley 1/*1984*, 91–115

M. *Engelhardt*/M. *Rohrwasser,* Kassandra – Odysseus – Prometheus. Modelle der Mythosrezeption in der DDR-Literatur;
in: L' 80. Zeitschrift für Literatur und Politik 6/*1985*, 46–76

K. Foldenauer, Annäherung an »Kassandra«. Zu Christa Wolfs »Voraussetzungen« und Erzählung »Kassandra«;
in: Nouveaux cahiers d'allemand 2/1984, 295–309

K. Foldenauer, Diese sicheren Anfänge... Zum Erzählanfang von Christa Wolfs »Kassandra«;
in: Nouveaux cahiers d'allemand 2/1984, 393–401

B. Gentikow/K. Søholm, Christa Wolfs »Kein Ort. Nirgendwo« und »Kassandra« oder Lebensbedingungen des Utopischen in der Literatur und ästhetischen Theorie der DDR;
in: Text und Kontext 12/1984, 387–409

H. Gidion, Wer spricht? Beobachtungen zum Zitieren und zum Sprechen mit der eigenen Stimme an Christa Wolfs Günderrode- und Kassandra-Projekt;
in: T+K 46, 3. erw. A. 1985, 93–101

W. Girnus, Wer baute das siebentorige Theben?
in: SuF 2/1983, 439–47

W. Girnus, ... kein »Wenn und aber« und das poetische Licht Sapphos;
in: SuF 5/1983, 1096–1105

S. Hilzinger, Seherin aus Lust. Über Christa Wolfs Poetik-Vorlesungen an der Universität Frankfurt, Mai 1982;
in: Courage 7/1982, 10–12

S. Hilzinger, Kassandra. Geliebt zu werden und die Wahrheit sagen zu können. Über Christa Wolfs Vorlesungen an der Universität Frankfurt im Mai 1982;
in: S. H., Kassandra. Über Christa Wolf. Frankfurt, 2. erw. A. 1984

S. *Hilzinger,* Weibliches Schreiben als eine Ästhetik des Widerstands. Über Christa Wolfs »Kassandra«-Projekt;
in: Neue Rundschau 1/*1985,* 85–101

M. Jäger, Mythos und Utopie. Kassandra: Wider die Macht der Erfahrung;
in: Deutsches Allgemeines Sonntagsblatt 29. 5. 1983

P. K., Kassandra antwortet Herakles;
in: Umbruch 4, 6. 4. 1984, 22ff.

W. Kahle, Ein Modell für jede Art von Utopie;
in: Sonntag 6. 5. 1984

»Kassandra« von Christa Wolf. Beiträge von Sigrid *Bock,* Ursula Heukenkamp, Karin Hirdina, Therese Hörnigk, Siegfried Rönisch, Hans-Georg Werner;
in: WB 8/*1984,* 1353–81

H. *Kaufmann,* Wider die trojanischen Kriege;
in: SuF 3/*1984,* 653–63

S. Kebir, Kassandra – Ein Epochengemälde;
in: Sozialismus 5/1983, 62ff.

Th. Keller, Die Wolfsträume der Kassandra. Über eine weibliche Mythologie des Friedens und eine männliche Logik des Krieges bei Christa Wolf;
in: Recherches germaniquess 15/1985, 151–74

L. Köhn, Vergangenheitssprachen. Christa Wolfs »Kassandra« – Franz Fühmanns »Saiäns Fiktschen« und »Sturz des Engels«;
in: B. Greiner (Hg.), Literatur in der DDR: Neue Orientierungen und geschichtliche Bezüge. Michigan Germanic Studies 1985. Sonderheft.

B. Lersch, »Hervorbringen müssen, was einen vernichten wird«. Mimik als poetisches Prinzip in Christa Wolfs Erzählung »Kassandra«;
in: Deutsche Vierteljahresschrift für Literaturwissenschaft und Geistesgeschichte, 1/1985

W. Lewin, Der Gang zu den Müttern;
in: Sonntag 6. 5. 1984

G. Lindemann, Träume vom wahren Leben aus der DDR;
in: Zeit 22. 7. 1983

H. Mauser, Zwischen Träumen und Wurfspeeren. Kassandra und die Suche nach einem neuen Selbstbild;
in: W. Mauser (Hg.), Erinnerte Zukunft. 11 Studien zum Werk Christa Wolfs. Würzburg 1985, 291–315

W. Mauser, Das ›dunkle Tier‹ und die Seherin. Zu Christa Wolfs Kassandra-Phantasie;
in: J. Cremerius u. a. (Hg.), Freiburger literaturpsychologische Gespräche 4, Würzburg 1985, 139–57

G. Neumann, Christa Wolf: Kassandra. Die Archäologie der weiblichen Stimme;
in: W. Mauser (Hg.), Erinnerte Zukunft. 11 Studien zum Werk Christa Wolfs. Würzburg 1985, 233–64

K. Obermüller, Ringen um Autonomie;
in: Weltwoche 15. 6. 1983

G. Pickerodt, Die Fragen von heute und die Literatur;
in: DVZ/die tat, 16. 12. 1983, 9

U. Püschel, ». . . die Reflexion der weißen Frau auf sich selbst«;
in: NdL 8/1984, 132–51

F. Raddatz, Das Gedächtnis – eine andere Form des Sehens;
in: Zeit 25. 3. 1983

R. G. Renner, Mythische Psychologie und psychologischer Mythos. Zu Christa Wolfs »Kassandra«;
in: W. Mauser (Hg.), Erinnerte Zukunft. 11 Studien zum Werk Christa Wolfs. Würzburg 1985, 265–90

I. Roebling, »Hier spricht keiner meine Sprache, der nicht mit mir stirbt.« Zum Ort der Sprachreflexion in Christa Wolfs »Kassandra«;
in: W. Mauser (Hg.), Erinnerte Zukunft. 11 Studien zum Werk Christa Wolfs. Würzburg 1985, 207–32

M. S. Rollin, Cassandre ou l'anti-Iliade;
in: Allemagne d'aujourd'hui 91/1985, 54–61

Ch. Z. Romero, ›Weibliches‹ Schreiben – Christa Wolfs »Kassandra«;
in: Studies in GDR Culture and Society 4/1985, 15–30

N. Schachtsiek-Freitag, »Verfluchter Krieg!«
in: Frankfurter Hefte, 12/1983

R. Schmidt, Über gesellschaftliche Ohnmacht und Utopie in Christa Wolfs »Kassandra«;
in: Oxford German Studies, 16/1985

M. Schneider, Kassandra oder die Menschwerdung vor dem Untergang;
in: Linkskurve 1/1984, 14ff.

W. F. Schoeller, Vorläufige Entzifferung. Zu Christa Wolfs zwei »Kassandra«-Büchern;
in: Lesezeichen. Zeitschrift für neue Literatur 4/1983

G. Sprigath, Frauen und Männer und die Wirklichkeit der Kunst;
in: Kürbiskern 4/1983, 147–54

U. Strauch, Literatur heute muß Friedensforschung sein. Einige Anmerkungen und Interpretationshilfen zu Christa Wolfs »Kassandra«;
in: Nouveaux cahiers d'allemand 2/1984, 311–25

A. Stephan, Frieden, Frauen und Kassandra;
in: M. Jurgensen (Hg.), Wolf. Darstellung. Deutung. Diskussion. Bern 1984, 149–174

A. Stephens, »Die Verführung durch Worte« – von »Kindheitsmuster« zu »Kassandra«;
in: M. Jurgensen (Hg.), Wolf. Darstellung. Deutung. Diskussion. Bern 1984, 127–148

A. Stephens/J. Wilson, Entwurf einer Poetik der Klage;
in: T+K 46, 3. erw. A. 1985, 26–37

S. Streller, Selbstbildnis im Angesicht des Todes;
in: S. Rönisch (Hg.), DDR-Literatur '83 im Gespräch. Berlin/Weimar (Aufbau) 1984, 190–201

E. Tunner, Auf der Suche nach Kassandra;
in: M. Jurgensen (Hg.), Wolf. Darstellung. Deutung. Diskussion. Bern 1984, 107–126

E. Tunner, Eumelos, le »Transfiguratuer«. A propos d'un personnage secondaire dans le récit »Kassandra« de Christa Wolf;
in: Allemagne d'aujourd'hui 91/1985, 62–70

S. *Weigel,* Vom Sehen zur Seherin. Christa Wolfs Umdeutung des Mythos und die Spur der Bachmann-Rezeption in ihrer Literatur;
in: T+K 46, 3. erw. A. *1985,* 67–92

Zuschriften an Wilhelm Girnus;
in: SuF 5/1983, 1087–96

8 Sekundärliteratur allgemein

M. Adams, Christa Wolf: Marxismus und Patriarchat;
in: M. Jurgensen (Hg.), Frauenliteratur. Autorinnen – Perspektiven – Konzepte. München 1985 (= dtv 10391), 110–21

M. Adams, Christa Wolf und die Vergangenheit;
in: M. Jurgensen (Hg.), Wolf. Darstellung. Deutung. Diskussion. Bern 1984, 77–88

H. P. Anderle, Christa Wolf;
in: H. P. A., Mitteldeutsche Erzähler. Eine Studie mit Proben und Porträts. Köln 1965, 210–14

H. P. Anderle, Rendez-vous mit sich selbst – Autorenporträt Christa Wolf;
in: Publik 13. 6. 1969

(Anonym), Christa Wolf;
in: G. Albrecht u. a. (Hg.), Lexikon deutschsprachiger Schriftsteller. Kronberg 1974, Bd. 2, 479f.

K. Bartsch, Mumps. Nach Christa Wolf;
in: K. B., Kalte Küche, Parodien. Berlin/Weimar (Aufbau) 1974, 74f.

M. Behn, DDR-Literatur in der Bundesrepublik Deutschland. Die Rezeption der epischen DDR-Literatur in der BRD 1961–1975. Meisenheim 1977

K. Berghahn, Die real existierende Utopie im Sozialismus. Zu Christa Wolfs Romanen;
in: K. Berghahn/H. U. Seeber (Hg.), Literarische Utopien von Morus bis zur Gegenwart. Königstein 1983, 275–97

Ch. Berger, Der Autor und sein Held. Berlin/DDR (Dietz) 1983

H. M. Bock, Bibliographie zu Christa Wolf;
in: Kritisches Lexikon zur deutschsprachigen Gegenwartsliteratur (= KLG). München 1978ff.

W. Brettschneider, Christa Wolf;
in: W. B., Zwischen literarischer Autonomie und Staatsdienst. Die Literatur der DDR. Berlin, 2. A. 1974, 120–30

G. de Bruyn, Fragment eines Frauenporträts;
in: A. Voigtländer (Hg.), Liebes- und andere Erklärungen. Schriftsteller über Schriftsteller. Berlin/Weimar (Aufbau) 1972, 410–16

G. Buehler, The Death of Socialist Realism in the Novels of Christa Wolf. Frankfurt 1984

J. Clausen, The Difficulty of Saying ›I‹ as Theme and Narrative Technique in the Works of Christa Wolf;
in: M. Burkhardt (Hg.), Gestaltet und gestaltend – Frauen in der deutschen Literatur. Amsterdam (Ropodi) 1980 (= Amsterdamer Beiträge zur neueren Germanistik 10), 319–33

K. Corino, Immerdar das Positive. Christa Wolfs Literaturmuster. Porträt einer Preisträgerin;
in: Stuttgarter Zeitung 17. 7. 1980

C. Cosentino, Eine Untersuchung des sozialistischen Realismus im Werke Christa Wolfs;
in: German Quarterley 2/1974, 245–61

M. Durzak, Rollenzwang und Individuation. Die Romane von Christa Wolf;
in: M. D., Der deutsche Roman der Gegenwart. Entwicklungsvoraussetzungen und Tendenzen. 3. erw. A., Stuttgart 1979, 184–221

B. Einhorn, Der Roman in der DDR 1949–1969. Die Gestaltung des Verhältnisses von Individuum und Gesellschaft. Eine Analyse der Erzählstruktur. Kronberg 1978, 401–78

W. Emmerich, Identität und Geschlechtertausch. Notizen zur Selbstdarstellung der Frau in der neueren DDR-Literatur;
in: Basis 8, 1978, 217–54

W. Emmerich, Der verlorene Faden. Probleme des Erzählens in den siebziger Jahren;
in: P. Hohendahl/P. Herminghouse (Hg.), Literatur der DDR in den siebziger Jahren. Frankfurt 1983 (= NF 174), 153–192

I. Ezergailis, Woman Writers. The Divided Self: Analysis of Novels by Christa Wolf, Ingeborg Bachmann, Doris Lessing and Others. Bonn 1982, 18f., 40ff., 103f.

H. Fehervary, Die erzählerische Kolonisation des weiblichen Schweigens. Frau und Arbeit in der DDR-Literatur;
in: R. Grimm/J. Hermand (Hg.), Arbeit als Thema in der deutschen Literatur vom Mittelalter bis zur Gegenwart. Königstein/Ts. 1979, 171–95

H. Fehervary, Christa Wolf's Prose: A Landscape of Masks;
in: New German Critique 27, 1982, 57–88; revidierter Wiederabdruck in: M. S. Fries (Hg.), Critical Perspektives on Christa Wolfs. Detroit (Wayne State University Press) (in Vorbereitg.)

Th. Feitknecht, Das Problem der Selbstverwirklichung;
in: Th. F., Die sozialistische Heimat. Zum Selbstverständnis neuerer DDR-Romane. Bern 1971, 71–80

K. Fenyves, Literaturgeschichte, Literatur und Leben in den neuen Romanen von Christa Wolf und Günter Grass;
in: Acta Literaria Academiae Scientarium Hungaricae 21, 1979, 432–40

K. Franke, Die Literatur der Deutschen Demokratischen Republik. München, 2. neubearb. Ausg. 1974, 420–26

S. Frieden, »Falls es strafbar ist, die Grenzen zu verwischen«. Autobiographie, Biographie und Christa Wolf;
in: R. Grimm/J. Hermand (Hg.), Von anderen und vom Selbst. Beiträge zu Fragen der Biographie und Autobiographie. Königstein/Ts. 1982, 153–66

M. S. Fries, Christa Wolf's Use of Image and Vision in the Narrative Structuring of Experience;
in: Studies in GDR Culture and Society 2, 1982, 59–86

H. J. Greif, »Wie sind wir so geworden wie wir heute sind?« Bern 1978

B. Greiner, Die Schwierigkeit, ›ich‹ zu sagen: Christa Wolfs psychologische Orientierung des Erzählens;
in: Deutsche Vierteljahresschrift für Literaturwissenschaft und Geistesgeschichte 2/1981, 323–42

B. Greiner (Hg.), Literatur in der DDR: Neue Orientierungen und geschichtliche Bezüge. Michigan Germanic Studies 1985. Sonderheft

B. Greiner, »Mit der Erzählung gehe ich in den Tod.« Kontinuität und Wandel des Erzählens im Schaffen von Christa Wolf;
in: W. Mauser (Hg.), Erinnerte Zukunft. 11 Studien zum Werk Christa Wolfs. Würzburg 1985, 107–40

A. Grunenberg, Träumen und Fliegen. Neue Identitätsbilder in der Frauenliteratur der DDR;
in: Probleme deutscher Identität. Jahrbuch zur Literatur in der DDR 3. Bonn 1983, 157–84

P. Gugisch, Christa Wolf;
in: H. J. Geerdts (Hg.), Literatur der DDR in Einzeldarstellungen. Stuttgart 1972, 395–415

O. Gutjahr, »Erinnerte Zukunft.« Gedächtnisrekonstruktion und Subjektkonstitution im Werk Christa Wolfs;
in: W. Mauser (Hg.), Erinnerte Zukunft. 11 Studien zum Werk Christa Wolfs. Würzburg 1985, 157–84

V. Hammerschmidt/A. Oettel, Christa Wolf;
in: Kritisches Lexikon zur deutschsprachigen Gegenwartsliteratur (= KLG). München 1978ff.; hier: 1984

W. Hartinger, Die Fragen und die Antworten unserer Literatur. Resultate und Probleme ihrer wissenschaftlichen Erforschung;
in: M. Diersch/W. Hartinger (Hg.), Literatur und Geschichtsbewußtsein. Entwicklungstendenzen der DDR-Literatur in den sechziger und siebziger Jahren. Berlin/Weimar (Aufbau) 1976, 5–50

M. Jäger, Auf dem langen Weg zur Wahrheit. Fragen, Antworten und neue Fragen in den Erzählungen, Aufsätzen und Reden Christa Wolfs;
in: M. J., Sozialliteraten. Funktion und Selbstverständnis der Schriftsteller in der DDR. Düsseldorf 1973, 11–101

M. Jäger, Christa Wolf;
in: E. Schütz u. a. (Hg.), Einführung in die deutsche Literatur des 20. Jahrhunderts. Bd. 3. Opladen 1980, 107–17

M. Janikowska, Der neue Held in der Prosa der DDR. Christa Wolf, Ulrich Plenzdorf, Wolfgang Joho, Rolf Schneider, Volker Braun;
in: Germanica Wratislaviensia 36, 1980, 73–87

M. Jurgensen, Christa Wolf;
in: M. J., Deutsche Frauenautoren der Gegenwart. Bern 1983, 81–121

M. Jurgensen (Hg.), Wolf. Darstellung. Deutung. Diskussion. Bern 1984

H. Kähler, Christa Wolf erzählt;
in: K. Jarmatz/Ch. Berger (Hg.), Weggenossen. Fünfzehn Schriftsteller der DDR. Leipzig (Reclam) 1975 (= rub 627), 214–32

K. Kändler, Vom Schreiben und dem Schreibenden. Der Schriftsteller als literarische Gestalt in Prosawerken der DDR-Literatur der 70er Jahre;
in: WB 4/1984

H. Kaufmann, Zu Christa Wolfs poetischem Prinzip. Nachbemerkung zum Gespräch;
in: WB 6/1974, 113–25

H. Kinder, Nachdenken über Rita S., Christa T., Christa W und Marcel R. R. Christa Wolf und die westdeutsche Literaturkritik;
in: Hefte. Zeitschrift für deutsche Sprache und Literatur 6/1970, 14–23

L. Klawohn, Kollektives Bewußtsein und Literatur in der DDR. Christa Wolfs neue Art zu schreiben;
in: Beiträge zum wissenschaftlichen Sozialismus 1/1978, 135–46

L. Köhn, Erinnerung und Erfahrung. Christa Wolfs Begründung der Literatur;
in: T+K 46, 1975, 14–24

W. Krogmann, Moralischer Realismus – Ein Versuch über Christa Wolf;
in: G. Labroisse (Hg.), Zur Literatur und Literaturwissenschaft der DDR. Amsterdam (Rodopi) 1978 (= Amsterdamer Beiträge zur neueren Literaturgeschichte 6), 233–61

G. Kunert, Von der Schwierigkeit des Schreibens;
in: T+K 46, 1975, 11–13

S. Lennox, »Der Versuch, man selbst zu sein«. Christa Wolf und der Feminismus;
in: W. Paulsen (Hg.), Die Frau als Heldin und Autorin. Neue kritische Ansätze zur deutschen Literatur. Bern 1978, 217–22

S. Lennox, Trends in Literary: The Female Aesthetic and German Women's Writing;
in: German Quarterley 1/1981, 63–75

S. Lennox, »Nun ja! das nächste Leben geht aber heute an«. Prosa von Frauen und Frauenbefreiung in der DDR;
in: P. Hohendahl/P. Herminghouse (Hg.), Literatur der DDR in den siebziger Jahren. Frankfurt 1983 (= NF 1974), 224–58

B. Lersch, Schreibende Frauen – eine neue Sprache in der Literatur? Denkvoraussetzungen zu einer ›Poetik der Weiblichkeit‹;
in: Diskussion Deutsch 77, 1984, 293–313

M. Love, Christa Wolf and Feminism: Breaking the Patriarchal Connection;
in: New German Critique 16, 1979, 31–52

J. Marx, Die Perspektive des Verlierers – ein utopischer Entwurf;
in: W. Mauser (Hg.), Erinnerte Zukunft. 11 Studien zum Werk Christa Wolfs. Würzburg 1985, 161–79

W. Mauser (Hg.), Erinnerte Zukunft. 11 Studien zum Werk Christa Wolfs. Würzburg 1985

K. Mc Pherson, In Search of the New Prose: Christa Wolf's Reflections on Writing and the Writer in the 1960s and 1970s;
in: New German Studies 1/1981, 1–13

K. Mc Pherson, Ist der Schriftsteller an sein Geschlecht gebunden? Zu Christa Wolfs Prosa seit Beginn der 70er Jahre;
in: die horen 132, 1983, 68–75

B. Melzer, Zu Christa Wolfs Prosaarbeiten der siebziger Jahre;
in: Wissenschaftliche Zeitschrift der Wilhelm Pieck-Universität Rostock 8/1982, 9–22

H. Mohr, Die zeitgemäße Autorin – Christa Wolf in der DDR;
in: W. Mauser (Hg.), Erinnerte Zukunft. 11 Studien zum Werk Christa Wolfs. Würzburg 1985, 17–52

J. Nieraad, Subjektivität als Thema und Methode realistischer Schreibweise. Zur gegenwärtigen Literaturdiskussion am Beispiel Christa Wolfs;
in: Literaturwissenschaftliches Jahrbuch 19, 1978, 289–316

J. Nieraad, Pronominalstrukturen in realistischer Prosa. Beobachtungen zu Erzählebene und Figurenkontur bei Christa Wolf;
in: Poetica 10, 1978, 485–506

G. Oehlke, Christa Wolf;
in: Bibliographisches Kalenderblatt 3/1979, 45–59

D. Ploetz, Vom Vorteil, eine Frau zu sein. Frauenbild und Menschenentwurf in Christa Wolfs Prosa;
in: K. Sauer (Hg.), Christa Wolf Materialienbuch. Darmstadt 1979, 97–111

D. Ploetz, Gleich, aber verschieden. Das Selbstverständnis der Frau im Werk von Christa Wolf;
in: Deutschlandfunk 26. 10. 1978

M. Posor, Zum Forschungsstand Christa Wolf;
in: Germanica Wratislaviensia 21, 1975, 73–86

M. Posor, Die Rezeption Christa Wolfs in Polen;
in: Acta Universitatis Lodziensis, Ser. 1, 54, 1980, 191–97

W. Promies, »Daß wir aus dem Vollen leben...« Versuch über Christa Wolf;
in: H. L. Arnold/Th. Buck (Hg.), Positionen im deutschen Roman der sechziger Jahre. München 1974, 110–26

F. Raddatz, (Christa Wolf:) »Ich verstehe diese Vernünftigkeit nicht.«;
in: F. R., Eros und Tod. Literarische Porträts. Hamburg 1980, 201–22

K. Renoldner, Utopie und Geschichtsbewußtsein. Versuche zur Poetik Christa Wolfs. Stuttgart 1981

K. Renoldner, Im ungeistigen Raum unserer traurigen Länder. Zu Utopie und Geschichte bei Christa Wolf und Ingeborg Bachmann;
in: H. Höller (Hg.), »Der dunkle Schatten, dem ich schon seit Anfang folge«. Ingeborg Bachmann – Vorschläge zu einer neuen Lektüre des Werks. Wien 1982, 185–98

W. Rossade, Literatur im Systemwandel. Zur ideologiekritischen Analyse künstlerischer Literatur aus der DDR. Bern 1982

D. Saalmann, Anmerkungen zum Thema Christa Wolf – Max Frisch;
in: Neophilologus 4/1982, 589–601

K. Sauer (Hg.), Christa Wolf Materialienbuch. Darmstadt 1979, 2. erw. A. 1983 (= SL 265)

U. Siefken-Schulte, Utopie als Literatur. Von Thomas Morus zu Christa Wolf;
in: die horen 126, 1982, 5–20

U. Siefken-Schulte, Schrift und Körper. Ein Beitrag zur weiblichen Ästhetik;
in: die horen 131, 1983, 156–169

E. Simons, Historisierung der Gegenwart in Romanen von Christa Wolf und Hermann Kant;
in: Proceedings of the IXth Congress of the International Comparative Literature Association. Bd. 4. Innsbruck (Institut f. Sprachwissenschaft der Universität Innsbruck) 1982, 79–83

E. Simons, »Das Andersmachen von Grund auf« – Die Hauptrichtung der jüngsten erzählenden DDR-Literatur;
in: WB Sonderheft zum 20. Jahrestag der Gründung der DDR, 1969, 183–204

G. Sprigath, Frauen und Männer und die Wirklichkeit der Kunst;
in: Kürbiskern 4/1983, 147–54

A. Stephan, Christa Wolf. München, 2. erw. A. 1979 (= Autorenbücher 4)

A. Stephan, Christa Wolf (Forschungsbericht). Amsterdam (Ropodi) 1980

A. Stephan, Christa Wolf;
in: H. Puknus (Hg.), Neue Literatur der Frauen. Deutschsprachige Autorinnen der Gegenwart. München 1980 (= BSR 227), 149–58 u. 238–42

A. Stephan, Bibliographie;
in: T+K 46, 1985, 113–133

Z. Swiatłowski, Auf der Suche nach dem Land Utopie. Zur poetologischen Position von Ingeborg Bachmann und Christa Wolf;
in: WB 12/1984, 2011–27

E. Tunner, So und anders. Zum Problem der ›Spaltung‹ bei Christa Wolf;
in: J. Aler/Ch. van Praag (Hg.), Frauen über Frauen. Amsterdam (Rodopi) 1982, 61–69

J. Walther, Persönlich werden;
in: K. Sauer (Hg.), Christa Wolf Materialienbuch. Darmstadt 2. erw. A. 1983, 24–29

H. D. Weber, »Phantastische Genauigkeit.« Der historische Sinn der Schreibart Christa Wolfs;
in: W. Mauser (Hg.), Erinnerte Zukunft. 11 Studien zum Werk Christa Wolfs. Würzburg 1985, 81–105

H. D. Weber, Über Christa Wolfs Schreibart.
Konstanz 1984 (= Konstanzer Universitätsreden 131)

S. Weigel, Der schielende Blick. Thesen zur Geschichte weiblicher Schreibpraxis;
in: I. Stephan/S. Weigel, Die verborgene Frau. Sechs Beiträge zu einer feministischen Literaturwissenschaft. Berlin 1983 (= AS 96), 83–137

S. Weigel, Das Schreiben des Mangels als Produktion von Utopie; in: die horen 131, 1983, 149–155

1929	Christa Wolf wird am 18. 3. in Landsberg/Warthe (Golzów Wielkopolski) als Tochter des Kaufmanns Otto Ihlenfeld geboren
1945	Umsiedlung nach Mecklenburg
1949	Abitur in Bad Frankenhausen (Kyffhäuser), Beitritt zur SED
1949–53	Studium der Germanistik in Jena und Leipzig. Diplomarbeit bei Hans Mayer: *Probleme des Realismus im Werk Hans Falladas*
1951	Heirat mit Gerhard Wolf
1952	Geburt der Tochter Annette, 1956 der Tochter Katrin
1953–59	wissenschaftliche Mitarbeiterin beim Deutschen Schriftstellerverband, Redakteurin der Zeitschrift »Neue deutsche Literatur«, Cheflektorin des Verlags Neues Leben in Berlin
1955–76	Mitglied des Vorstands des Schriftstellerverbands der DDR
1959–62	Lektorin des Mitteldeutschen Verlags in Halle
1961	*Moskauer Novelle*. Kunstpreis der Stadt Halle
seit 1962	tätig als freie Schriftstellerin, lebt in Berlin
1963	*Der geteilte Himmel*. Heinrich Mann-Preis der Akademie der Künste
1963–67	Kandidatin des ZK der SED vom VI. bis VII. Parteitag
1964	DEFA-Film *Der geteilte Himmel*(Regie: Konrad Wolf) Nationalpreis III. Klasse der Akademie der Künste der DDR; Rede auf der 2. Bitterfelder Konferenz
1965	Diskussionsbeitrag auf dem 11. Plenum der SED
1967	*Juninachmittag*
1968	*Nachdenken über Christa T.*
1971	*Lesen und Schreiben. Aufsätze und Betrachtungen*
1972	*Till Eulenspiegel. Erzählung für den Film*, zusammen mit Gerhard Wolf. Wilhelm Raabe-Preis der Stadt Braunschweig; abgelehnt
1973	Theodor Fontane-Preis für Kunst und Literatur des Bezirks Potsdam
1974	*Unter den Linden. Drei unwahrscheinliche Geschichten*
1975	DEFA-Film *Till Eulenspiegel* nach Motiven der Filmerzählung (Regie: Rainer Simon)
1976	*Kindheitsmuster*; Mitunterzeichnerin des »Offenen Briefes« in Sachen Wolf Biermann
1977	Literaturpreis der Freien Hansestadt Bremen; Ausschluß aus dem Vorstand der berliner Sektion des Schriftstellerverbandes der DDR
1979	*Kein Ort. Nirgends; Fortgesetzter Versuch. Aufsätze, Gespräche, Essays*
1980	Georg Büchner-Preis
1982	Frankfurter Poetik-Vorlesungen

1983 *Kassandra. Vier Vorlesungen. Eine Erzählung*, Schiller-Gedächtnispreis der Stadt Stuttgart

1985 *Erzählungen*, Österreichischer Staatspreis für Literatur

SAMMLUNG METZLER

M 124 Saas *Georg Trakl*
M 126 Klopstock *Oden und Elegien (Faksimileausgabe)*
M 127 Biesterfeld *Die literarische Utopie*
M 128 Meid *Barockroman*
M 129 King *Literarische Zeitschriften 1945–1970*
M 130 Petzoldt *Bänkelsang*
M 131 Fischer *Karl Kraus*
M 132 Stein *Epochenproblem »Vormärz« (1815–1848)*
M 133 Koch *Das deutsche Singspiel*
M 134 Christiansen *Fritz Reuter*
M 135 Kartschoke *Altdeutsche Bibeldichtung*
M 136 Koester *Hermann Hesse*
M 138 Dietz *Franz Kafka*
M 140 Groseclose/Murdoch *Ahd. poetische Denkmäler*
M 141 Franzen *Martin Heidegger*
M 142 Ketelsen *Völkisch-nationale und NS-Literatur*
M 143 Jörgensen *Johann Georg Hamann*
M 144 Schutte *Lyrik des deutschen Naturalismus (1885–1893)*
M 145 Hein *Dorfgeschichte*
M 146 Daus *Zola und der französische Naturalismus*
M 147 Daus *Das Theater des Absurden*
M 148 Grimm u. a. *Einführung in die frz. Lit.wissenschaft*
M 149 Ludwig *Arbeiterliteratur in Deutschland*
M 150 Stephan *Literarischer Jakobinismus in Deutschland*
M 151 Haymes *Das mündliche Epos*
M 152 Widhammer *Literaturtheorie des Realismus*
M 153 Schneider *A. v. Droste-Hülshoff*
M 154 Röhrich-Mieder *Sprichwort*
M 155 Tismar *Kunstmärchen*
M 156 Steiner *Georg Forster*
M 157 Aust *Literatur des Realismus*
M 158 Fähnders *Proletarisch-revolutionäre Literatur*
M 159 Knapp *Georg Büchner*
M 160 Wiegmann *Geschichte der Poetik*
M 161 Brockmeier *François Villon*
M 162 Wetzel *Romanische Novelle*
M 163 Pape *Wilhelm Busch*
M 164 Siegel *Die Reportage*
M 165 Dinse/Liptzin *Jiddische Literatur*
M 166 Köpf *Märendichtung*
M 167 Ebert *Historische Syntax d. Deutschen*
M 168 Bernstein *Literatur d. deutschen Frühhumanismus*
M 169 Leibfried/Werle *Texte z. Theorie d. Fabel*
M 170 Hoffmeister *Deutsche u. europ. Romantik*
M 171 Peter *Friedrich Schlegel*
M 172 Würffel *Das deutsche Hörspiel*
M 173 Petersen *Max Frisch*
M 174 Wilke *Zeitschriften des 18. Jahrhunderts I: Grundlegung*
M 175 Wilke *Zeitschriften des 18. Jahrhunderts II: Repertorium*
M 176 Hausmann *François Rabelais*
M 177 Schlütter/Borgmeier/Wittschier *Sonett*
M 178 Paul *August Strindberg*
M 179 Neuhaus *Günter Grass*

M 180 Barnouw *Elias Canetti*
M 181 Kröll *Gruppe 47*
M 182 Helferich *G. W. Fr. Hegel*
M 183 Schwenger *Literaturproduktion*
M 184 Naumann *Literaturtheorie u. Geschichtsphilosophie, Teil I*
M 185 Paulin *Ludwig Tieck*
M 186 Naumann *Adalbert Stifter*
M 187 Ollig *Der Neukantianismus*
M 188 Asmuth *Dramenanalyse*
M 189 Haupt *Heinrich Mann*
M 190 Zima *Textsoziologie*
M 191 Nusser *Der Kriminalroman*
M 192 Weißert *Ballade*
M 193 Wolf *Martin Luther*
M 194 Reese *Literarische Rezeption*
M 195 Schrimpf *Karl Philipp Moritz*
M 196 Knapp *Friedrich Dürrenmatt*
M 197 Schulz *Heiner Müller*
M 198 Pilz *Phraseologie*
M 199 Siegel *Sowjetische Literaturtheorie*
M 200 Freund *Die literarische Parodie*
M 201 Kaempfer *Ernst Jünger*
M 202 Bayertz *Wissenschaftstheorie u. Paradigma-Begriff*
M 203 Korte *Georg Heym*
M 204 Weissberg *Edgar Allan Poe*
M 205 Wisniewski *Mittelalterliche Dietrichdichtung*
M 206 Apel *Literarische Übersetzung*
M 207 Wehdeking *Alfred Andersch*
M 208 Fricke *Aphorismus*
M 209 Alexander *Das deutsche Barockdrama*
M 210 Krull *Prosa des Expressionismus*
M 211 Hansen *Thomas Mann*
M 212 Grimm *Molière*
M 213 Riley *Clemens Brentano*
M 214 Selbmann *Der deutsche Bildungsroman*
M 215 Wackwitz *Friedrich Hölderlin*
M 216 Marx *Die deutsche Kurzgeschichte*
M 217 Schutte *Einführung in die Literaturinterpretation*
M 218 Renner *Peter Handke*
M 219 Lutzeier *Linguistische Semantik*
M 220 Gmünder *Kritische Theorie*
M 221 Kretschmer *Christian Morgenstern*
M 222 Schmidt *Ernst Bloch*
M 223 Dietschreit/Dietschreit-Heinze *Hans Magnus Enzensberger*
M 224 Hilzinger *Christa Wolf*
M 225 Obenaus *Literarische und politische Zeitschriften 1830–1848*

J. B. METZLER